会计科目设置与会计核算实务一本通

（注释案例版）

高爱萍　王淑敏◎著

电子工业出版社
Publishing House of Electronics Industry
北京·BEIJING

内 容 简 介

本书对85个会计科目及其分录进行了全面设计，示范了400多个会计分录，提供了147个案例解析，是一本会计工作者随用随查的工具书。

本书分为7章，主要介绍了会计基础、资产类会计科目、负债类会计科目、所有者权益类会计科目、成本类会计科目、损益类会计科目及财务报表的相关内容，通过定义与核算、明细科目设置、业务处理示范、分录处理案例解析等模块全面讲解了会计科目的设置、分录处理与核算。

本书适合会计人员、出纳人员使用。

未经许可，不得以任何方式复制或抄袭本书之部分或全部内容。
版权所有，侵权必究。

图书在版编目（CIP）数据

会计科目设置与会计核算实务一本通：注释案例版 / 高爱萍，王淑敏著. -- 北京：电子工业出版社，2025.
3. -- ISBN 978-7-121-49545-8

Ⅰ. F23

中国国家版本馆CIP数据核字第2025FT6359号

责任编辑：王小聪
印　　刷：三河市兴达印务有限公司
装　　订：三河市兴达印务有限公司
出版发行：电子工业出版社
　　　　　北京市海淀区万寿路173信箱　邮编：100036
开　　本：787×1092　1/16　印张：24.25　字数：383千字
版　　次：2025年3月第1版
印　　次：2025年3月第1次印刷
定　　价：79.00元

凡所购买电子工业出版社图书有缺损问题，请向购买书店调换。若书店售缺，请与本社发行部联系，联系及邮购电话：（010）88254888，88258888。
质量投诉请发邮件至zlts@phei.com.cn，盗版侵权举报请发邮件至dbqq@phei.com.cn。
本书咨询联系方式：（010）68161512，meidipub@phei.com.cn。

前言

在当今经济环境下，会计作为商业语言，其重要性不言而喻。无论是企业管理者、投资者，还是财务人员，准确理解和使用会计科目都是必备技能。

本书旨在为读者提供清晰、实用的会计科目核算指南。本书有如下特点：

1. 内容全面，体系清晰

本书涵盖资产、负债、所有者权益、成本、损益五大类会计科目，系统讲解其核算内容、方法及实务应用，以及财务报表相关内容，帮助读者建立完整的知识框架。

2. 案例丰富，实用性强

本书结合实际案例，详细演示各类会计科目的账务处理方法，便于读者理解并进行实务操作。

3. 通俗易懂，便于自学

本书语言简洁、通俗易懂，没有会计基础的读者也能轻松上手。

4. 与时俱进，紧跟政策

本书依据最新会计准则编写，内容与当前政策同步，帮助读者及时掌握最新核算要求。

5. 应用广泛，受众多元

本书适合企业管理者、投资者、财务人员及高校师生使用，既可作为实务操作指南，也可作为教学参考书。

会计科目核算是会计工作的核心，掌握它不仅能提升财务管理水平，还能为企业决策提供有力支持。希望本书能帮助读者深入理解会计科目核算，并在实际工作中灵活运用。

由于编者水平有限，书中难免有不足之处，恳请读者批评指正。

编者

目 录

第1章　会计基础 / 1

1.1　会计理论及六大要素 / 1

1.1.1　资产 / 5
1.1.2　负债 / 7
1.1.3　所有者权益 / 8
1.1.4　收入 / 9
1.1.5　费用 / 10
1.1.6　利润 / 12

1.2　会计科目设置 / 13

1.2.1　会计科目的含义 / 13
1.2.2　会计科目的分类 / 13
1.2.3　会计科目汇总表 / 14

1.3　复式记账法 / 16

1.3.1　理论基础 / 16
1.3.2　运用 / 16
1.3.3　编制会计分录 / 18

第2章　资产类会计科目 / 21

2.1　库存现金 / 21

2.1.1　定义与核算 / 21
2.1.2　明细科目设置 / 21
2.1.3　业务处理示范 / 22
2.1.4　分录处理案例解析 / 24
2.1.5　相关知识补充 / 25

2.2　银行存款 / 27

2.2.1　定义与核算 / 27
2.2.2　明细科目设置 / 27
2.2.3　业务处理示范 / 28
2.2.4　分录处理案例解析 / 29
2.2.5　相关知识补充 / 31

2.3　其他货币资金 / 36

2.3.1　定义与核算 / 36
2.3.2　明细科目设置 / 37
2.3.3　业务处理示范 / 37
2.3.4　分录处理案例解析 / 38
2.3.5　相关知识补充 / 40

2.4　交易性金融资产 / 41

2.4.1　定义与核算 / 41
2.4.2　明细科目设置 / 42
2.4.3　业务处理示范 / 42
2.4.4　分录处理案例解析 / 43
2.4.5　交易性金融资产其他分录处理案例解析 / 45

2.5　应收票据 / 50

2.5.1　定义与核算 / 50
2.5.2　明细科目设置 / 50

2.5.3　业务处理示范 / 51
2.5.4　分录处理案例解析 / 53
2.5.5　相关知识补充 / 55

2.6　应收账款 / 56
2.6.1　定义与核算 / 56
2.6.2　明细科目设置 / 57
2.6.3　业务处理示范 / 57
2.6.4　分录处理案例解析 / 58
2.6.5　应收账款其他分录处理案例解析 / 59

2.7　预付账款 / 60
2.7.1　定义与核算 / 60
2.7.2　明细科目设置 / 61
2.7.3　业务处理示范 / 61
2.7.4　分录处理案例解析 / 62
2.7.5　相关知识补充 / 63

2.8　应收股利 / 63
2.8.1　定义与核算 / 63
2.8.2　明细科目设置 / 64
2.8.3　业务处理示范 / 64
2.8.4　分录处理案例解析 / 64
2.8.5　相关知识补充 / 65

2.9　应收利息 / 66
2.9.1　定义与核算 / 66
2.9.2　明细科目设置 / 66
2.9.3　业务处理示范 / 66
2.9.4　分录处理案例解析 / 67
2.9.5　相关知识补充 / 68

2.10　其他应收款 / 68
2.10.1　定义与核算 / 68
2.10.2　明细科目设置 / 69
2.10.3　业务处理示范 / 69
2.10.4　分录处理案例解析 / 70
2.10.5　备用金科目设置与分录编制案例 / 70

2.11　坏账准备 / 72
2.11.1　定义与核算 / 72
2.11.2　明细科目设置 / 72
2.11.3　业务处理示范 / 73
2.11.4　分录处理案例解析 / 74
2.11.5　坏账准备其他分录处理案例解析 / 75

2.12　材料采购 / 78
2.12.1　定义与核算 / 78
2.12.2　明细科目设置 / 78
2.12.3　业务处理示范 / 79
2.12.4　分录处理案例解析 / 79
2.12.5　相关知识补充 / 80

2.13　在途物资 / 80
2.13.1　定义与核算 / 80
2.13.2　明细科目设置 / 81
2.13.3　业务处理示范 / 81
2.13.4　分录处理案例解析 / 82
2.13.5　相关知识补充 / 82

2.14　原材料 / 83
2.14.1　定义与核算 / 83
2.14.2　明细科目设置 / 83
2.14.3　业务处理示范 / 84

2.14.4 分录处理案例解析 / 85

2.14.5 相关知识补充 / 87

2.15 材料成本差异 / 89

2.15.1 定义与核算 / 89

2.15.2 明细科目设置 / 89

2.15.3 业务处理示范 / 89

2.15.4 分录处理案例解析 / 90

2.15.5 相关知识补充 / 92

2.16 库存商品 / 92

2.16.1 定义与核算 / 92

2.16.2 明细科目设置 / 92

2.16.3 业务处理示范 / 93

2.16.4 分录处理案例解析 / 94

2.16.5 相关知识补充 / 96

2.17 发出商品 / 96

2.17.1 定义与核算 / 96

2.17.2 明细科目设置 / 96

2.17.3 业务处理示范 / 97

2.17.4 分录处理案例解析 / 97

2.17.5 相关知识补充 / 98

2.18 商品进销差价 / 98

2.18.1 定义与核算 / 98

2.18.2 明细科目核算 / 99

2.18.3 业务处理示范 / 99

2.18.4 分录处理案例解析 / 100

2.18.5 相关知识补充 / 101

2.19 委托加工物资 / 101

2.19.1 定义与核算 / 101

2.19.2 明细科目设置 / 101

2.19.3 业务处理示范 / 102

2.19.4 分录处理案例解析 / 103

2.19.5 委托加工其他分录处理案例解析 / 103

2.20 周转材料 / 105

2.20.1 定义与核算 / 105

2.20.2 明细科目设置 / 105

2.20.3 业务处理示范 / 106

2.20.4 分录处理案例解析 / 107

2.20.5 相关知识补充 / 109

2.21 存货跌价准备 / 110

2.21.1 定义与核算 / 110

2.21.2 明细科目设置 / 110

2.21.3 业务处理示范 / 111

2.21.4 分录处理案例解析 / 111

2.21.5 相关知识补充 / 112

2.22 债权投资 / 112

2.22.1 定义与核算 / 112

2.22.2 明细科目设置 / 113

2.22.3 业务处理示范 / 113

2.22.4 分录处理案例解析 / 114

2.22.5 债权投资其他分录处理案例解析 / 117

2.23 债权投资减值准备 / 120

2.23.1 定义与核算 / 120

2.23.2 业务处理示范 / 120

2.23.3 分录处理案例解析 / 121

2.23.4 相关知识补充 / 121

2.24 其他债权投资 / 122

- 2.24.1 定义与核算 / 122
- 2.24.2 明细科目设置 / 122
- 2.24.3 业务处理示范 / 122
- 2.24.4 分录处理案例解析 / 124
- 2.24.5 相关知识补充 / 125

2.25 其他权益工具投资 / 126

- 2.25.1 定义与核算 / 126
- 2.25.2 明细科目设置 / 126
- 2.25.3 业务处理示范 / 126
- 2.25.4 分录处理案例解析 / 128
- 2.25.5 相关知识补充 / 129

2.26 长期股权投资 / 129

- 2.26.1 定义与核算 / 129
- 2.26.2 明细科目设置 / 129
- 2.26.3 业务处理示范 / 130
- 2.26.4 分录处理案例解析 / 134
- 2.26.5 相关知识补充 / 138

2.27 长期股权投资减值准备 / 139

- 2.27.1 定义与核算 / 139
- 2.27.2 业务处理示范 / 139
- 2.27.3 分录处理案例解析 / 140
- 2.27.4 相关知识补充 / 140

2.28 投资性房地产 / 140

- 2.28.1 定义与核算 / 140
- 2.28.2 明细科目设置 / 141
- 2.28.3 业务处理示范 / 141
- 2.28.4 分录处理案例解析 / 143
- 2.28.5 投资性房地产其他分录处理案例解析 / 144

2.29 长期应收款 / 148

- 2.29.1 定义与核算 / 148
- 2.29.2 业务处理示范 / 148
- 2.29.3 分录处理案例解析 / 149
- 2.29.4 相关知识补充 / 149

2.30 未实现融资收益 / 150

- 2.30.1 定义与核算 / 150
- 2.30.2 业务处理示范 / 150
- 2.30.3 分录处理案例解析 / 150
- 2.30.4 相关知识补充 / 151

2.31 固定资产 / 151

- 2.31.1 定义与核算 / 151
- 2.31.2 明细科目设置 / 152
- 2.31.3 业务处理示范 / 152
- 2.31.4 分录处理案例解析 / 155
- 2.31.5 固定资产其他分录处理案例解析 / 159

2.32 累计折旧 / 160

- 2.32.1 定义与核算 / 160
- 2.32.2 明细科目设置 / 161
- 2.32.3 业务处理示范 / 161
- 2.32.4 分录处理案例解析 / 161
- 2.32.5 相关知识补充 / 162

2.33 固定资产减值准备 / 163

- 2.33.1 定义与核算 / 163
- 2.33.2 明细科目设置 / 164
- 2.33.3 业务处理示范 / 164
- 2.33.4 分录处理案例解析 / 165
- 2.33.5 相关知识补充 / 166

2.34 在建工程 / 166

2.34.1 定义与核算 / 166
2.34.2 明细科目设置 / 166
2.34.3 业务处理示范 / 167
2.34.4 分录处理案例解析 / 169
2.34.5 在建工程其他分录处理案例解析 / 171

2.35 工程物资 / 172

2.35.1 定义与核算 / 172
2.35.2 明细科目设置 / 172
2.35.3 业务处理示范 / 173
2.35.4 分录处理案例解析 / 173
2.35.5 相关知识补充 / 173

2.36 无形资产 / 174

2.36.1 定义与核算 / 174
2.36.2 明细科目设置 / 174
2.36.3 业务处理示范 / 175
2.36.4 分录处理案例解析 / 176
2.36.5 相关知识补充 / 179

2.37 累计摊销 / 179

2.37.1 定义与核算 / 179
2.37.2 明细科目设置 / 180
2.37.3 业务处理示范 / 180
2.37.4 分录处理案例解析 / 180
2.37.5 相关知识补充 / 181

2.38 无形资产减值准备 / 181

2.38.1 定义与核算 / 181
2.38.2 明细科目设置 / 182
2.38.3 业务处理示范 / 182
2.38.4 分录处理案例解析 / 182

2.38.5 相关知识补充 / 183

2.39 长期待摊费用 / 183

2.39.1 定义与核算 / 183
2.39.2 明细科目设置 / 184
2.39.3 业务处理示范 / 184
2.39.4 分录处理案例解析 / 184
2.39.5 相关知识补充 / 185

2.40 递延所得税资产 / 185

2.40.1 定义与核算 / 185
2.40.2 业务处理示范 / 186
2.40.3 分录处理案例解析 / 186
2.40.4 相关知识补充 / 187

2.41 待处理财产损溢 / 187

2.41.1 定义与核算 / 187
2.41.2 明细科目设置 / 187
2.41.3 业务处理示范 / 188
2.41.4 分录处理案例解析 / 189
2.41.5 相关知识补充 / 191

第3章 负债类会计科目 / 192

3.1 短期借款 / 192

3.1.1 定义与核算 / 192
3.1.2 明细科目设置 / 192
3.1.3 业务处理示范 / 193
3.1.4 分录处理案例解析 / 194
3.1.5 相关知识补充 / 194

3.2 应付票据 / 195

3.2.1 定义与核算 / 195
3.2.2 明细科目设置 / 196

3.2.3　业务处理示范 / 196

3.2.4　分录处理案例解析 / 197

3.2.5　相关知识补充 / 197

3.3　应付账款 / 198

3.3.1　定义与核算 / 198

3.3.2　明细科目设置 / 198

3.3.3　业务处理示范 / 199

3.3.4　分录处理案例解析 / 199

3.3.5　相关知识补充 / 200

3.4　预收账款 / 201

3.4.1　定义与核算 / 201

3.4.2　明细科目设置 / 201

3.4.3　业务处理示范 / 202

3.4.4　分录处理案例解析 / 202

3.4.5　相关知识补充 / 203

3.5　应付职工薪酬 / 204

3.5.1　定义与核算 / 204

3.5.2　明细科目设置 / 204

3.5.3　业务处理示范 / 205

3.5.4　分录处理案例解析 / 206

3.5.5　相关知识补充 / 208

3.6　应交税费 / 209

3.6.1　定义与核算 / 209

3.6.2　明细科目设置 / 209

3.6.3　业务处理示范 / 210

3.6.4　分录处理案例解析 / 214

3.6.5　相关知识补充 / 220

3.7　应付利息 / 221

3.7.1　定义与核算 / 221

3.7.2　明细科目设置 / 222

3.7.3　业务处理示范 / 222

3.7.4　分录处理案例解析 / 222

3.7.5　相关知识补充 / 225

3.8　应付股利 / 226

3.8.1　定义与核算 / 226

3.8.2　明细科目设置 / 227

3.8.3　业务处理示范 / 227

3.8.4　分录处理案例解析 / 227

3.8.5　相关知识补充 / 228

3.9　其他应付款 / 228

3.9.1　定义与核算 / 228

3.9.2　明细科目设置 / 229

3.9.3　业务处理示范 / 229

3.9.4　分录处理案例解析 / 230

3.9.5　相关知识补充 / 231

3.10　递延收益 / 232

3.10.1　定义与核算 / 232

3.10.2　业务处理示范 / 232

3.10.3　分录处理案例解析 / 233

3.10.4　相关知识补充 / 235

3.11　长期借款 / 235

3.11.1　定义与核算 / 235

3.11.2　明细科目设置 / 236

3.11.3　业务处理示范 / 236

3.11.4　分录处理案例解析 / 237

3.11.5　相关知识补充 / 237

3.12　应付债券 / 238

3.12.1　定义与核算 / 238

3.12.2 明细科目设置 / 239
3.12.3 业务处理示范 / 239
3.12.4 分录处理案例解析 / 240
3.12.5 相关知识补充 / 241

3.13 长期应付款 / 242

3.13.1 定义与核算 / 242
3.13.2 明细科目设置 / 243
3.13.3 业务处理示范 / 243
3.13.4 分录处理案例解析 / 244
3.13.5 相关知识补充 / 245

3.14 未确认融资费用 / 246

3.14.1 定义与核算 / 246
3.14.2 业务处理示范 / 246
3.14.3 分录处理案例解析 / 246
3.14.4 相关知识补充 / 247

3.15 预计负债 / 248

3.15.1 定义与核算 / 248
3.15.2 明细科目设置 / 248
3.15.3 业务处理示范 / 249
3.15.4 分录处理案例解析 / 250
3.15.5 相关知识补充 / 252

3.16 递延所得税负债 / 253

3.16.1 定义与核算 / 253
3.16.2 业务处理示范 / 253
3.16.3 分录处理案例解析 / 253
3.16.4 相关知识补充 / 254

第4章 所有者权益类会计科目 / 255

4.1 实收资本 / 255

4.1.1 定义与核算 / 255

4.1.2 明细科目设置 / 255
4.1.3 业务处理示范 / 256
4.1.4 分录处理案例解析 / 256
4.1.5 相关知识补充 / 257

4.2 资本公积 / 257

4.2.1 定义与核算 / 257
4.2.2 明细科目设置 / 258
4.2.3 业务处理示范 / 258
4.2.4 分录处理案例解析 / 259
4.2.5 相关知识补充 / 259

4.3 盈余公积 / 260

4.3.1 定义与核算 / 260
4.3.2 明细科目设置 / 261
4.3.3 业务处理示范 / 261
4.3.4 分录处理案例解析 / 262
4.3.5 相关知识补充 / 263

4.4 本年利润 / 263

4.4.1 定义与核算 / 263
4.4.2 明细科目设置 / 264
4.4.3 业务处理示范 / 265
4.4.4 分录处理案例解析 / 266
4.4.5 相关知识补充 / 267

4.5 利润分配 / 267

4.5.1 定义与核算 / 267
4.5.2 明细科目设置 / 268
4.5.3 业务处理示范 / 268
4.5.4 分录处理案例解析 / 269
4.5.5 相关知识补充 / 270

4.6 库存股 / 271

4.6.1 定义与核算 / 271

4.6.2 业务处理示范 / 271

4.6.3 分录处理案例解析 / 273

4.6.4 相关知识补充 / 274

4.7 其他综合收益 / 274

4.7.1 定义与核算 / 274

4.7.2 业务处理示范 / 275

4.7.3 分录处理案例解析 / 276

4.7.4 相关知识补充 / 276

第 5 章 成本类会计科目 / 277

5.1 生产成本 / 277

5.1.1 定义与核算 / 277

5.1.2 明细科目设置 / 277

5.1.3 业务处理示范 / 278

5.1.4 分录处理案例解析 / 279

5.1.5 相关知识补充 / 279

5.2 制造费用 / 280

5.2.1 定义与核算 / 280

5.2.2 明细科目设置 / 280

5.2.3 业务处理示范 / 281

5.2.4 分录处理案例解析 / 281

5.2.5 相关知识补充 / 282

5.3 劳务成本 / 282

5.3.1 定义与核算 / 282

5.3.2 明细科目设置 / 283

5.3.3 业务处理示范 / 283

5.3.4 分录处理案例解析 / 283

5.3.5 相关知识补充 / 284

5.4 研发支出 / 285

5.4.1 定义与核算 / 285

5.4.2 明细科目设置 / 285

5.4.3 业务处理示范 / 285

5.4.4 分录处理案例解析 / 286

5.4.5 相关知识补充 / 287

第 6 章 损益类会计科目 / 288

6.1 主营业务收入 / 288

6.1.1 定义与核算 / 288

6.1.2 明细科目设置 / 288

6.1.3 业务处理示范 / 289

6.1.4 分录处理案例解析 / 292

6.1.5 相关知识补充 / 296

6.2 其他业务收入 / 297

6.2.1 定义与核算 / 297

6.2.2 明细科目设置 / 297

6.2.3 业务处理示范 / 298

6.2.4 分录处理案例解析 / 298

6.2.5 相关知识补充 / 299

6.3 公允价值变动损益 / 299

6.3.1 定义与核算 / 299

6.3.2 明细科目设置 / 300

6.3.3 业务处理示范 / 300

6.3.4 分录处理案例解析 / 300

6.3.5 相关知识补充 / 301

6.4 投资收益 / 301

6.4.1 定义与核算 / 301

6.4.2 明细科目设置 / 302

6.4.3 业务处理示范 / 302

6.5 资产处置损益 / 304

- 6.4.4 分录处理案例解析 / 303
- 6.4.5 相关知识补充 / 303

6.5 资产处置损益 / 304

- 6.5.1 定义与核算 / 304
- 6.5.2 明细科目设置 / 304
- 6.5.3 业务处理示范 / 305
- 6.5.4 分录处理案例解析 / 305

6.6 营业外收入 / 306

- 6.6.1 定义与核算 / 306
- 6.6.2 明细科目设置 / 306
- 6.6.3 业务处理示范 / 306
- 6.6.4 分录处理案例解析 / 307

6.7 主营业务成本 / 307

- 6.7.1 定义与核算 / 307
- 6.7.2 明细科目设置 / 307
- 6.7.3 业务处理示范 / 308
- 6.7.4 分录处理案例解析 / 308
- 6.7.5 相关知识补充 / 309

6.8 其他业务成本 / 309

- 6.8.1 定义与核算 / 309
- 6.8.2 明细科目设置 / 309
- 6.8.3 业务处理示范 / 310
- 6.8.4 分录处理案例解析 / 310

6.9 税金及附加 / 311

- 6.9.1 定义与核算 / 311
- 6.9.2 明细科目设置 / 311
- 6.9.3 业务处理示范 / 312
- 6.9.4 分录处理案例解析 / 313
- 6.9.5 相关知识补充 / 314

6.10 销售费用 / 314

- 6.10.1 定义与核算 / 314
- 6.10.2 明细科目设置 / 314
- 6.10.3 业务处理示范 / 315
- 6.10.4 分录处理案例解析 / 315
- 6.10.5 相关知识补充 / 316

6.11 管理费用 / 316

- 6.11.1 定义与核算 / 316
- 6.11.2 明细科目设置 / 317
- 6.11.3 业务处理示范 / 317
- 6.11.4 分录处理案例解析 / 318

6.12 财务费用 / 318

- 6.12.1 定义与核算 / 318
- 6.12.2 明细科目设置 / 319
- 6.12.3 业务处理示范 / 319
- 6.12.4 分录处理案例解析 / 320
- 6.12.5 相关知识补充 / 320

6.13 资产减值损失 / 321

- 6.13.1 定义与核算 / 321
- 6.13.2 明细科目设置 / 321
- 6.13.3 业务处理示范 / 322
- 6.13.4 分录处理案例解析 / 322
- 6.13.5 相关知识补充 / 323

6.14 信用减值损失 / 323

- 6.14.1 定义与核算 / 323
- 6.14.2 明细科目设置 / 324
- 6.14.3 业务处理示范 / 324
- 6.14.4 分录处理案例解析 / 325
- 6.14.5 相关知识补充 / 325

6.15 营业外支出 / 326

6.15.1 定义与核算 / 326
6.15.2 明细科目设置 / 326
6.15.3 业务处理示范 / 327
6.15.4 分录处理案例解析 / 327

6.16 所得税费用 / 327

6.16.1 定义与核算 / 327
6.16.2 明细科目设置 / 328
6.16.3 业务处理示范 / 328
6.16.4 分录处理案例解析 / 329
6.16.5 相关知识补充 / 329

6.17 以前年度损益调整 / 330

6.17.1 定义与核算 / 330
6.17.2 明细科目设置 / 330
6.17.3 业务处理示范 / 331
6.17.4 分录处理案例解析 / 332
6.17.5 相关知识补充 / 334

第 7 章 财务报表 / 335

7.1 财务报表概述 / 335

7.1.1 财务报表的概念与分类 / 335
7.1.2 财务报表编制原则 / 336

7.2 资产负债表 / 336

7.2.1 资产负债表的概念 / 336
7.2.2 资产负债表的格式 / 336
7.2.3 资产负债表的编制方法 / 339

7.3 利润表 / 346

7.3.1 利润表的概念 / 346
7.3.2 利润表的格式 / 346
7.3.3 利润表的编制方法 / 349

7.4 现金流量表 / 351

7.4.1 现金流量表的概念 / 351
7.4.2 现金流量表的格式 / 351
7.4.3 现金流量表的编制方法 / 353

7.5 所有者权益变动表 / 355

7.5.1 所有者权益变动表的概念 / 355
7.5.2 所有者权益变动表的格式 / 355
7.5.3 所有者权益变动表部分项目的编制说明 / 356

7.6 附注 / 357

7.6.1 财务报表附注的概念 / 357
7.6.2 财务报表附注的形式 / 357
7.6.3 财务报表附注的内容 / 358

7.7 分录处理与财务报表案例解析 / 359

7.7.1 案例说明 / 359
7.7.2 分录处理 / 364
7.7.3 资产负债表、利润表和现金流量表 / 369

第1章 会计基础

1.1 会计理论及六大要素

1. 会计的概念

会计是以货币为主要计量单位，运用一系列专门的方法，对各单位的经济活动进行核算和监督，以此向有关各方提供会计信息，并在此基础上进行预测、决策等经济管理工作，以提高经济效益的一种管理活动。

从上述概念可以看出，会计具有以下四个主要特征。

（1）会计以货币为主要计量单位

由于货币是商品的一般等价物，各种不同的物资，都可以折算成货币进行比较。通过货币，可以综合地计量和记录企业发生的各种经济活动，因此，货币成为会计核算的主要计量单位。当然，在会计核算中，也会用到实物计量单位和劳动计量单位，但最后仍必须运用货币计量单位来综合加以反映。

（2）会计拥有一系列专门的核算方法

为了对企业经济活动进行核算、监督，对经营活动进行预测、决策等管理，会计必须具有一系列的专门核算方法（包括设置账户、复式记账、填制和审核凭证、登记账簿、成本计算、财产清查和编制财务报告等）。

（3）会计拥有基本职能和扩展职能

会计不仅拥有核算和监督两种基本职能，还拥有预测、决策等扩展职能。

（4）会计的本质是管理活动

经济管理包括对人、物、财的管理。对人的管理，是人力资源管理，主要是调动人的积极性，达到劳动最优组合。对物的管理，是物资管理，主要是保护财产物资的安全、完整，提高财产物资的利用效率。对财的管理，是财务会计管理，主要是利用资金手段，对一个单位的经济活动进行价值管理，反映和监督经济活动。

2. 会计的职能

会计的职能是指会计在经济管理中所具有的职能，可分为基本职能和其他职能两部分。

（1）会计的基本职能

会计核算和会计监督是会计的两项基本职能。

①核算职能。

核算职能，也称反映职能，是指会计以货币为主要计量单位，通过确认、计量、记录和报告等环节，对特定主体的经济活动进行记账、算账、报账，为有关各方提供会计信息的功能。

②监督职能。

监督职能，也称控制职能，是指会计人员在进行会计核算的同时，对特定主体经济活动的真实性、合法性和合理性进行审查。

会计监督贯穿于经济活动的全过程，包括事前监督、事中监督和事后监督。

③核算职能与监督职能的关系。

会计核算职能与监督职能是相辅相成、密切相连的关系。对经济活动进行会计核算的过程，也是实行会计监督的过程。会计核算是会计监督的基础，会计监督是会计核算的保障。没有会计核算提供的数据资料，会计监督就没有客观依据；没有会计监督，会计核算就无法保证会计信息的质量，会计核算也就失去了存在的意义。

（2）会计的其他职能

会计的职能不是一成不变的，随着生产的发展和科技的进步，会计的职能会不断地扩展。会计的其他职能包括预测职能、决策职能、控制职能、分析职能等。

3. 会计核算基本前提

会计核算基本前提，也称会计假设，是指进行会计核算的一些基本前提条件，是对会计核算所处空间、时间环境等所做的合理假设。主要包括会计主体、持续经营、会计分期和货币计量。

（1）会计主体

会计主体，是指会计为之服务的特定单位或者组织。该假设确定了会计核算的空间范围，即明确了会计人员的立足点，解决为谁记账、算账、报账的问题。例如，甲企业赊销一批产品给乙企业，金额50万元，就该经济业务所涉及的50万元，是作为应收账款来处理还是作为应付账款来处理呢？这就涉及站在谁的立场来处理的问题。如果是甲企业的会计，很显然，应该记应收账款增加50万元；若是乙企业的会计，就应该增加应付账款50万元。

值得注意的是，要区分会计主体与法律主体的概念。一般来说，法律主体必然是会计主体，但会计主体不一定是法律主体。会计主体，可以是一个企业，也可以是企业内部的某一个单位或特定部分（如分公司等）；可以是单一企业，也可以是由几个企业组成的企业集团；可以是独立法人，也可以是非法人（如个体工商户、独资企业等）。

（2）持续经营

持续经营，是指会计主体的生产经营活动在可以预见的将来能够按照既定的目标持续下去，不会面临破产和清算。该假设确定了会计核算的时间范围，解决了费用分摊的时间问题。例如，企业购买一台价值200万元的设备，预计可使用10年，并按年限平均法计提折旧，每年应分摊折旧费用20万元，那么这个费用分摊方法，就是建立在持续经营假定的基础之上的。如果企业面临清算，那么这台设备只能按当时的公允价值抵偿债务。

（3）会计分期

会计分期，也称会计期间，是将会计主体持续不断的生产经营活动人为地划分为较短的相等的会计期间。

会计分期假定是从持续经营假定引申出来的。既然在可以预见的将来不会面临停业清算，企业就不能等到其经营活动结束才进行结算和编制会计报告。为了定期反映企业的财务状况和经营成果，向会计信息需求者及时提供会计信息，就需要清楚划分会计期间。

我国《企业会计准则——基本准则》规定，会计期间分为年度和中期。会计期间通常为一年，即会计年度。世界各国企业的会计年度起讫日期并不统一，例如，有的国家以本年的7月1日至下年的6月30日为一个会计年度，而我国则以公历1月1日至12月31日为一个会计年度。中期是指短于一个完整的会计年度的报告期间，包括半年度、季度和月度。

（4）货币计量

货币计量，是指在会计核算中应以货币为主要计量单位核算会计主体的生产经营活动。该假设解决了会计核算的计量问题。

在我国，原则上应以人民币作为记账本位币。日常业务收支以人民币以外的货币为主的单位，也可选择某种外币作为记账本位币，但其编制的财务会计报告，应当折算为人民币反映。在境外设立的中国企业，向国内报送的财务会计报告，也应当折算为人民币反映。

4.会计的核算基础

开展企业财务会计工作，特别是进行会计确认必须正确运用确认基础。为了分期核算每一期的经营成果，要划清本期和非本期的界限，确定哪些收入是属于本期的收入，哪些费用是属于本期的费用，以便正确计算每期损益。例如，对于收入，假设1月销售一批产品，款项2月才能收到，那么该销售收入是确认为1月的收入还是确认为2月的收入？再如，对于费用，假设6月用银行存款支付7月、8月、9月三个月的房租费用，那么，该笔房租费是确认为6月的费用还是确认为7月、8月、9月三个月共同的费用？要解决这些问题，必须要有一个确认收入、费用属于哪一个会计期间的标准，于是就产生了权责发生制和收付实现制。

（1）权责发生制

权责发生制，也称应计制或应收应付制，它是以收入的权利和支出的义务是否应归属于本期为标准，来确定本期收入和费用的一种方法（而不论其是否实际收到或付出）。也就是说，凡属本期的收入，不管其款项是否收到，都应作为本期的收入；凡属本期应当负担的费用，不管其款项是否付出，都应作为本期费用。

因此，上例中，如果采用权责发生制，且满足收入确认的条件时，该销售收入应确认为1月的收入，而不是2月的；同理，上例中的房租费如果采用权责发生制，应确认为7月、8月、9月三个月的共同费用，由这三个月平均负担，而不是6月的费用。

我国《企业会计准则——基本准则》规定，企业的会计确认、计量和报告应当采用权责发生制。权责发生制更能真实反映企业的财务状况和经营成果。

（2）收付实现制

收付实现制，也称现金制或实收实付制、现金收付制，它是以款项是否实际收到或付出为标准，来确定本期收入和费用的一种方法（而不论其是否应属于本期）。也就是说，只要是本期实际收到的收入和支出的费用，不管其是否应归属于本期，都作为本期的收入和费用；反之，凡本期未收到的收入和未支付的费用，即使应归属于本期，也不能作为本期的收入和费用。

因此，上例中，如果采用收付实现制，且货款确实在2月收到了，则应确认为2月的收入，而不是1月的；同理，上例中的房租费，如果采用收付实现制，则应确认为6月的费用，而不是7月、8月、9月的。

目前，我国的行政单位会计，主要采用收付实现制；事业单位会计中，除了经营业务可以采用权责发生制，其他大部分业务均采用收付实现制。

1.1.1 资产

1. 资产的定义

资产，是指企业过去的交易或者事项形成的、由企业拥有或者控制的、预期会给企业带来经济利益的资源。

2. 资产的特征

（1）资产是由企业过去的交易或事项形成的

资产是在过去的时期里，通过已经发生的交易或事项形成的现实结果，而不是未来交易或事项将要产生的结果。例如，企业已经购买的商品，可以作为企业的资产确认入账，但企业计划于下一年度购买的一批原材料，不得确认为资产。

（2）资产是企业拥有或控制的

拥有，是指拥有某项资源的所有权；控制，是指企业虽然没有拥有某项资源的所有权，却可以对该项资源按照自己的意愿使用或处置。例如，企业拥有的现金、存货等，无论其存放在哪儿，都是企业拥有所有权的资产；对融资租入的固定资产，虽不拥有所有权，但拥有控制权，同样可作为企业资产来确认。

（3）预期会给企业带来经济利益

这是资产最重要的特征，即资产应直接或间接为企业增加现金或现金等价物的流入。对于那些预期不能给企业带来经济利益的资源，如已霉烂变质的存货、已报废的设备等，由于其不能为企业带来经济利益，所以不得将其作为资产核算。

3. 资产的分类

资产按其流动性的不同，可以分为流动资产和非流动资产。

（1）流动资产

流动资产，是指预期将在1年内（或超过1年的一个营业周期内）可以合理地变现或者耗用的资产。主要包括货币资金、交易性金融资产、应收票据及应收账款、存货等。

（2）非流动资产

非流动资产，是指流动资产以外的资产。主要包括债权投资、其他债权投资、长期股权投资、固定资产、无形资产等。

1.1.2 负债

1. 负债的定义

负债，是指企业过去的交易或事项形成的，预期会导致经济利益流出企业的现时义务。负债是企业筹措资金的重要渠道。

2. 负债的特征

①负债是由企业过去的交易或者事项形成的。未来经济业务可能产生的经济负担不得作为负债核算。如企业管理部门计划下一年度赊购一批办公用品，这项计划属于未来的经济业务，其本身并不产生现时义务，因而不属于企业的负债。

②负债是企业承担的现时义务，即有明确的或可以合理地确定的受款人和偿付日期。反之，就不是会计上的负债。

③负债预期会导致经济利益流出企业。这也是负债的一个本质特征。一般来说，企业履行偿还义务时，关系到企业经济利益的流出，如支付现金、提供劳务、转让其他财产等。

3. 负债的分类

负债按偿还期限的长短，一般分为流动负债和非流动负债。

（1）流动负债

流动负债，是指需要在1年以内（或者超过1年的一个营业周期以内）偿还的债务。主要包括短期借款、应付票据及应付账款、应付职工薪酬、应交税费、其他应付款等。

（2）非流动负债

非流动负债，是指流动负债以外的负债，即偿还期超过1年（或者超过1年的一个营业周期），主要包括长期借款、应付债券、长期应付款等。

1.1.3　所有者权益

1. 所有者权益的定义

所有者权益，又称股东权益或净资产，是指企业资产扣除负债后由所有者享有的剩余权益，所有者权益在数值上等于企业全部资产减去全部负债后的余额。所有者权益的实质是企业从投资者手中所吸收的投入资本及其增值，同时也是企业进行经济活动的"本钱"。

2. 所有者权益的特征

①所有者权益，是投资者对企业净资产的要求权。因此，在企业清算时，所有者对资产的要求权位于清偿负债之后。

②除非发生减资、破产、清算等特殊事项，否则企业一般无须向投资者偿还投入的资本。

③投资者可以凭借所有者权益参与企业的经营管理，并且有权按投资比例分享企业利润等。

3. 所有者权益的内容

所有者权益的来源包括所有者投入的资本、直接计入所有者权益的利得和损失、留存收益等。我国现行企业会计准则规定，所有者权益主要包括：实收资本或股本、其他权益工具、资本公积、其他综合收益、盈余公积和未分配利润。实收资本或股本、其他权益工具、资本公积主要来自投资人的投入资本；盈余公积和未分配利润，由于来自企业经营成果的留存，故合称为留存收益。

需要指出的是，企业的所有者权益只是一个整体和抽象意义上的概念，与企业资产保持数量关系，它与企业特定的、具体的资产并无直接关系，并不与任何具体的资产项目产生对应关系。比如，一定数额的所有者权益并不代表相应数额的库存现金或银行存款。虽然企业所有者对企业的投资具有一定的存在形态，例如，用现金、存货或无形资产等对企业进行投资，但根据会计主体这一财务会计的基本前提，企业所有者对企业的投资无论采取何种具体形态，它们一旦进入企业，便成为受资企业这个特定会计主体的资产，而不再是企业所有者的资产。特别是当企业有多个所有者的情况下,明确这点尤为重要。

从数量上看,所有者权益=资产−负债,其金额取决于资产和负债的计量。因此,企业的所有者权益基本上不存在专门的计量问题,它一般是通过对相应资产或负债的计量间接得到的。

1.1.4 收入

1. 收入的定义与特征

(1) 收入的定义

收入有广义和狭义之分。我国《企业会计准则——基本准则》采用的是狭义的收入概念。

广义收入是指会计期间内经济利益的增加。由于资产流入企业、资产增加或负债减少而引起所有者权益增加,但是,并非所有资产增加或负债减少而引起所有者权益增加都是企业的收入。例如,所有者对企业投资,虽然导致资产增加或负债减少,并使所有者权益增加,但不属于企业获取收入的经济业务。

狭义收入是指企业在日常活动中形成的、会导致所有者权益增加的、与所有者投入资本无关的经济利益的总流入。其核心内容是营业收入,包括主营业务收入和其他业务收入。

(2) 收入的特征

①收入是在日常活动中产生的,而不是从偶发的交易或事项中产生的。如工业企业销售商品、服务企业提供劳务、出售原材料、让渡资产使用权等。

②收入可能表现为企业资产的增加或负债的减少或二者兼而有之。

③收入最终能导致企业所有者权益的增加。

④收入只包括本企业经济利益的流入,而不包括为第三方或客户代收的款项。

2. 收入的确认

收入确认的一般标准:经济利益很可能流入企业导致资产的增加或负债的

减少，并且经济利益的流入额能够可靠地计量。例如，销售商品业务，一方面要增加销售收入，另一方面要增加货币资金或应收账款等资产。

3. 收入与利得的区别

利得，是指由企业非日常活动所形成的、会导致所有者权益增加的、与所有者投入资本无关的经济利益的流入，包括直接计入所有者权益的利得与直接计入当期利润的利得。

具体区别见表1-1。

表1-1　收入与利得的区别

名称	产生原因	流入形式	记入项目
收入	日常活动	总流入	主营业务收入、其他业务收入
利得	非日常活动	净流入	其他综合收益、营业外收入

1.1.5　费用

1. 费用的定义与特征

（1）费用的定义

费用有广义和狭义之分。我国《企业会计准则——基本准则》采用的是狭义的费用概念。

广义费用是指会计期间内经济利益的减少。由于资产减少或负债增加而引起所有者权益减少，但是，并非所有资产减少或负债增加而引起所有者权益减少都是企业的费用。例如，企业向所有者分配利润，虽然导致资产减少或负债增加，并使所有者权益减少，但不属于企业发生费用的经济业务。

狭义费用是指企业在日常活动中形成的、会导致所有者权益减少的、与向所有者分配利润无关的经济利益的总流出。主要包括营业成本（主营业务成本和其他业务成本）、税金及附加、销售费用、管理费用、财务费用、研发费用等。

（2）费用的特征

①费用是在企业日常活动中产生的，而不是在偶发的交易或事项中产生的。例如，日常活动中发生的员工工资、办公费、广告费等，均为费用。
②费用可能表现为资产减少或负债增加或二者兼而有之。
③费用能导致企业所有者权益的减少，但与向所有者分配利润无关。

2. 费用的确认

费用只有在经济利益很可能流出企业从而导致资产减少或负债增加，并且经济利益的流出额能够可靠地计量时才能确认。例如，计提固定资产折旧。

3. 费用的分类

费用按是否计入产品的生产成本，分为生产费用和期间费用两类。

（1）生产费用

生产费用，是指为产品生产所发生的、应计入产品成本的费用，包括直接材料费用、直接人工费用和制造费用。支出、费用与产品成本的关系如图1-1所示。

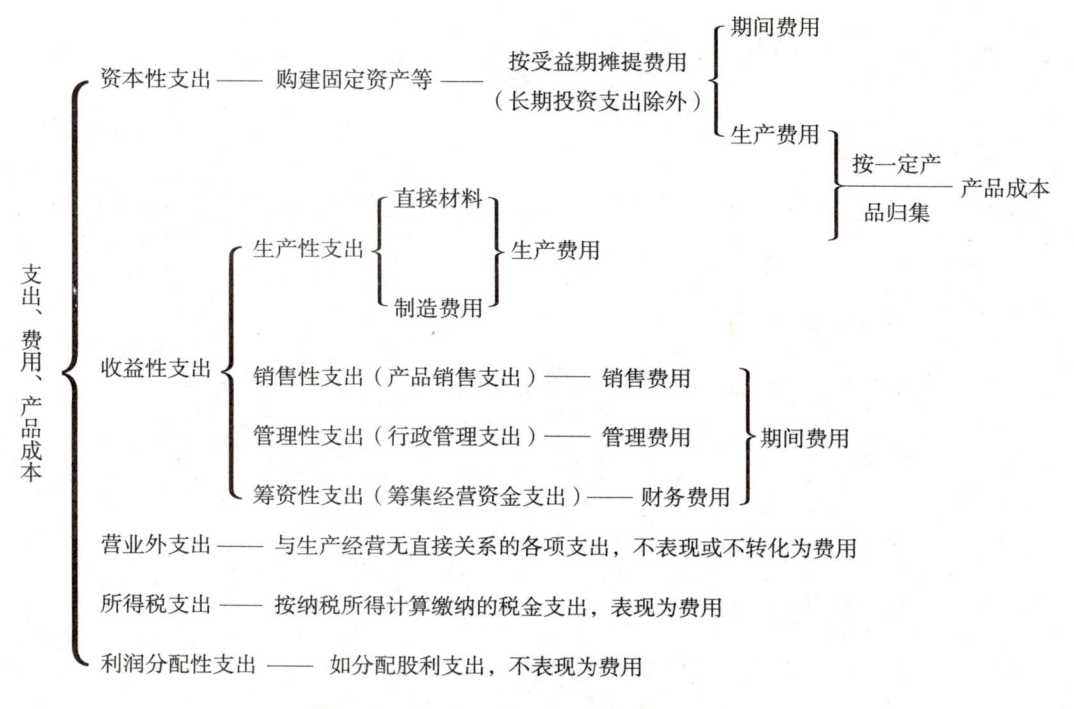

支出、费用、产品成本：
- 资本性支出 —— 购建固定资产等 { 按受益期摊提费用（长期投资支出除外）{ 期间费用 / 生产费用 } 按一定产品归集 —— 产品成本 }
- 收益性支出 {
  - 生产性支出 { 直接材料 / 制造费用 } 生产费用
  - 销售性支出（产品销售支出）—— 销售费用
  - 管理性支出（行政管理支出）—— 管理费用 } 期间费用
  - 筹资性支出（筹集经营资金支出）—— 财务费用
- 营业外支出 —— 与生产经营无直接关系的各项支出，不表现或不转化为费用
- 所得税支出 —— 按纳税所得计算缴纳的税金支出，表现为费用
- 利润分配性支出 —— 如分配股利支出，不表现为费用

图1-1 支出、费用与产品成本的关系图

（2）期间费用

期间费用，又称经营管理费用，是指经营管理过程中发生的、与产品生产无直接关系、应直接计入当期损益的费用，包括销售费用、管理费用、财务费用。

4. 损失及其与费用的区别

损失，是指由企业非日常活动所发生的、会导致所有者权益减少的、与向所有者分配利润无关的经济利益的流出。损失包括直接计入所有者权益的损失和直接计入当期利润的损失。

具体区别见表1-2。

表1-2 费用与损失的区别

名称	产生原因	流入形式	记入项目
费用	日常活动	总流出	销售费用、管理费用、财务费用等
损失	非日常活动	净流出	其他综合收益、营业外支出

1.1.6 利润

1. 利润的定义

利润，是指企业在一定会计期间的经营成果。利润包括收入减去费用后的净额、直接计入当期利润的利得和损失等。

2. 利润的特征

①利润是收入与费用两个会计要素相配比的结果。

②利润的实现，会表现为资产增加或负债减少，其结果是所有者权益的增加。

③利润为投资者所有。

3. 利润的分类

利润按照构成，可分为营业利润、利润总额和净利润。

①营业利润，是指企业日常营业活动所产生的利润。在金额上是用营业收

入减去营业成本、税金及附加、销售费用、管理费用、研发费用、财务费用、资产减值损失、信用减值损失，再加上其他收益、投资净收益、公允价值变动净收益、资产处置净收益后的金额。

②利润总额，是在营业利润的基础上加上营业外收入，减去营业外支出后的金额。

③净利润，也称税后利润或会计利润，是利润总额减去所得税费用后的金额。

1.2 会计科目设置

1.2.1 会计科目的含义

会计科目，是指会计要素再分类所形成的具体项目，即对会计要素具体内容进行分类核算的项目。

1.2.2 会计科目的分类

1. 按会计科目反映的经济内容分

在制造企业，按会计科目反映的经济内容不同，一般可分为资产类、负债类、所有者权益类、成本类和损益类五大类。

2. 按会计科目所提供信息的详细程度分

按会计科目所提供信息的详细程度不同，可分为总分类科目和明细分类科目，二者关系见表1-3。

总分类科目，也称总账科目、一级科目，它是对会计要素具体内容进行总括反映、提供总括信息的会计科目。如"应收账款""应付账款""原材料"等都是总账科目。一般而言，总分类科目由国家财政部统一制定。

明细分类科目，也称二级科目（子目）、三级科目（细目），它是对总分类科目作进一步分类、提供更详细、更具体的会计信息的科目。如"应收账款"科目，按债务人名称或姓名设置明细科目，反映应收账款的具体对象。一般而言，明细分类科目根据国家要求和企业自身情况来设置，以满足企业自身经营管理的需要。

表1-3　总分类科目与各级明细科目的关系

总分类科目 （一级科目）	明细分类科目	
	二级科目（子目）	三级科目（细目）
原材料	原料及主要材料	甲材料
		乙材料
	辅助材料	A辅助材料
		B辅助材料

1.2.3　会计科目汇总表

国内常用的会计科目汇总见表1-4。

表1-4　常用的会计科目汇总表

编号	会计科目名称	编号	会计科目名称
	一、资产类	1402	在途物资
1001	库存现金	1403	原材料
1002	银行存款	1404	材料成本差异
1012	其他货币资金	1405	库存商品
1101	交易性金融资产	1406	发出商品
1121	应收票据	1407	商品进销差价
1122	应收账款	1408	委托加工物资
1123	预付账款	1411	周转材料
1131	应收股利	1471	存货跌价准备
1132	应收利息	1501	债权投资
1221	其他应收款	1502	债权投资减值准备
1231	坏账准备	1503	其他债权投资
1401	材料采购	1504	其他权益工具投资

续表

编号	会计科目名称	编号	会计科目名称
1511	长期股权投资	三、共同类	
1512	长期股权投资减值准备		略
1521	投资性房地产	四、所有者权益类	
1531	长期应收款	4001	实收资本
1601	固定资产	4002	资本公积
1602	累计折旧	4101	盈余公积
1603	固定资产减值准备	4103	本年利润
1604	在建工程	4104	利润分配
1605	工程物资	五、成本类	
1701	无形资产	5001	生产成本
1702	累计摊销	5101	制造费用
1703	无形资产减值准备	5201	劳务成本
1801	长期待摊费用	5301	研发支出
1811	递延所得税资产	六、损益类	
1901	待处理财产损溢	6001	主营业务收入
二、负债类		6051	其他业务收入
2001	短期借款	6101	公允价值变动损益
2201	应付票据	6111	投资收益
2202	应付账款	6301	营业外收入
2203	预收账款	6401	主营业务成本
2211	应付职工薪酬	6402	其他业务成本
2221	应交税费	6403	税金及附加
2231	应付利息	6601	销售费用
2232	应付股利	6602	管理费用
2241	其他应付款	6603	财务费用
2501	长期借款	6701	资产减值损失
2502	应付债券	6702	信用减值损失
2701	长期应付款	6711	营业外支出
2801	预计负债	6801	所得税费用
2901	递延所得税负债	6901	以前年度损益调整

1.3 复式记账法

1.3.1 理论基础

复式记账法，是指以资产与权益平衡关系作为记账基础，对于每一项经济业务，都要在两个或两个以上的账户中相互联系进行登记，系统地反映资金运动变化结果的一种记账方法。

复式记账的理论依据是会计基本等式。复式记账按记账符号、记账规则、试算平衡方法的不同，可分为借贷记账法、增减记账法和收付记账法。借贷记账法是一种最复杂、当今运用最广泛的复式记账法，也是目前我国法定的记账方法。至于哪一方记增加金额，哪一方记减少金额，则取决于账户所要反映的经济内容和业务性质。

理论依据：资产=负债+所有者权益。

记账规则：有借必有贷，借贷必相等。

1.3.2 运用

1. 资产和负债，或者资产和所有者权益同时等额增加

（1）资产和负债在业务发生后同时等额增加

例如，甲公司购入材料，货款10 000元尚未支付，不考虑相关税费。此业务涉及资产中的"原材料"账户和负债中的"应付账款"账户。同时在这两个账户中记增加10 000元。

（2）资产和所有者权益在业务发生后同时等额增加

例如，甲公司接受捐赠设备1台，价值30 000元，这项业务涉及资产中的"固定资产"账户和所有者权益中的实收资本或资本公积账户，同时在这两个账户中记增加30 000元。

2. 资产和负债或资产和所有者权益同时等额减少

（1）资产和负债同时等额减少

例如，甲公司以银行存款20 000元偿还所欠原材料款，这项业务涉及资产中的银行存款账户和负债中的应付账款账户，应同时在这两个账户中记减少20 000元。

（2）资产和所有者权益同时等额减少

例如，甲公司因资本过剩而决定减资，用银行存款发还投资者投资200 000元。此项经济业务涉及资产中的银行存款和所有者权益中的股本，应同时在这两个账户中记减少200 000元。

3. 资产类内部，项目有增有减，增减额相等

这类型的经济业务只引起资产类不同项目数量发生变化，不涉及负债和所有者权益变化，也不影响资产总额。

例如，甲公司从银行提取现金1 000元，这项业务就在资产类的现金账户记增加1 000元，在银行存款账户记减少1 000元，资产总额不发生变化。

4. 负债和所有者权益各自内部有关项目之间，或两者有关项目之间发生增减变化

（1）负债类项目有的增加，有的减少，增减金额相等

例如，甲公司开出商业汇票1张，抵偿应付账款20 000元。这项业务为负债类不同项目的此增彼减，即应收账款账户减少20 000元，应付票据账户增加20 000元。

（2）所有者权益类内部有的项目增加，有的项目减少，增减金额相等

例如，甲公司将所有者权益项目中的资本公积100 000元转增资本，这项业务就要在所有者权益中的资本公积账户记减少100 000元，在股本账户中记增加100 000元。

（3）负债增加（或减少），同时所有者权益减少（或增加）

例如，甲公司宣布发放现金股利100 000元，实际并未发放，这就需要在负债的应付股利账户记增加100 000元，同时在所有者权益的利润分配账户记减少100 000元。

1.3.3 编制会计分录

1. 会计分录的含义

会计分录，简称分录，就是确定每笔经济业务所应登记的账户名称、方向和金额的一种记录。在实际工作中，会计分录是填写在记账凭证上的。

2. 会计分录的三要素

会计分录的三要素，即会计分录的内容，是指会计分录中涉及的账户名称、登记方向及登记金额。

3. 编制会计分录的步骤

编制会计分录，通常需要以下三步：

①确定所要登记的账户名称及其所属类别。

②确定资金增减变化及登记方向。

③确定登记金额。

【案例1-1】从银行提取现金1 000元，备作零星开支。

首先，该笔经济业务涉及银行存款和库存现金两个账户，并且这两个账户都属于资产类别；其次，该笔业务引起了银行存款的减少，库存现金的增加。对于资产类账户，增加记借方，减少记贷方，因此，银行存款要记贷方，而库存现金则要记借方；最后，明确这两个账户应登记的金额，均是1 000元。因此，编制的会计分录如下：

借：库存现金　1 000
　　贷：银行存款　1 000

【案例1-2】用银行存款10 000元偿还欠甲公司的货款。

首先，该笔经济业务涉及银行存款和应付账款两个账户，并且银行存款属于资产类别，应付账款属于负债类别；其次，该笔业务引起了银行存款和应付账款同时减少。对于资产类账户，增加记借方，减少记贷方，因此，银行存款要记贷方；而负债类账户，减少记借方，增加记贷方，则应付账款要记借方；最后，明确这两个账户应登记的金额，均是10 000元。因此，编制的会计分录如下：

　　借：应付账款　10 000
　　　　贷：银行存款　10 000

【案例1-3】收到丙公司投入资本金200 000元，已存入银行。

　　首先，该笔经济业务涉及银行存款和实收资本两个账户，并且银行存款属于资产类别，实收资本属于所有者权益类别；其次，该笔业务引起了银行存款和实收资本同时增加。对于资产类账户，增加记借方，减少记贷方，因此，银行存款要记借方；而所有者权益类账户，减少记借方，增加记贷方，则实收资本要记贷方；最后，明确这两个账户应登记的金额，均是200 000元。因此，编制的会计分录如下：

　　借：银行存款　200 000
　　　　贷：实收资本　200 000

【案例1-4】将资本公积30 000元按法定程序转增实收资本。

　　首先，该笔经济业务涉及资本公积和实收资本两个账户，并且都属于所有者权益类别；其次，该笔业务属于所有者权益内部的增减变动，引起了资本公积的减少和实收资本的增加。对于所有者权益类账户，减少记借方，增加记贷方，所以资本公积要记借方，实收资本要记贷方；最后，明确这两个账户应登记的金额，均是30 000元。因此，编制的会计分录如下：

　　借：资本公积　30 000
　　　　贷：实收资本　30 000

【案例1-5】购进原材料花费60 000元，其中40 000元货款已用银行存款支付，其余20 000元货款尚未支付，假设不考虑相关税费。

　　首先，该笔经济业务涉及原材料、银行存款和应付账款三个账户，并且原材料和银行存款属于资产类别，应付账款属于负债类别；其次，该笔业务引起了原材料和应付账款的增加，以及银行存款的减少。对于资产类账户，增加记借方，减少记贷方，因此，原材料要记借方，银行存款要记贷方；而负债类账户，减少记借方，增加记贷方，则应付账款要记贷方；最后，明确这三个账户应登记的金额，原材料记60 000元，银行存款记40 000元，应付账款记20 000

元。因此,编制的会计分录如下:

借:原材料　60 000
　　贷:银行存款　40 000
　　　　应付账款　20 000

第 2 章
资产类会计科目

2.1 库存现金

2.1.1 定义与核算

1. 定义

库存现金是指留存于企业、用于日常零星开支的现钞。

2. 核算

为了详细反映库存现金收支及结存的具体情况，企业除了要设置"库存现金"科目对库存现金进行总分类核算，还必须设置库存现金日记账进行序时记录。库存现金日记账一般采用三栏式订本账格式，由出纳人员根据审核以后的原始凭证或现金收款凭证、现金付款凭证逐日逐笔序时登记，每日终了计算当日现金收入、现金支出及现金结余额，并与现金实存数核对相符。月末，库存现金日记账余额应与库存现金总账余额核对一致。

2.1.2 明细科目设置

企业核算库存现金收支及结存的情况时，除了要设置"库存现金"科目对库存现金进行总分类核算，还必须设置库存现金日记账进行序时记录。有外币现金的企业，还应按币种进行明细核算（见表2-1）。库存现金科目借方登记库存现金的增加数、贷方登记库存现金的减少数，借方余额表示企业库存现金的结余数。

表2-1　库存现金　明细科目设置

科目编号	总账科目	明细科目	
	一级科目	二级科目	三级科目
1001	库存现金		
100101	库存现金	人民币	
100102	库存现金	外币	
10010201	库存现金	外币	美元
10010202	库存现金	外币	韩元

2.1.3　业务处理示范

1. 现金收入业务处理

（1）从银行提取现金

借：库存现金

　　贷：银行存款

（2）现金收取销售货款

借：库存现金

　　贷：主营业务收入

　　　　应交税费——应交增值税（销项税额）

（3）职工交回的多余出差借款

借：库存现金

　　贷：其他应收款

2. 现金支出业务处理

（1）将现金存入银行

借：银行存款

　　贷：库存现金

(2)用现金发放工资

借:应付职工薪酬

　　贷:库存现金

(3)用现金支付日常零星采购

借:原材料(在途物资、材料采购、库存商品、周转材料等)

　　应交税费——应交增值税(进项税额)

　　贷:库存现金

(4)用现金支付办公用品等费用

借:管理费用等

　　应交税费——应交增值税(进项税额)

　　贷:库存现金

3. 现金清查业务处理

(1)现金短缺

借:待处理财产损溢——待处理流动资产损溢

　　贷:库存现金

查明原因后:

借:其他应收款——应收现金短缺款(××个人)(应由责任人赔偿)

　　　　　　　——应收保险赔款(应由保险公司赔款)

　　管理费用——现金短缺(无法查明原因,经批准)

　　贷:待处理财产损溢——待处理流动资产损溢

(2)现金溢余

借:库存现金

　　贷:待处理财产损溢——待处理流动资产损溢

查明原因后:

借:待处理财产损溢——待处理流动资产损溢

　　贷:其他应付款——应付现金溢余(应付给个人或单位)

　　　　营业外收入——现金溢余(无法查明原因,经批准)

2.1.4 分录处理案例解析

【案例2-1】2023年6月，甲企业共发生以下现金业务。

1. 2日，甲企业销售商品一批，货款500元，增值税为65元，开出增值税专用发票，并已收到现金。

2. 员工张某于10日出差回来，交回多余出差款800元。

3. 15日，从银行提取16 000元现金用以发放工资。

4. 16日，甲企业用现金16 000元发放职工工资。

5. 30日，交当月电话费580元。

【解析】编制的会计分录如下。

1. 借：库存现金　565
　　贷：主营业务收入　500
　　　　应交税费——应交增值税（销项税额）　65

2. 借：库存现金　800
　　贷：其他应收款——备用金（张某）　800

3. 借：银行存款　16 000
　　贷：库存现金　16 000

4. 借：应付职工薪酬　16 000
　　贷：库存现金　16 000

5. 借：管理费用　580
　　贷：库存现金　580

【案例2-2】2023年12月31日，甲企业在清查库存现金时，发现实存数小于账面数，现金短缺1 000元。

要求：编制库存现金清查相关的会计分录。

【解析】编制的会计分录如下。

借：待处理财产损溢——待处理流动资产损溢　1 000
　　贷：库存现金　1 000

1. 经查明，短缺的300元为出纳人员王某疏忽所致，应由其赔偿

借：其他应收款——应收现金短缺款（王某）　300

　　贷：待处理财产损溢——待处理流动资产损溢　300

当出纳人员王某交回赔偿款时：

借：库存现金　300

　　贷：其他应收款——应收现金短缺款（王某）　300

2. 其他短款属于无法查明原因的，可以作为当期的管理费用处理

借：管理费用　700

　　贷：待处理财产损溢——待处理流动资产损溢　700

【案例2-3】2023年12月31日，甲企业在清查库存现金时，发现实存数大于账面数，现金长款600元。

要求：编制库存现金清查相关的会计分录。

【解析】编制的会计分录如下。

借：库存现金　600

　　贷：待处理财产损溢——待处理流动资产损溢　600

1. 经查其中200元属于应支付给乙企业的款项

借：待处理财产损溢——待处理流动资产损溢　200

　　贷：其他应付款——应付现金溢余（乙企业）　200

2. 其余长款属于无法查明原因的，甲企业决定记入"营业外收入"

借：待处理财产损溢　400

　　贷：营业外收入——现金溢余　400

2.1.5　相关知识补充

1. 库存现金的使用范围

（1）企业可以使用现金的范围

①职工工资、津贴；

②个人劳动报酬；

③根据国家规定颁发给个人的科学技术、文化艺术、体育等各种奖金；

④各种劳保、福利费用以及国家规定的对个人的其他支出等；

⑤向个人收购农副产品和其他物资的价款；

⑥出差人员必须随身携带的差旅费；

⑦结算起点（现行规定为1 000元）以下的零星支出；

⑧中国人民银行确定需要支付现金的其他支出。

除上述⑤、⑥项外，单位支付给个人的款项，超过使用限额的部分，应当以支票或银行本票支付；确需全额支付现金的，经开户银行审核后，予以支付现金。凡是不属于现金结算范围的，应通过银行转账结算。

（2）库存现金限额

企业的库存现金限额由开户银行根据实际需要核定，一般为3~5天的零星开支量。边远地区和交通不便地区的企业，库存现金限额可以多于5天，但不能超过15天的日常零星开支量。企业必须严格按规定的限额控制现金结余量。

（3）库存现金日常收支管理

①现金收入应于当日送存银行，如当日送存银行确有困难，由银行确定送存时间。

②企业可以从库存现金限额中支付或从开户银行提取现金支付，但不得从本单位的现金收入中直接支付（又称坐支现金）。因特殊情况需要坐支现金的，应当事先报经开户银行审查批准，由开户银行核定坐支范围和限额。企业应定期向开户银行报送坐支金额和使用情况。

③企业从开户银行提取现金时，应当在取款凭证上写明具体用途，并由企业财会部负责人签字盖章，交开户银行审核后方可支取。

④因采购地点不固定、交通不便、生产或市场急需、抢险救灾等必须使用现金的，企业应当提出申请，经开户银行审核批准后方可支付现金。

2. 库存现金的清查

为了加强现金管理并确保账实相符，应对库存现金进行清查。库存现金清查包括两部分内容，一是出纳人员每日营业终了进行账款核对；二是清查小组进行定期或不定期盘点和核对。库存现金清查采用账实核对法。

对库存现金实存额进行盘点，必须以现金管理的有关规定为依据，不得以白条抵库，不得超限额保管现金。对库存现金进行账实核对时，如发现账实不符，应立即查明原因，及时更正。发生的长款或短款，应查找原因，并按规定进行处理，不得以今日长款弥补他日短款。库存现金清查和核对后，应及时编制现金盘点报告表，列明现金账存额、现金实存额、差异额及其原因，对无法确定原因的差异，应及时报告有关负责人。

需要说明的是，企业清查的库存现金损益，一般应于期末前查明原因，并根据企业管理权限，报经股东大会、董事会、经理（或厂长）会议或类似机构批准后，在期末结账前处理完毕。如果清查的现金损益在期末前尚未批准的，在对外提供财务报告时先按上述原则进行处理，并在财务报表附注中作出说明；如果其后经批准处理的金额与已处理的金额不一致的，再按资产负债表日后事项的处理原则调整财务报表相关项目的金额。

2.2 银行存款

2.2.1 定义与核算

1. 定义

银行存款是指企业存放在银行或其他金融机构的款项。

2. 核算

为了详细反映银行存款收支及结存的具体情况，企业除了要设置"银行存款"科目进行总分类核算，还必须设置银行存款日记账进行序时记录。

银行存款日记账一般由出纳人员根据审核无误的收付款凭证进行登记，定期与银行存款总账科目核对。月末，出纳人员应与银行共同对账单进行核对。

2.2.2 明细科目设置

企业核算银行存款收支及结存的情况时，除了要设置"银行存款"科目进行总分类核算，还要按银行和其他金融机构的名称和存款种类进行明细核算，有外币存款的企业，还应按人民币和外币进行明细核算（见表2-2）。银行存款科目借方登记银行存款的增加数、贷方登记银行存款的减少数，借方余额表示企业银行存款的结余数。

表2-2　银行存款　明细科目设置

科目编号	总账科目	明细科目	
	一级科目	二级科目	三级科目
1002	银行存款		
100201	银行存款	中国工商银行	
10020101	银行存款	中国工商银行	人民币
10020102	银行存款	中国工商银行	美元

2.2.3　业务处理示范

银行存款日常业务主要为银行存款收付（企业所涉及的经济业务不限于以下业务）。

1. 银行存款收入业务

（1）超过结算起点的现销商品

借：银行存款

　　贷：主营业务收入

　　　　应交税费——应交增值税（销项税额）

（2）收到前欠货款或收到预付款

借：银行存款

　　贷：应收账款/应收票据/预收账款

（3）向银行或其他金融机构借款

借：银行存款

　　贷：短期借款/长期借款

（4）收到投资款

借：银行存款

　　贷：实收资本（或股本）

　　　　资本公积——资本溢价（或股本溢价）

2. 银行存款支出业务

（1）支付预付款项

借：预付账款

　　贷：银行存款

（2）购买资产或对外投资

借：原材料（在途物资、材料采购、库存商品、周转材料、交易性金融资产、债权投资、其他债权投资、长期股权投资等）

　　应交税费——应交增值税（进项税额）

　　贷：银行存款

（3）支付前欠货款或票据款

借：应付账款/应付票据

　　贷：银行存款

（4）支付相关费用

借：管理费用等

　　应交税费——应交增值税（进项税额）

　　贷：银行存款

（5）发放工资

借：应付职工薪酬

　　贷：银行存款

2.2.4　分录处理案例解析

【案例2-4】2023年2月，甲企业共发生以下银行存款收入业务。

1. 2日，收到丙企业预付的部分货款5 000元。

2. 4日，向丙企业发货一批，货款20 000元，增值税为2 600元，已开出增值税专用发票，并于当日收到剩余款项，已预付5 000元。

3. 15日，收到丁企业上月所欠货款10 000元。

4. 20日，向工商银行借入一笔期限3年的借款500 000元，款项已划存到该企业的银行存款账户。

5. 21日，委托某证券公司代理按面值发行普通股股票1 000 000股，每股面值1元，假设不考虑其他费用。

【解析】编制的会计分录如下。

1. 借：银行存款　5 000
　　　贷：预收账款——丙企业　5 000

2. 借：预收账款——丙企业　22 600
　　　贷：主营业务收入　20 000
　　　　　应交税费——应交增值税（销项税额）　2 600

借：银行存款　17 600
　　贷：预收账款——丙企业　17 600

以上业务可以作如下合并分录：

借：预收账款——丙企业　5 000
　　银行存款　17 600
　　贷：主营业务收入　20 000
　　　　应交税费——应交增值税（销项税额）　2 600

3. 借：银行存款　10 000
　　　贷：应收账款——丁企业　10 000

4. 借：银行存款　500 000
　　　贷：长期借款　500 000

5. 借：银行存款　1 000 000
　　　贷：股本　1 000 000

【案例2-5】2023年5月，甲企业发生如下银行存款支付业务。

1. 3日，以银行存款预付乙企业部分A材料货款10 000元。

2. 5日，收到向乙企业采购的A材料，货款50 000元，增值税为6 500元，开出转账支票支付剩余款项，已验收入库。甲企业对原材料采用实际成本计价，已预付款项10 000元。

3. 12日，支付产品广告费用8 000元，增值税为480元。

4. 20日，发放本月员工工资200 000元。

【解析】编制的会计分录如下。

1. 借：预付账款——乙企业　10 000
    贷：银行存款　10 000

2. 借：原材料——A材料　50 000
       应交税费——应交增值税（进项税额）　6 500
    贷：预付账款——乙企业　56 500

   借：预付账款——乙企业　46 500
    贷：银行存款　46 500

以上业务可以作如下合并分录：

借：原材料——A材料　50 000
    应交税费——应交增值税（进项税额）　6 500
 贷：预付账款——乙企业　10 000
    银行存款　46 500

3. 借：销售费用　8 000
       应交税费——应交增值税（进项税额）　480
    贷：银行存款　8 480

4. 借：应付职工薪酬　200 000
    贷：银行存款　200 000

2.2.5　相关知识补充

1. 银行存款开户管理

在我国，企业在银行开立人民币存款账户，必须遵守中国人民银行《人民币银行结算账户管理办法》和《人民币银行结算账户管理办法实施细则》的各项规定。

企业开立账户，依其不同的用途可以分为基本存款账户、一般存款账户、专用存款账户和临时存款账户等。

①基本存款账户是存款人因办理日常转账结算和现金收付需要开立的银行结算账户。基本存款账户是存款人的主办账户，存款人日常经营活动的资金收付及其工资、奖金和现金的支取，应通过该账户办理。单位银行卡账户的资金必须由其基本存款账户转账存入。

②一般存款账户是存款人因借款或其他结算需要，在基本存款账户开户银行以外的银行营业机构开立的银行结算账户。一般存款账户用于办理存款人借款转存、借款归还和其他结算的资金收付，该账户可以办理现金缴存，但不得办理现金支取。

③专用存款账户是存款人按照法律、行政法规和规章，对特定用途资金进行专项管理和使用而开立的银行结算账户。专用存款账户用于办理各项专用资金的收付，但不得办理现金收付业务。

④临时存款账户是存款人因临时需要而开立的在规定期限内使用的银行结算账户。临时存款账户用于办理临时机构以及存款人临时经营活动发生的资金收付。临时存款账户的有效期最长不得超过2年。临时存款账户支取现金，应按照国家现金管理的规定办理。

2. 银行结算方式

在我国，企业发生货币资金收付业务可以采用银行汇票、商业汇票、银行本票、支票、信用卡、汇兑、托收承付、委托收款和信用证等结算方式。企业应按照中国人民银行《支付结算办法》及《中华人民共和国票据法》等的有关规定办理各项结算业务。

（1）银行汇票

银行汇票是出票银行签发的，由其在见票时按照实际结算金额无条件支付给收款人或者持票人的票据。银行汇票的出票银行为银行汇票的付款人。在我国，单位和个人办理各种款项结算，均可使用银行汇票。银行汇票可以用于转账，填明"现金"字样的银行汇票也可以用于支取现金。银行汇票的提示付款期限自出票日起1个月。收款人可以将银行汇票背书转让给被背书人。银行汇票丢失，失票人可以凭人民法院出具的享有票据权利的证明，向出票银行请求付款或退款。

（2）商业汇票

商业汇票是出票人签发的，委托付款人在指定日期无条件支付确定的金额给收款人或者持票人的票据。商业汇票分为商业承兑汇票和银行承兑汇票。商业承兑汇票由银行以外的付款人承兑（付款人为承兑人），银行承兑汇票由银行承兑。在我国，开立存款账户的法人以及其他组织之间必须具有真实的交易关系或债权债务关系，才能使用商业汇票。

（3）银行本票

银行本票是银行签发的，承诺自己在见票时无条件支付确定金额给收款人或持票人的票据。在我国，单位和个人在同一票据交换区域需要支付各种款项，均可使用银行本票。银行本票分为不定额本票和定额本票两种。收款人可以将银行本票背书转让给被背书人。

（4）支票

支票是出票人签发的，委托办理支票存款业务的银行在见票时无条件支付确定金额给收款人或持票人的票据。

支票上印有"现金"字样的为现金支票，只能用于支取现金。支票上印有"转账"字样的为转账支票，只能用于转账。支票上未印"现金"或"转账"字样的为普通支票，既可用于支取现金，也可用于转账。在我国，单位和个人在同一票据交换区域需要支付各种款项，均可使用支票。

支票的出票人签发支票的金额不得超过付款时在付款人处实有的存款金额，禁止签发空头支票。

（5）汇兑

汇兑是汇款人委托银行将其款项支付给收款人的结算方式，单位和个人的各种款项的结算，均可使用汇兑结算方式。在我国，汇兑分为信汇和电汇。信汇是指汇款人委托银行通过邮寄方式将款项划给收款人。电汇是指汇款人委托银行通过电报或其他电子方式将款项划给收款人。

（6）托收承付

托收承付是根据购销合同由收款单位发货后委托银行向异地付款人收取款项，由付款人向银行承认付款的结算方式。在我国，使用托收承付结算方式的收款单位和付款单位，必须是国有企业、供销合作社以及经营管理较好并经开户银行审查同意的城乡集体所有制工业企业。办理托收承付结算的款项，必须是商品交易以及因商品交易而产生的劳务供应的款项，代销、寄销、赊销商品的款项，不得办理托收承付结算。

（7）委托收款

委托收款是收款人委托银行向付款人收取款项的结算方式。单位和个人凭已承兑商业汇票、债券、存单等付款人债务证明办理款项的结算，均可以使用委托收款结算方式。委托收款在同城和异地均可以使用。

（8）信用证

信用证是指开证银行应申请人（买方）的要求并按其指示向受益人开立的载有一定金额、在一定期限内凭符合规定的单据付款的书面保证文件。信用证起源于国际贸易结算。在国际贸易中，进口商不愿意先支付货款，出口商也不愿意先交货。在这种情况下，需要买卖双方两家的开户银行作为买卖双方的保证人代为收款交单，实际上是以银行信用代替商业信用。在这种方式下，银行充当了进出口商之间的中间人和保证人，一面收款，一面交单，并代为融通资金。银行在这一活动中所使用的工具就是信用证，由此产生了信用证结算方式。

3. 银行存款的核对

企业每月至少应将银行存款日记账与银行对账单核对一次，以检查银行存款收付及结存情况。企业进行账单核对时，往往出现银行存款日记账余额与银行对账单同日余额不符的情况。出现不符的原因主要有三个：一是计算错误；二是记账错漏；三是未达账项。

计算错误是企业或银行对银行存款结存额的计算发生运算错误；记账错漏是指企业或银行对存款的收入、支出的错记或漏记；未达账项是指银行或企业对同一笔款项收付业务因记账时间不同而发生的一方已经入账，另一方尚未入账的款项。

未达账项有如下四种情况，具体情况如图2-1所示。

企业已经收款入账，银行尚未收款入账的款项；

企业已经付款入账，银行尚未付入账的款项；

银行已经收款入账，企业尚未收款入账的款项；

银行已经付款入账，企业尚未付款入账的款项。

银行存款日记账余额＜银行对账单余额	银行存款日记账余额＞银行对账单余额
◆ 银行已经收款入账，企业未收到银行的收款通知而未入账的款项，如委托银行收款等 ◆ 企业已经付款入账，而银行尚未入账的款项，如企业已开出支票而持票人尚未向银行提现或转账等	◆ 银行已经付款入账，企业尚未收到银行的付款通知而未入账的款项，如借款利息的扣付等 ◆ 企业已经收款入账，而银行尚未入账的款项，如收到外单位的转账支票等

图2-1　企业和银行间未达账项的情况

银行存款日记账余额与银行对账单余额不符，必须查明原因并及时编制银行存款余额调节表。其基本原理是：假设未达账项全部入账，银行存款日记账余额与银行对账单余额应相等。其编制方法是：在双方现有余额基础上，各自加上对方已收、本方未收款项，减去对方已付、本方未付账项，计算调节双方应有余额。

【案例2-6】甲企业在2023年9月30日的银行存款日记账余额为52 000元，而银行对账单余额为40 000元，经过逐笔核对发现以下未达账项。

1. 9月12日收到乙企业的转账支票22 460元，企业已入账，而银行尚未入账。

2. 9月15日张三持甲企业开出的差旅费支票12 000元去银行提现，甲企业尚未接到付款通知。

3. 9月20日银行收到托收承付款20 000元,甲企业尚未接到收款通知。

4. 9月24日甲企业开出现金支票支付水电费2 460元,持票人尚未到银行提取现金。

要求:编制银行存款余额调节表。

【解析】根据上述未达账项,编制"银行存款余额调节表",见表2-3。

表2-3 银行存款余额调节表

2023年9月30日　　　　　　　　　　单位:元

项目	金额	项目	金额
银行存款日记账余额	52 000	银行对账单余额	40 000
加:银行已收、企业未收的款项	20 000	加:企业已收、银行未收的款项	22 460
减:银行已付、企业未付的款项	12 000	减:企业已付、银行未付的款项	2 460
调节后余额	¥60 000	调节后余额	¥60 000

2.3　其他货币资金

2.3.1　定义与核算

1. 定义

其他货币资金是指除库存现金、银行存款以外的其他各种货币资金。主要包括外埠存款、银行汇票存款、银行本票存款、信用卡存款、信用证保证金存款和存出投资款等。

2. 核算

为了详细反映其他货币资金的收支及结存的具体情况,企业应设置"其他货币资金"科目进行核算。

2.3.2 明细科目设置

为了详细反映其他货币资金的收支及结存的具体情况,企业应设置"其他货币资金"科目,并按其他货币资金的内容设置明细科目进行明细核算,同时按外埠存款的开户银行、每一银行汇票或本票、信用证的收款单位等设置明细账对其收付情况进行详细记录,办理信用卡业务的企业应当在"信用卡存款"明细科目中按开出信用卡的银行和信用卡种类设置明细账,对其收付情况进行详细记录(见表2-4)。

表2-4 其他货币资金 明细科目设置

科目编号	总账科目	明细科目	
	一级科目	二级科目	三级科目
1012	其他货币资金		
101201	其他货币资金	外埠存款	
101202	其他货币资金	银行本票存款	
101203	其他货币资金	银行汇票存款	
101204	其他货币资金	信用卡存款	
10120401	其他货币资金	信用卡存款	××银行
101205	其他货币资金	信用证保证金存款	
101206	其他货币资金	存出投资款	

2.3.3 业务处理示范

其他货币资金业务的具体处理如下(企业所涉及的经济业务不限于以下业务)。

1. 其他货币资金增加时

借:其他货币资金——外埠存款/银行汇票存款/银行本票存款/信用卡存款/
　　信用证保证金存款等

贷：银行存款

2. 支付资产或费用等款项

借：原材料（在途物资、材料采购、固定资产、管理费用等）

　　应交税费——应交增值税（进项税额）

　　贷：其他货币资金——外埠存款/银行汇票存款/银行本票存款/信用卡存款/信用证保证金存款等

3. 其他货币资金账户余额转入银行存款账户

借：银行存款

　　贷：其他货币资金——外埠存款/银行汇票存款/银行本票存款/信用卡存款/信用证保证金存款等

2.3.4　分录处理案例解析

【案例2-7】2023年3月，甲企业发生如下外埠存款收付业务：

1. 5日，汇往外地30 000元开立物资采购专户。

2. 7日，在外地采购一批A材料，并支付材料费用20 000元，增值税为2 600元。材料尚未入库，甲企业对材料采用实际成本计价。

3. 8日，将多余款项转回企业所在地的开户行。

【解析】编制的会计分录如下。

1. 借：其他货币资金——外埠存款　30 000

　　贷：银行存款　30 000

2. 借：在途物资——A材料　20 000

　　　应交税费——应交增值税（进项税额）　2 600

　　贷：其他货币资金——外埠存款　22 600

3. 借：银行存款　7 400

　　贷：其他货币资金——外埠存款　7 400

【案例2-8】2023年3月，甲企业发生如下银行汇票收付业务：

1. 5日，申请办理银行汇票，将银行存款50 000元转为银行汇票存款。

2. 7日，收到采购B材料发票，采购材料价款35 000元，增值税为4 550元。材料已验收入库。

3. 8日，收到多余款项退回通知，余款已收妥入账。

【解析】编制的会计分录如下。

1. 借：其他货币资金——银行汇票存款　50 000
　　　贷：银行存款　50 000

2. 借：原材料——B材料　35 000
　　　　应交税费——应交增值税（进项税额）　4 550
　　　贷：其他货币资金——银行汇票存款　39 550

3. 借：银行存款　10 450
　　　贷：其他货币资金——银行汇票存款　10 450

【案例2-9】2023年4月，甲企业发生如下银行本票业务：

1. 3日，申请办理银行本票，将银行存款50 000元转为银行本票存款。

2. 4日，收到采购C材料发票，采购材料价款30 000元，增值税为3 900元。材料已验收入库。

3. 5日，收到收款单位退回的银行本票余款，款项存入银行。

【解析】编制的会计分录如下。

1. 借：其他货币资金——银行本票存款　50 000
　　　贷：银行存款　50 000

2. 借：原材料——C材料　30 000
　　　　应交税费——应交增值税（进项税额）　3 900
　　　贷：其他货币资金——银行本票存款　33 900

3. 借：银行存款　16 100
　　　贷：其他货币资金——银行本票存款　16 100

【案例2-10】2023年4月，甲企业发生如下信用卡业务：

1. 3日，将银行存款10 000元存入信用卡。

2. 4日，用信用卡支付业务招待费2 000元。

3. 30日，收到信用卡存款利息20元。

【解析】编制的会计分录如下。

1. 借：其他货币资金——信用卡存款　10 000
　　贷：银行存款　10 000

2. 借：管理费用　2 000
　　贷：其他货币资金——信用卡存款　2 000

3. 借：其他货币资金——信用卡存款　20
　　贷：财务费用　20

【案例2-11】2023年9月，甲企业发生如下投资业务：

1. 8日，将银行存款50 000元划入某证券公司进行短期投资。

2. 12日，将存入证券公司款项用于购买股票并已成交，购买股票成本40 000元，作为交易性金融资产核算。假设不考虑其他税费。

【解析】编制的会计分录如下。

1. 借：其他货币资金——存出投资款　50 000
　　贷：银行存款　50 000

2. 借：交易性金融资产　40 000
　　贷：其他货币资金——存出投资款　40 000

2.3.5　相关知识补充

1. 信用证保证金存款

信用证保证金存款是指采用信用证结算方式的企业为开具信用证而存入银行的信用证保证金专户的款项。

2. 信用卡存款

信用卡存款是指企业为取得信用卡而存入银行信用卡专户的款项。企业申领信用卡，按有关要求填制申请表，并按银行要求交存备用金，银行开立信用卡账户后，发给企业信用卡。

3. 存出投资款

存出投资款是指企业已存入证券公司但尚未进行短期投资的现金。

2.4 交易性金融资产

2.4.1 定义与核算

1. 定义

交易性金融资产是指除以摊余成本计量的金融资产和以公允价值计量且其变动计入其他综合收益的金融资产以外的金融资产，主要包括以交易为目的的债券、股票、基金和权证等。

2. 核算

交易性金融资产的核算主要包括取得、持有期间的股利或利息收益、期末计价、出售等。

（1）取得

企业会计准则要求，交易性金融资产应当以公允价值进行初始确认。公允价值一般是指交易价格，但如果交易价格中包括了已宣告发放但尚未支取的利息或现金股利，应单独确认为应收项目（如应收股利、应收利息等）。取得时支付的不含增值税的交易费用（主要包括支付给代理机构、咨询公司、券商、证券交易所、政府有关部门等的手续费、佣金及其他必要支出）作为当期费用计入投资收益。

（2）持有期间的股利或利息收益

按照会计准则的规定，确认股利收入时，必须同时满足下列三个条件：一是企业收到股利的权利已经确立（如发行股票的公司已经宣告发放的现金股利）；二是与股利相关的经济利益很可能流入企业；三是股利的金额能够可靠计量。

需要说明的是，如果企业在持有期间获得了股票股利，企业不作账务处理。但应于除权日[①]注明所增加的股数，以反映股份变动及实际拥有股份的情况。

---

① 除权是指由于公司股本增加，每股股票所代表的企业实际价值（每股净资产）有所减少，需要在发生该事实之后从股票市场价格中剔除这部分因素而形成的剔除行为。除权日在股市中是指某一个特定日期，如果某一上市公司宣布派发红利股份、红利、认股权证、以折让价供股或派发其他有价权益，在除权日之前一日持有其股票的投资者可享有该权益，在除权日当日或以后再买入该公司股票的人则不能享有该权益。

（3）期末计价

交易性金融资产能够反映其预计给企业带来经济利益以及其预计获得价差的能力，在资产负债表日，应按当日各项交易性金融资产的公允价值对其账面价值进行调整。

（4）出售

出售交易性金额资产时，出售所得的价款与其账面价值的差额计入当期损益（投资收益），同时，将原计入公允价值变动损益的该金融资产的公允价值变动转为投资收益。

2.4.2 明细科目设置

会计处理上，企业一般应设置"交易性金融资产"总账科目，并设置"成本""公允价值变动"科目进行明细核算（见表2-5）。

表2-5 交易性金融资产 明细科目设置

科目编号	总账科目	明细科目
	一级科目	二级科目
1101	交易性金融资产	
110101	交易性金融资产	成本
110102	交易性金融资产	公允价值变动

2.4.3 业务处理示范

1. 交易性金融资产的取得

借：交易性金融资产——成本
　　应收股利/应收利息
　　投资收益
　　应交税费——应交增值税（进项税额）

贷：其他货币资金

2. 交易性金融资产持有期间的股利或利息收益

借：应收股利/应收利息
　　贷：投资收益

3. 交易性金融资产的期末计价

（1）资产负债表日，如果公允价值高于账面价值，按其差额

借：交易性金融资产——公允价值变动
　　贷：公允价值变动损益

（2）资产负债表日，如果公允价值低于账面价值，按其差额

借：公允价值变动损益
　　贷：交易性金融资产——公允价值变动

4. 交易性金融资产的出售

借：其他货币资金
　　　投资收益（差额）
　　贷：交易性金融资产——成本
　　　　　　　　　　——公允价值变动（有可能在借方）
　　　　投资收益（差额）

同时，结转持有期间公允价值变动：

借/贷：投资收益
　　贷/借：公允价值变动损益

2.4.4　分录处理案例解析

【案例2-12】甲公司2023年发生的交易性金融资产相关业务如下。

1. 1月20日，从A股市场购入乙公司股票2 000股，每股购买价格11元（其中包括已宣告但尚未发放的现金股利1元/股），另支付交易手续费212元（其中包括可以抵扣的增值税进项税额12元），款项已存入证券公司投资款支付。

2. 1月31日，甲公司收到现金股利。

3. 2月28日，乙公司宣告发放股利，每股0.5元，股权登记日为3月10日，该股利于3月15日收到。

4. 6月30日，乙公司股票的收盘价为每股8元。

5. 8月20日，将持有的乙公司股票全部出售，收到款项30 000元。

【解析】编制的会计分录如下。

1. 借：交易性金融资产——乙公司股票——成本　20 000

　　　应收股利——乙公司　2 000

　　　投资收益　200

　　　应交税费——应交增值税（进项税额）　12

　　贷：其他货币资金——存出投资款　22 212

2. 借：其他货币资金　2 000

　　贷：应收股利——乙公司　2 000

3. 3月10日：

借：应收股利——乙公司　1 000

　　贷：投资收益　1 000

3月15日：

借：其他货币资金　1 000

　　贷：应收股利——乙公司　1 000

4. 借：公允价值变动损益　4 000

　　贷：交易性金融资产——乙公司股票——公允价值变动　4 000

5. 借：其他货币资金——存出投资款　30 000

　　　交易性金融资产——乙公司股票——公允价值变动　4 000

　　贷：投资收益　14 000

　　　　交易性金融资产——乙公司股票——成本　20 000

同时：

借：投资收益　4 000

　　贷：公允价值变动损益　4 000

2.4.5 交易性金融资产其他分录处理案例解析

1. 交易性金融资产的重分类

交易性金融资产的重分类主要包括交易性金融资产重分类为债权投资、债权投资重分类为交易性金融资产、交易性金融资产重分类为其他债权投资、其他债权投资重分类为交易性金融资产（见图2-2）。

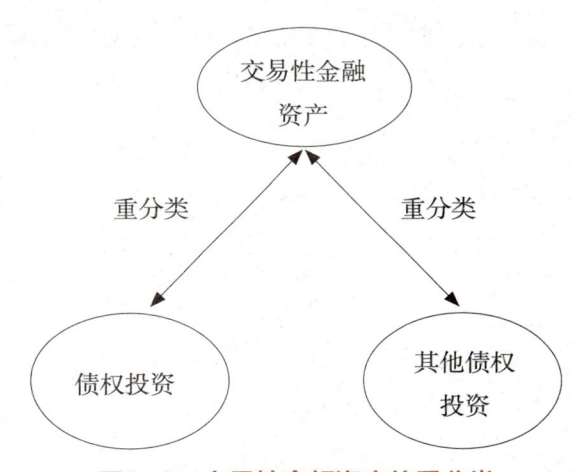

图2-2 交易性金额资产的重分类

（1）交易性金融资产重分类为债权投资

企业将一项交易性金融资产重分类为债权投资时，应当以其在重分类日的公允价值作为新的账面余额，以该金融资产在重分类日的公允价值确定其实际利率。其后，按债权投资的相关规定进行后续计量。

重分类日的具体会计处理如下。

①结转账面价值：

借：债权投资——面值
　　　　　　——利息调整（可能在贷方）
　　　　　　——应计利息
　贷：交易性金融资产——成本
　　　　　　　　　　——公允价值变动（有可能在借方）

②结转持有期间公允价值变动：

借/贷：投资收益

　　贷/借：公允价值变动损益

【案例2-13】甲公司于2023年12月31日决定将原准备随时出售的丁公司债券调整为持有至到期，将该交易性金融资产重分类为债权投资。当日该债券的公允价值为600 000元，其中，成本为700 000元，公允价值变动为贷方100 000元；该债券系丁公司于2019年1月1日发行，面值为800 000元，5年期，票面利率为4%，到期一次还本付息。假定甲公司于每年年末确认投资收益。

要求：编制重分类的会计分录。

【解析】编制的会计分录如下。

1. 结转债券账面价值

借：债权投资——债券面值　800 000

　　　　　　——应计利息　96 000

　　交易性金融资产——公允价值变动　100 000

　贷：债权投资——利息调整　296 000

　　　交易性金融资产——成本　700 000

2. 结转公允价值变动

借：投资收益　100 000

　贷：公允价值变动损益　100 000

（2）债权投资重分类为交易性金融资产

企业将一项债权投资重分类为交易性金融资产时，应当按照该资产在重分类日的公允价值进行计量。原账面价值与公允价值之间的差额计入当期损益。

例如，企业筹划进行并购，近期需要资金，原确认的债权投资可能随时变现，不再适合划分为债权投资，因此应将其重分类为交易性金融资产。

重分类日的具体会计处理如下。

①结转账面价值：

借：交易性金融资产——成本

　贷：债权投资——面值

　　　　——利息调整

　　　　——应计利息

②调整公允价值：

借/贷：交易性金融资产——公允价值变动

　　贷/借：公允价值变动损益

【案例2-14】甲公司2023年11月16日持有一项债权投资，账面价值为120 000元，其中，债券面值为100 000元，利息调整借差为2 000元，应计利息为18 000元；该债券到期日为2023年12月31日。当日，该债券的公允价值为116 000元。由于业务需要，甲公司将该项债权投资重分类为交易性金融资产。

要求：编制重分类的会计分录。

【解析】编制的会计分录如下。

1. 结转该债券账面价值

借：交易性金融资产——成本　120 000

　　贷：债权投资——债券面值　100 000

　　　　——利息调整　2 000

　　　　——应计利息　18 000

2. 调整公允价值

借：公允价值变动损益　4 000

　　贷：交易性金融资产——公允价值变动　4 000

（3）交易性金融资产重分类为其他债权投资

企业将一项交易性金融资产重分类为其他债权投资时，应当继续以公允价值计量该金融资产，并根据该金融资产在重分类日的公允价值确定其实际利率。其后，按其他债权投资的相关规定进行后续计量，并将重分类日视为初始确认日。

重分类日的具体会计处理如下。

①结转账面价值：

借：其他债权投资——面值

　　　　——利息调整（可能在贷方）

　　　　　　　　——应计利息

　　贷：交易性金融资产——成本

　　　　　　　　——公允价值变动（有可能在借方）

②结转持有期间公允价值变动：

借/贷：投资收益

　　贷/借：公允价值变动损益

【案例2-15】假设【案例2-13】中甲公司于2023年12月31日决定将案例中的交易性金融资产重分类为其他债权投资。

要求：编制重分类的会计分录。

【解析】编制的会计分录如下。

1. 结转该债券账面价值

借：其他债权投资——债券面值　800 000

　　　　　　　　——应计利息　96 000

　　交易性金融资产——公允价值变动　100 000

　贷：其他债权投资——利息调整　296 000

　　　交易性金融资产——成本　700 000

2. 结转公允价值变动

借：其他综合收益　100 000

　贷：公允价值变动损益　100 000

（4）其他债权投资重分类为交易性金融资产

企业将一项其他债权投资重分类为交易性金融资产时，应当继续以公允价值计量该金融资产。同时，企业应当将之前计入其他综合收益的累计利得或损失从其他综合收益转入当期损益。

重分类日的具体会计处理如下。

①结转账面价值：

借：交易性金融资产——成本

　贷：其他债权投资——面值

　　　　　　　　——利息调整

——应计利息

——公允价值变动（有可能在借方）

②结转减值准备：

借：其他综合收益——金融资产减值准备

　　贷：信用减值损失

③结转公允价值变动：

借/贷：公允价值变动损益

　　贷/借：其他综合收益——金融资产公允价值变动

【案例2-16】甲公司2023年1月1日持有一项其他债权投资，账面价值（即公允价值）为51 000元，其中，债券面值为50 000元，利息调整借差为4 000元，应计利息为9 000元，公允价值变动为2 000元，累计计提的金融资产减值准备为1 000元。当日，甲公司决定将该债券重分类为交易性金融资产。

要求：编制重分类的会计分录。

【解析】编制的会计分录如下。

1. 结转该债券账面价值

借：交易性金融资产——成本　51 000

　　其他债权投资——公允价值变动　2 000

　　贷：其他债权投资——债券面值　40 000

　　　　——利息调整　4 000

　　　　——应计利息　9 000

2. 结转减值准备

借：其他综合收益——金融资产减值准备　1 000

　　贷：信用减值损失　1 000

3. 结转公允价值变动

借：公允价值变动损益　2 000

　　贷：其他综合收益——金融资产公允价值变动　2 000

2. 资产负债表日报表列示

按照财务报表列报要求，交易性金融资产在会计报表上按账面价值列报，列报期间的公允价值变动作为企业营业利润的构成项目单独反映。

需要说明的是，自资产负债表日起超过一年到期且预期持有超过一年的以公允价值计量且其变动计入当期损益的非流动金融资产的期末账面价值，在"其他非流动金融资产"中反映。

2.5 应收票据

2.5.1 定义与核算

1. 定义

应收票据是指企业因销售商品、产品和提供劳务等持有的尚未到期兑现的票据。企业可能在销售商品、产品和提供劳务时即取得票据，也可能通过抵付应收账款时取得票据。另外，由于在我国的会计实务中，支票、银行本票及银行汇票均为见票即付的票据，无须将其列入应收票据处理，因此，我国的应收票据仅指尚未到期兑现的商业汇票。

2. 核算

为了详细反映应收票据的收支及结存的具体情况，企业应通过"应收票据"科目进行核算，该科目借方登记应收票据的增加，贷方登记应收票据的减少，期末余额通常在借方。

2.5.2 明细科目设置

为了详细反映应收票据的持有情况，企业可以按付款单位名称对应收票据进行明细核算（见表2-6）。

表2-6　应收票据　明细科目设置

科目编号	总账科目	明细科目
	一级科目	二级科目
1121	应收票据	
112101	应收票据	××单位

2.5.3　业务处理示范

1. 带息应收票据

（1）取得

①销售商品、提供劳务等方式：

借：应收票据

　　贷：主营业务收入

　　　　应交税费——应交增值税（销项税额）

②抵付应收账款：

借：应收票据

　　贷：应收账款

（2）确认利息

借：应收票据

　　贷：财务费用

（3）贴现

①不带追索权：

借：银行存款

　　贷：应收票据

　　　　财务费用

②带追索权：

借：银行存款

　　贷：短期借款

（4）转让

①取得物资材料等背书转让：

借：原材料/库存商品等
　　应交税费——应交增值税（进项税额）
　贷：应收票据

②抵偿债务：

借：应付账款
　　营业外支出
　贷：应收票据

（5）到期

①付款人账户资金充足：

借：银行存款
　贷：应收票据
　　　财务费用

②付款人账户资金不足：

借：应收账款
　贷：应收票据

2. 不带息应收票据

（1）取得

①销售商品、提供劳务等方式：

借：应收票据
　贷：主营业务收入
　　　应交税费——应交增值税（销项税额）

②抵付应收账款：

借：应收票据
　贷：应收账款

（2）贴现

①不带追索权：

借：银行存款

　　财务费用

　　贷：应收票据

②带追索权：

借：银行存款

　　贷：短期借款

（3）转让

①取得物资材料等背书转让：

借：原材料/库存商品等

　　应交税费——应交增值税（进项税额）

　　贷：应收票据

②抵偿债务：

借：应付账款

　　营业外支出

　　贷：应收票据

（4）到期

①付款人账户资金充足：

借：银行存款

　　贷：应收票据

　　　　财务费用

②付款人账户资金不足：

借：应收账款

　　贷：应收票据

2.5.4　分录处理案例解析

【案例2-17】甲公司2023年发生的经济业务如下。

1. 3月1日，向贝贝熊公司销售开心豆一批，价款10 000元，增值税为1 300元，收到贝贝熊公司开出的期限为6个月的不带息商业承兑汇票一张。

2. 4月1日将上述汇票到银行办理贴现，贴现率为10%，该票据不带追索权。

3. 承1，假设甲公司于7月31日持商业汇票去银行兑现。

【解析】编制的会计分录如下。

1. 借：应收票据　11 300

　　贷：主营业务收入　10 000

　　　　应交税费——应交增值税（销项税额）　1 300

2. 贴现息=11 300×10%×5÷12=470.83（元）

借：银行存款　10 829.17

　　财务费用　470.83

　　贷：应收票据　11 300

3. 借：银行存款　11 300

　　贷：应收票据　11 300

【案例2-18】甲公司2023年3月发生的经济业务如下。

1. 1日，收到贝贝熊公司开出的当天签发、3个月到期的、面值为36 000元的带息商业承兑汇票，年利率为10%，用以抵偿贝贝熊公司前欠货款。

2. 5日，采购材料一批，材料价款200 000元，增值税为26 000元，将票据金额为220 000元的不带息商业承兑汇票背书转让，该票据不带追索权，同时以银行存款6 000元支付差额款。

【解析】编制的会计分录如下。

1.（1）收到票据时

借：应收票据　36 000

　　贷：应收账款　36 000

（2）3月末确认利息时

借：应收票据　300

　　贷：财务费用　300

4月末、5月末确认利息的处理与3月相同。

（3）票据到期如数兑现时

借：银行存款　36 900

    贷：应收票据　36 900
  2. 借：原材料　200 000
     应交税费——应交增值税（进项税额）　26 000
    贷：应收票据　220 000
     银行存款　6 000

2.5.5　相关知识补充

1. 应收票据的分类

  按照不同的分类方法，分类结果通常不一样。其中商业汇票主要有以下三种分类方法。

  （1）按承兑人分类

  商业汇票按承兑人不同，可分为商业承兑汇票和银行承兑汇票。

  承兑是指汇票付款人承诺在汇票到期日支付汇票金额的票据行为。商业汇票必须经承兑后方可生效。其中，商业承兑汇票的承兑人是付款人，银行承兑汇票的承兑人是承兑申请人的开户银行。

  （2）按是否计息分类

  商业汇票按其是否计息可分为带息商业汇票和不带息商业汇票。

  带息是指票据到期时，承兑人向收款人或被背书人支付的款项，包含按票据规定利率计算的到期利息。带息商业票据的到期值等于其面值加上到期应计利息，不带息商业票据到期值等于其面值。我国会计实务中主要使用不带息商业汇票。

  （3）按是否带有追索权分类

  商业汇票按是否带有追索权可分为带追索权的商业汇票和不带追索权的商业汇票。

  追索权是指企业在转让应收款项时，接受应收款项转让方在应收款项遭受拒付或逾期未付时向该应收款项转让方索取应收金额的权利。在我国，商业票据可背书转让，持票人可以对背书人、出票人和票据的其他债务人行使追索权。

2. 应收票据到期日的确定

在我国会计实务中，票据的期限通常按月表示或按日表示。不论按月还是按日表示，汇票付款期限均自出票日起计算。

按月表示时，票据的期限不考虑各月份实际天数，统一按次月对应日为整月计算。例如，3月31日签发承兑的期限为1个月、3个月和6个月的商业汇票，则到期日分别为4月30日、6月30日和9月30日。

按日表示时，票据的期限不考虑月数，统一按票据的实际天数计算。在票据承兑日和票据到期日这两天中，只计算其中的一天。例如，3月31日签发承兑的期限为30天、60天和90天的商业汇票，则到期日分别为4月30日、5月30日和6月29日。

3. 应收票据利息的计算

应收票据利息=应收票据面值×利率×期限

上式中的利率是指票面规定的利率，无特别说明时，通常以年利率表示。

4. 应收票据贴现息的计算

贴现款=票据到期值−贴现息

票据到期值=面值+利息

贴现息=票据到期值×贴现率×贴现期

2.6 应收账款

2.6.1 定义与核算

1. 定义

应收账款是指企业在正常经营活动中，由于销售商品或提供劳务等而应向购货或接受劳务单位收取的款项，主要包括企业出售商品、材料、提供劳务等应向有关债务人收取的价款及代购货方垫付的运杂费等。

2. 核算

为了详细反映应收账款的收支及结存的具体情况，企业应通过"应收账款"科目进行核算，该科目借方登记应收账款的增加，贷方登记应收账款的减少，期末余额通常在借方。

2.6.2 明细科目设置

为了详细反映应收账款持有情况，企业可以按应收款单位名称对应收账款进行明细核算（见表2-7）。

表2-7 应收账款 明细科目设置

科目编号	总账科目	明细科目
	一级科目	二级科目
1122	应收账款	
112201	应收账款	××单位

2.6.3 业务处理示范

1. 赊销商品、劳务等

借：应收账款

　贷：主营业务收入

　　　应交税费——应交增值税（销项税额）

2. 收到货款

借：银行存款

　贷：应收账款

3. 收到商业票据用以抵偿应收账款

借：应收票据

　贷：应收账款

2.6.4　分录处理案例解析

【案例2-19】丁公司2023年6月发生如下经济业务。

1. 15日，销售给甲公司A产品10件，商品价目表中列示的价格中不含税售价为200元/件，增值税税率为13%。款项尚未收到。

2. 27日，收到以上货款。

【解析】编制的会计分录如下。

1. 15日销售商品时

借：应收账款　2 260

　　贷：主营业务收入　2 000

　　　　应交税费——应交增值税（销项税额）　260

2. 27日收到款项时

借：银行存款　2 260

　　贷：应收账款　2 260

【案例2-20】丁公司2023年发生如下经济业务。

1. 8月2日，赊销一批B产品给乙公司，增值税专用发票上注明的不含税价款为35 000元，增值税税额为4 550元。

2. 9月15日，收到乙公司开出一张面值为39 550元、期限为6个月不带息的商业承兑汇票。

要求：编制赊销B产品及收到商业汇票的会计分录。

【解析】编制的会计分录如下。

1. 借：应收账款　39 550

　　　贷：主营业务收入　35 000

　　　　　应交税费——应交增值税（销项税额）　4 550

2. 借：应收票据　39 550

　　　贷：应收账款　39 550

2.6.5 应收账款其他分录处理案例解析

通常应收账款按买卖双方成交时的实际发生额入账。但企业为了促进货物销售或早日收回款项，在销售时往往提供商业折扣或现金折扣条件，从而对应收账款产生一定影响。

1. 商业折扣

商业折扣是指对商品价目单所列的价格给予一定的折扣，一般用百分比来表示，如5%、10%、20%等，也可以用金额表示，如100元、200元等。会计上，发生商业折扣后应按折扣后的实际价格入账。

【案例2-21】丁公司于6月5日销售给甲公司A产品一批，商品价目表中列示的价格中不含税售价为500元/件，增值税税率为13%。与购货方协商，购买10件以上给予5%的商业折扣。甲公司于当日购买10件A产品，款项尚未支付。

要求：编制销售产品的会计分录。

【解析】编制的会计分录如下。

借：应收账款　　5 367.5
　　贷：主营业务收入　　4 750
　　　　应交税费——应交增值税（销项税额）　　617.5

2. 现金折扣

现金折扣是指销货企业为了鼓励客户在一定期间内早日还款，对应收货款总额所给予的一定比率的扣减。现金折扣条件一般用"2/10，1/20，n/30"等表示，其含义分别是：10天内付款给予2%的折扣，20天内付款给予1%的折扣，30天内付款无折扣。现金折扣使得企业应收账款的实收数额在规定的付款期限内，随着顾客付款时间的推延而增加。

具体方法：附有现金折扣条件的商品赊销时，将应收账款总额扣除估计的极有可能发生的现金折扣后的余额记入"应收账款"科目，将不含增值税的交易总价格扣除估计的现金折扣后的余额确认为主营业务收入，按照不扣除现金折扣的不含增值税的交易总价格和适用的增值税税率确定的增值税额记入"应交税费——应交增值税（销项税额）"科目。资产负债表日，重新估计可能收到的对价金额，如果实际收款时间晚于估计的收款时间，客户因此丧失的现金折扣额作为可变对价，调增应收账款和主营业务收入；如果实际收款时间早于估计的收款时间，客户享受了现金折扣，则按实际享受的现金折扣（大于估计的现金折扣）的金额调减应收账款和主营业务收入。

【案例2-22】丁公司2023年6月发生如下经济业务。

1. 2日，赊销一批B产品给乙公司，合同规定的付款期为企业交付货物后30天内，付款条件为"2/20，n/30"，按不含增值税的价款计算现金折扣。增值税专用发票上注明的不含税价款为100 000元，增值税税额为13 000元。公司依乙公司以往付款情况的经验及其现实经营状况，估计乙公司很可能在20天内结清全部款项，所以很有可能获得2 000元（100 000×2%）的现金折扣。

2. 假设乙公司于20日内偿还款项。

3. 承1，假设乙公司于月末仍未还款。

【解析】编制的会计分录如下。

1. 借：应收账款　111 000

　　　贷：主营业务收入　98 000

　　　　　应交税费——应交增值税（销项税额）　13 000

2. 乙公司于20日内付款

借：银行存款　111 000

　　贷：应收账款　111 000

3. 乙公司于月末仍未还款

借：应收账款　2 000

　　贷：主营业务收入　2 000

2.7　预付账款

2.7.1　定义与核算

1. 定义

预付账款是指企业按照购货合同规定，预先以货币资金或以货币等价物支付供应单位的款项。

2. 核算

企业一般设置"预付账款"科目进行核算，该科目借方登记预付账款的增加，贷方登记预付账款的减少，期末余额通常在借方。

2.7.2 明细科目设置

为了详细反映预付账款的持有情况，企业可以按供应单位名称对预付账款进行明细核算（见表2-8）。

表2-8 预付账款 明细科目设置

科目编号	总账科目	明细科目
	一级科目	二级科目
1123	预付账款	
112301	预付账款	××单位

2.7.3 业务处理示范

1. 企业因购货而预付款项

借：预付账款
　　贷：银行存款

2. 收到所购货物

借：材料采购/原材料/库存商品等
　　　应交税费——应交增值税（进项税额）
　　贷：预付账款

3. 补付款项

借：预付账款
　　贷：银行存款

4. 收到退回的款项

借：银行存款

　　贷：预付账款

2.7.4　分录处理案例解析

【案例2-23】丁公司2023年6月发生的有关预付账款的经济业务如下。

1. 5日，预付购买商品的定金10 000元。

2. 10日收到商品，增值税专用发票上标明价款为30 000元，增值税为3 900元。

3. 补付商品价款。

【解析】编制的会计分录如下。

1. 借：预付账款　　10 000

　　贷：银行存款　　10 000

2. 借：库存商品　　30 000

　　　应交税费——应交增值税（进项税额）　　3 900

　　贷：预付账款　　33 900

3. 借：预付账款　　23 900

　　贷：银行存款　　23 900

【案例2-24】丁公司2023年7月发生的有关预付账款的经济业务如下。

1. 13日，预付购买商品的定金30 000元。

2. 19日收到商品，增值税专用发票上标明价款为20 000元，增值税为2 600元。

3. 收到退回商品价款。

【解析】编制的会计分录如下。

1. 借：预付账款　　30 000

　　贷：银行存款　　30 000

2. 借：库存商品　　20 000

　　　应交税费——应交增值税（进项税额）　　2 600

　　贷：预付账款　　22 600

3. 借：银行存款　7 400
　　贷：预付账款　7 400

2.7.5　相关知识补充

在我国会计实务中，预付账款业务不多时，可以通过"应付账款"科目核算。需要指出的是，为了便于反映企业对客户的债权债务关系，对同一客户发生购货往来业务，只通过"应付账款"或只通过"预付账款"科目核算。

会计期末，"应付账款"科目和"预付账款"科目所属的明细科目中，有的可能是借方余额，有的可能是贷方余额。其中，借方余额合计列示于资产负债表流动资产项下的"预付账款"科目，贷方余额合计列示于资产负债表流动负债项下的"应付账款"科目。

2.8　应收股利

2.8.1　定义与核算

1. 定义

应收股利是指企业因股权投资而应收取的现金股利及应收其他单位的利润，包括企业购入股票实际支付的款项中所包括的已宣告发放但尚未领取的现金股利和企业因对外投资应分得的现金股利或利润等，但不包括应收股票股利。

2. 核算

为了反映应收股利的发生和收回情况，企业应设置"应收股利"科目进行核算，本公司应收其他单位的利润，也在该科目核算。该科目属于资产类科目，其借方登记应收的股利数，贷方登记已收回的股利数，期末如有余额，通常在借方，反映企业尚未收回的现金股利或利润。

2.8.2 明细科目设置

为了反映应收股利的详细变动情况，该科目应当按照被投资单位进行明细核算（见表2-9）。

表2-9 应收股利 明细科目设置

科目编号	总账科目	明细科目
	一级科目	二级科目
1131	应收股利	
113101	应收股利	××单位

2.8.3 业务处理示范

1. 企业购入价款中包括已宣告但尚未发放的现金股利或利润的金融资产等

借：应收股利

贷：银行存款/其他货币资金等

2. 被投资单位宣告发放现金股利或利润，按应归本企业享有的金额

借：应收股利

贷：投资收益/长期股权投资——损益调整等

3. 收到现金股利或利润

借：银行存款

贷：应收股利

2.8.4 分录处理案例解析

【案例2-25】甲公司2023年发生的有关股利业务如下。

1. 2月26日，购入股票2 000股，每股购买价8元（其中包括已宣告但尚未发放的股利额1元），另支付交易费用106元（其中包括准予抵扣的增值税进项税额6元），款项已支付。公司将该项投资划分为交易性金融资产。

2. 3月1日，收到以上股利。

3. 12月31日，丙公司宣告发放股利额400 000元，甲公司持有丙公司40%的股权。

要求：编制购入股票、收到及发放股利的会计分录。

【解析】编制的会计分录如下。

1. 购入股票

借：交易性金融资产　16 000

　　应收股利　2 000

　　投资收益　100

　　应交税费——应交增值税（进项税额）　6

　贷：其他货币资金　18 106

2. 收到股利

借：银行存款　2 000

　贷：应收股利　2 000

3. 发放股利

借：应收股利　160 000

　贷：长期股权投资——损益调整　160 000

2.8.5　相关知识补充

企业董事会或类似机构通过的利润分配方案中拟分配的现金股利或利润及收到股票股利，不做账务处理，但应在报表中披露。

2.9 应收利息

2.9.1 定义与核算

1. 定义

应收利息是指企业因债券投资而应收取的利息，包括购入债券的价款中已到付息期但尚未领取的债券利息，以及分期付息到期还本的债券在持有期间产生的利息；不包括企业购入到期一次还本付息的长期债券应收取的利息。

2. 核算

为了反映和监督应收利息的发生及收回情况，企业应设置"应收利息"科目进行核算。该科目借方登记应收的利息，贷方登记收回的利息和转作坏账的利息，期末如有余额通常在借方，反映尚未收回的利息。

2.9.2 明细科目设置

为了反映应收利息的详细变动情况，该科目应当按照借款人（单位）进行明细核算（见表2-10）。

表2-10 应收利息 明细科目设置

科目编号	总账科目	明细科目
	一级科目	二级科目
1132	应收利息	
113201	应收利息	××单位

2.9.3 业务处理示范

1. 企业购入分期付息、到期还本的债权投资等

（1）支付价款中包括尚未发放的利息额

借：应收利息

　　贷：银行存款/其他货币资金等

（2）持有期间确定的利息收入

借：应收利息

　　债权投资——利息调整（差额）

　　贷：投资收益

　　　　债权投资——利息调整（差额）

其他债权投资的确认与债权投资相类似。

2. 实际收到利息

借：银行存款

　　贷：应收利息

2.9.4　分录处理案例解析

【案例2-26】丁公司于2021年1月1日以700 000元的价格购买了甲公司于当日发行的总面值为700 000元、票面利率为8%、3年期、分期付息的债券，债券利息在次年初支付，确认为债权投资。

要求：编制每年末应收利息确认的会计分录。

【解析】每年末应收利息确认的会计分录如下。

1. 2021年1月1日

借：应收利息　56 000

　　贷：投资收益　56 000

次年初收到利息时：

借：银行存款　56 000

　　贷：应收利息　56 000

2. 2022年12月31日

借：应收利息　56 000

　　贷：投资收益　56 000

次年初收到利息时：

借：银行存款　56 000

　　贷：应收利息　56 000

3. 2023年12月31日

借：应收利息　56 000

　　贷：投资收益　56 000

次年初收到利息时：

借：银行存款　56 000

　　贷：应收利息　56 000

2.9.5　相关知识补充

应收利息的表现形式主要包括以下两种情况。

一是企业购入的是分期付息到期还本的债券，在会计结算日，企业按规定所计提的应收款收利息。

二是企业购入债券时实际支付款项中所包含的已到期而尚未领取的债券利息。已到期而尚未领取的债券利息也是对分期付息债券而言的，不包括企业购入到期还本付息的长期债券应收的利息。

2.10　其他应收款

2.10.1　定义与核算

1. 定义

其他应收款是指应收票据、应收账款、预付账款以外的其他各种应收、暂付款项。主要包括：应收的各种赔款、罚款；应收的出租包装物租金；应向职工收取的各种垫付款项；存出保证金等。

2. 核算

为了反映其他应收款的发生和收回情况，企业应设置"其他应收款"科目进行核算。该科目借方登记其他应收款的增加，贷方登记其他应收款的减少，期末余额通常在借方。

2.10.2 明细科目设置

"其他应收款"账户应为应收款的不同债务人设置明细账户，并按各种应收、暂付项目设置明细科目进行核算（见表2-11）。

表2-11 其他应收款 明细科目设置

科目编号	总账科目	明细科目	
	一级科目	二级科目	三级科目
1231	其他应收款		
123101	其他应收款	备用金	
12310101	其他应收款	备用金	××部门
12310102	其他应收款	备用金	××个人
123102	其他应收款	××公司	
12310201	其他应收款	××公司	包装物租金

2.10.3 业务处理示范

1. 应收赔款、罚款，出租的包装物租金，支付包装物押金等

借：其他应收款——××公司（罚款收入、包装物租金、包装物押金等）
　　贷：营业外收入——罚款收入
　　　　其他业务收入——租金收入
　　　　银行存款

2. 收到上述款项

借：银行存款等

  贷：其他应收款——××公司（罚款收入、包装物租金、包装物押金等）

2.10.4 分录处理案例解析

【案例2-27】光明公司某日发生如下业务：应收甲公司因违约而支付的赔款2 500元；出租给乙公司包装箱一批，租金1 000元；为员工张三垫付水电费300元。

【解析】编制的会计分录如下。

1. 记录应收的赔款、租金、垫付水电费

借：其他应收款——甲公司（赔款收入）　2 500

     ——乙公司（包装箱租金）　1 000

     ——张三（垫付水电费）　300

 贷：营业外收入——赔款收入　2 500

   其他业务收入——租金收入　1 000

   银行存款　300

2. 收到上述款项时

借：银行存款　3 800

 贷：其他应收款——甲公司（赔款收入）　2 500

     ——乙公司（包装箱租金）　1 000

     ——张三（垫付水电费）　300

2.10.5 备用金科目设置与分录编制案例

1. 备用金的含义及会计处理

备用金指企业内部各车间、部门、职能科室等周转使用的日常开支的货币资金。根据付款方式，备用金可分为定额备用金和非定额备用金。

定额备用金是指单位对经常使用备用金的内部各部门或工作人员根据其零星开支、零星采购等的实际需要而核定一个现金数额,并保证其经常保持核定的数额。

非定额备用金是指单位对非经常使用现金的内部各部门或工作人员,根据每次业务所需现金的数额填制借款凭证,向出纳人员预借的现金。非定额备用金使用后,凭发票等原始凭证一次性到财务部门报销,多退少补,一次结清,下次再用时,重新办理借款手续。

2. 科目设置

可以设置"其他应收款——备用金——××",也可以设置"其他应收款——××",还可以设置"备用金——××"。

【案例2-28】甲公司发生有关备用金的业务如下。

1. 开出现金支票,向总务部门支付备用金400元。

2. 总务部门向财务部门报销日常办公用品费200元(财务部门以现金支付)。

3. 总务部门不再需要备用金,将备用金退回。

要求:分别按定额备用金和非定额备用金核算上述业务。

【解析】编制的会计分录如表2-12所示。

表2-12 定额备用金和非定额备用金的核算

定额备用金	非定额备用金
借:其他应收款——备用金——总务部门 400 　贷:银行存款　400	借:其他应收款——备用金——总务部门 400 　贷:银行存款　400
借:管理费用　200 　贷:库存现金　200	借:管理费用　200 　贷:其他应收款——备用金——总务部门 200
借:银行存款　400 　贷:其他应收款——备用金——总务部门 400	借:银行存款　200 　贷:其他应收款——备用金——总务部门 200

2.11 坏账准备

2.11.1 定义与核算

1. 定义

坏账是指企业无法收回或收回可能性极小的应收款项。

坏账损失是指由于坏账而产生的损失。对应收款项估计的坏账损失称为坏账准备。

2. 核算

企业应设置"坏账准备"科目反映应收款项坏账损失的情况。该科目是应收款项的备抵科目,借方登记冲减多计提的坏账准备或发生的实际坏账,贷方登记本期应计提的坏账准备金额,期末余额通常在贷方。

2.11.2 明细科目设置

为了详细反映应收款项计提或实际发生的坏账情况,可以按照应收款项的具体科目设置明细科目进行核算(见表2-13)。

表2-13 坏账准备 明细科目设置

科目编号	总账科目	明细科目
	一级科目	二级科目
1231	坏账准备	
123101	坏账准备	应收账款提取坏账准备
123102	坏账准备	其他应收款提取坏账准备
123103	坏账准备	预付账款提取坏账准备

2.11.3 业务处理示范

1. 首次计提坏账准备

借：信用减值损失
　　贷：坏账准备

2. 发生坏账

借：坏账准备
　　贷：应收账款/其他应收款等

3. 已经确认的坏账又收回

借：应收账款/其他应收款等
　　贷：坏账准备

同时：

借：银行存款
　　贷：应收账款/其他应收款等

4. 会计期末

（1）调整前"坏账准备"科目为借方余额

借：信用减值损失
　　贷：坏账准备

金额为本期估计坏账+调整前"坏账准备"借方余额。

（2）调整前"坏账准备"科目为贷方余额且该余额小于本期估计的坏账准备额

借：信用减值损失
　　贷：坏账准备

金额为本期估计坏账-调整前"坏账准备"贷方余额。

（3）调整前"坏账准备"科目为贷方余额且该余额大于本期估计的坏账准备额

借：信用减值损失
　　贷：坏账准备

金额为调整前"坏账准备"贷方余额−本期估计坏账。

2.11.4 分录处理案例解析

【案例2-28】丁公司应收账款坏账准备有关的经济业务如下。

1. 2021年12月31日，首次计提坏账准备30 000元。

2. 2022年3月7日，确认应收甲公司的账款5 000元无法收回。

3. 2022年3月28日，已确认无法收回的甲公司账款又收回了3 000元。

4. 2022年12月31日，根据应收账款余额估计坏账准备金额为32 000元。

5. 2023年12月31日，根据应收账款余额估计坏账准备金额为26 000元。

要求：编制计提应收账款坏账准备的会计分录。

【解析】编制的会计分录如下。

1. 借：信用减值损失　30 000

　　贷：坏账准备　30 000

2. 借：坏账准备　5 000

　　贷：应收账款——甲公司　5 000

3. 借：应收账款——甲公司　3 000

　　贷：坏账准备　3 000

同时：

借：银行存款　3 000

　　贷：应收账款——甲公司　3 000

4. "坏账准备"科目余额（贷方）=30 000−5 000+3 000=28 000（元）

本期计提的坏账准备=32 000−28 000=4 000（元）

借：信用减值损失　4 000

　　贷：坏账准备　4 000

5. "坏账准备"科目期初余额（贷方）=28 000+4 000=32 000（元）

本期计提的坏账准备=26 000−32 000=−6 000（元）

借：坏账准备　6 000

贷：信用减值损失　6 000

"坏账准备"科目年末贷方余额为 26 000 元。

2.11.5　坏账准备其他分录处理案例解析

核算坏账的方法包括直接转销法、备抵法和按期估计坏账损失法。

1. 直接转销法

（1）定义

直接转销法是在实际发生坏账时直接冲销有关的应收款项，并确认坏账损失。

（2）会计处理

首次计提坏账：

借：信用减值损失

　贷：应收账款

已确认的坏账又全部或部分收回时：

借：应收账款

　贷：信用减值损失

同时：

借：银行存款

　贷：应收账款

（3）优缺点

优点：采用直接转销法对坏账进行核算，只有在实际发生坏账时才作为损失计入当期损益，并冲减应收款项，其核算手续比较简单。

缺点：由于在实际发生坏账时才确认坏账损失，从而导致日常核算的应收账款价值虚增、利润虚列，既不符合权责发生制和收入与费用的配比原则，又不符合谨慎性原则。在资产负债表上，只能提供应收账款的账面余额，无法提供关于应收账款可收回金额的会计信息，歪曲了企业期末的财务状况。

所以，除非企业发生的坏账极小，对企业财务状况和经营成果的影响极小，否则一般不采用直接转销法核算坏账。

2. 备抵法

（1）含义

备抵法是根据应收款项可收回金额按期估计坏账损失并形成坏账准备，在实际发生坏账时再冲销坏账准备的方法。

按照《企业会计准则第22号——金融工具确认和计量》准则的相关要求，企业对于《企业会计准则第14号——收入》所规定的、不含重大融资成分（包括不考虑不超过一年的合同中融资成分的情况）的应收款项，应当始终按照整个存续期间内预期的信用损失的金额计量其损失准备。

（2）优缺点

优点：采用备抵法核算坏账，每期估计的坏账损失直接计入当期损益，体现了稳健性原则的要求。在资产负债表上能如实反映应收账款的净额，使报表使用者能够了解企业应收账款的可变现金额。同时，在利润表上也避免了因应收账款价值虚列而造成的利润虚增，避免了企业明盈实亏。

缺点：与直接转销法相比，备抵法相对复杂。

我国企业会计准则规定企业应采用备抵法核算各应收款项的坏账，所以本书以备抵法举例。

3. 按期估计坏账损失法

（1）余额百分比法

余额百分比法是指按应收款项的期末余额和预期信用损失率计算确定应收款项预期信用损失，从而计提坏账准备的一种方法。其中，预期信用损失率是指应收款项的预期信用损失金额占应收款项账面余额的比例。

企业应在资产负债表日，按下列公式计算确定当期应计提的坏账准备金额：

本期应计提的坏账准备金额=本期预期信用损失金额－"坏账准备"科目贷方余额

其中，本期预期信用损失金额=本期应收款项的期末余额×预期信用损失率

【案例2-29】甲公司按应收账款的5%计提坏账准备，其发生的有关经济业务如下。

1. 2021年12月31日，首次计提坏账准备时，应收账款的年末余额为1 000 000元。

2. 2022年12月31日，应收账款余额为960 000元。

3. 2023年12月31日，应收账款余额为980 000元。

要求：编制计提应收账款坏账准备的会计分录。

【解析】编制的会计分录如下。

1. 估计坏账损失=1 000 000×5%=50 000（元）

借：信用减值损失　50 000

　　贷：坏账准备　50 000

2. 本期计提的坏账准备=960 000×5%-50 000=-2 000（元）

借：坏账准备　2 000

　　贷：信用减值损失　2 000

3. "坏账准备"科目期初余额（贷方）=50 000-2 000=48 000（元）

本期计提的坏账准备=980 000×5%-48 000=1 000（元）

借：信用减值损失　1 000

　　贷：坏账准备　1 000

（2）账龄分析法

账龄分析法是指对应收账款按账龄的长短进行分组并分别确定预期信用损失率，据此计算计提坏账准备的一种方法。企业为了加强应收账款的管理，在期末一般要编制应收账款账龄分析表。将账龄分析表中各账龄段应收账款的余额乘以相应预期信用损失率，就可计算出期末应计提的坏账准备。

应收账款账龄分析及估计信用损失表举例如表2-14所示。①

表2-14　应收账款账龄分析及估计信用损失表

单位：元

账龄	应收账款金额	应收账款百分比（%）	估计损失率（%）	估计损失金额
未到期	36 000	36	1	360
逾期1个月	25 000	25	2	500

---

① 应收账款账龄分析及估计信用损失表根据企业管理需要编制，格式不限于此。

续表

账龄	应收账款金额	应收账款百分比（%）	估计损失率（%）	估计损失金额
逾期2个月	15 000	15	4	600
逾期3个月	9 000	9	6	540
逾期4个月	7 000	7	20	1 400
逾期5个月	3 000	3	50	1 500
破产或追诉中	5 000	5	80	4 000
合计	100 000	100	—	8900

2.12 材料采购

2.12.1 定义与核算

1. 定义

材料采购是指企业原材料采用计划成本核算时，所反映的材料的采购成本。

2. 核算

原材料采用计划成本核算时，可以设置"材料采购"科目反映原材料采购、入库及结存情况。该科目借方登记采购原材料的实际成本，贷方登记入库材料的实际或计划成本，期末借方余额反映尚未验收入库材料的实际成本。

2.12.2 明细科目设置

为了详细反映采购原材料的情况，企业可以按材料的种类名称设置明细科目，并按材料具体名称设置三级科目进行明细核算（见表2-15）。

表2-15 材料采购 明细科目设置

科目编号	总账科目	明细科目	
	一级科目	二级科目	三级科目
1401	材料采购		
140101	材料采购	主要原料及材料	
14010101	材料采购	主要原料及材料	A材料
14010102	材料采购	主要原料及材料	B材料
140102	材料采购	辅助材料	
14010201	材料采购	辅助材料	C材料

2.12.3 业务处理示范

1. 采购材料时

借：材料采购
　　应交税费——应交增值税（进项税额）
　贷：银行存款/应付账款等

2. 材料入库时

借：原材料
　贷：材料采购

2.12.4 分录处理案例解析

【案例2-30】乙公司2023年2月8日采购甲材料500千克，材料验收入库。材料价款10 000元，增值税为1 300元，开出一张商业承兑汇票，并以现金支付运输费109元（其中，价款100元，准予抵扣的增值税9元）。甲材料的计划成本为11 000元。

【解析】编制的会计分录如下。

1. 借：材料采购——主要原料及材料——甲材料　10 100

　　　　　应交税费——应交增值税（进项税额）　1 309
　　　　贷：应付票据　11 300
　　　　　　库存现金　109
　　2. 借：原材料——主要原料及材料——甲材料　11 000
　　　　贷：材料采购——主要原料及材料——甲材料　11 000

2.12.5　相关知识补充

已经付款或已开出商业汇票的收料凭证，应按实际成本和计划成本分别汇总，按计划成本借记"原材料""周转材料"等科目，按实际成本贷记"材料采购"科目，实际成本和计划成本之间的差额记入"材料成本差异"科目。

对于尚未收到发票账单的收料凭证，在月内可暂不入账。

月内，可暂不入账，待发票账单到达时，按发票金额作如下分录：

借：原材料
　　贷：银行存款（应付票据等）

月末时，发票账单仍未到达，则按暂估金额：

借：原材料
　　贷：应付账款——暂估材料款

下月初用红数字作相反的会计分录，冲销暂估应付款分录。待收到发票账单时，再按照账单所列示金额登记入账。

2.13　在途物资

2.13.1　定义与核算

1. 定义

在途物资是指企业购入的尚未入库的原材料。

2. 核算

原材料采用实际成本核算时，可以设置"在途物资"科目反映原材料采购、入库及结存情况。该科目借方登记采购原材料的成本，贷方登记入库原材料的成本，期末借方余额反映尚未验收入库材料的实际成本。

2.13.2 明细科目设置

为了详细反映尚未入库原材料的情况，企业可以按材料的种类名称设置明细科目，并按材料具体名称设置三级科目进行明细核算（见表2-16）。

表2-16 在途物资 明细科目设置

科目编号	总账科目	明细科目	
	一级科目	二级科目	三级科目
1402	在途物资		
140201	在途物资	主要原料及材料	
14020101	在途物资	主要原料及材料	A材料
14020102	在途物资	主要原料及材料	B材料
140202	在途物资	辅助材料	
14020201	在途物资	辅助材料	C材料

2.13.3 业务处理示范

1. 采购材料，但尚未验收入库

借：在途物资

　　应交税费——应交增值税（进项税额）

　贷：银行存款/应付账款等

2. 材料入库时

借：原材料

　贷：在途物资

2.13.4　分录处理案例解析

【案例2-31】甲公司2023年2月发生如下经济业务。

1. 13日采购乙材料1 000千克，材料尚未验收入库。材料价款200 000元，增值税为26 000元，以支票付讫，并以现金支付运输费545元。

2. 2月16日，材料验收入库。

【解析】编制的会计分录如下。

1. 2月13日，采购材料时

借：在途物资——主要原料及材料——乙材料　200 000

　　应交税费——应交增值税（进项税额）　26 545

　贷：银行存款　226 000

　　　库存现金　545

2. 2月16日，材料入库时

借：原材料——主要原料及材料——乙材料　200 545

　贷：在途物资——主要原料及材料——乙材料　200 545

2.13.5　相关知识补充

在途物资与材料采购的区别。材料采购采用计划成本法核算用到的科目，在途物资采用实际成本法核算用到的科目。

购入材料超过正常信用条件延期支付（如分期付款购买材料），实质上具有融资性质，则会计分录如下：

借：在途物资（购买价款的现值）

　　应交税费——应交增值税（进项税额）

　　未确认融资费用（差额）

　贷：长期应付款

2.14 原材料

2.14.1 定义与核算

1. 定义

原材料是指用于生产产品并构成产品主要实体的原料及主要材料、辅助材料、外购半成品、修理用备件、包装材料、燃料等。

2. 核算

原材料日常收发业务,可以通过"原材料"科目进行反映。该科目借方登记增加的材料成本,贷方登记发出材料的成本,期末借方余额反映结存材料成本。

2.14.2 明细科目设置

为了详细反映原材料的情况,企业可以按材料的种类名称设置明细科目,并按材料具体名称设置三级科目进行明细核算(见表2-17)。

表2-17 原材料 明细科目设置

科目编号	总账科目	明细科目	
	一级科目	二级科目	三级科目
1403	原材料		
140301	原材料	主要原料及材料	
14030101	原材料	主要原料及材料	A材料
14030102	原材料	主要原料及材料	B材料
140302	原材料	辅助材料	
14030201	原材料	辅助材料	C材料

2.14.3 业务处理示范

1.实际成本法

（1）购入

①结算凭证到达的同时，材料验收入库：

借：原材料

　　应交税费——应交增值税（进项税额）

　贷：银行存款/应付账款等

②结算凭证先到，材料后入库：

借：在途物资

　　应交税费——应交增值税（进项税额）

　贷：银行存款/应付账款等

③材料先验收入库，结算凭证后到：

待结算凭证到达后：

借：原材料

　　应交税费——应交增值税（进项税额）

　贷：银行存款/应付账款等

月末，结算凭证仍未到，暂估入账：

借：原材料

　贷：应付账款

下月初以红字冲回。

（2）验收入库

借：原材料

　贷：在途物资

（3）领用原材料

借：生产成本/制造费用/管理费用等

　贷：原材料

2. 计划成本法

（1）购入

借：材料采购

　　应交税费——应交增值税（进项税额）

　贷：银行存款/应付账款等

（2）验收入库

借：原材料（计划成本）

　贷：材料采购

①实际成本＜计划成本时，按差额：

借：材料采购

　贷：材料成本差异

②实际成本＞计划成本时，按差额：

借：材料成本差异

　贷：材料采购

（3）领用原材料

借：生产成本/制造费用/管理费用等

　贷：原材料（计划成本）

（4）期末分摊差异额

借：生产成本/制造费用/管理费用等

　贷：材料成本差异

其中，节约差异用红字登记。

2.14.4　分录处理案例解析

【案例2-32】甲公司对原材料采用实际成本法计价。2023年3月发生如下经济业务。

1. 2日，购买钢材一批，专用发票上标明价款为500 000元，增值税为65 000元。款项已通过银行支付，钢材已验收入库。

2. 3日，购进A材料一批，货款计113 000元（其中，材料价款100 000元，增值税13 000元），购进材料支付运费654元（其中，价款600元，准予扣除进项税额54元）、装卸费106元（其中，价款100元，准予抵扣的增值税6元）。结算凭证到达，支付全部货款及运费、装卸费，但材料尚未入库。

3. 8日，以上A材料验收入库。

4. 28日购买钢材一批，钢材已验收入库。4月8日收到发票，专用发票上标明价款为500 000元，增值税为65 000元，款项已通过银行支付。

5. 29日，生产产品领用60 000元，生产车间领用3 000元，管理部门领用6 000元，销售部门领用3 600元，在建工程领用2 500元。

【解析】编制的会计分录如下。

1. 借：原材料——钢材 500 000
     应交税费——应交增值税（进项税额） 65 000
   贷：银行存款 565 000

2. 借：在途物资 100 700
     应交税费——应交增值税（进项税额） 13 060
   贷：银行存款 113 760

3. 借：原材料 100 700
   贷：在途物资 100 700

4.（1）3月28日，不作处理

（2）3月31日，暂估入账

借：原材料——钢材 60 000
  贷：应付账款 60 000

（3）4月1日，红字冲回

借：原材料——钢材 60 000
  贷：应付账款 60 000

（4）4月8日，收到发票

借：原材料——钢材 500 000
  应交税费——应交增值税（进项税额） 65 000

　　　　贷：银行存款　565 000
　　5. 借：生产成本——基本生产成本　60 000
　　　　　　制造费用　3 000
　　　　　　管理费用　6 000
　　　　　　销售费用　3 600
　　　　　　在建工程　2 500
　　　　贷：原材料——钢材　75 100

【案例2-33】甲公司对原材料采用计划成本法计价。2023年3月发生如下经济业务。

　　1. 2日，购买原料一批，专用发票上标明价款为46 000元，增值税为5 980元。款项已通过银行支付。该原料的计划成本为48 000元。钢材已验收入库。

　　2. 3日，以上原料验收入库。

【解析】编制的会计分录如下。

　　1. 借：材料采购——原料　46 000
　　　　　　应交税费——应交增值税（进项税额）　5 980
　　　　贷：银行存款　51 980
　　2. 借：原材料——原料　48 000
　　　　贷：材料采购——原料　46 000
　　　　　　材料成本差异　2 000

2.14.5　相关知识补充

发出材料的计价方法有个别计价法、先进先出法、月末一次加权平均法和移动加权平均法，企业可根据自身的业务模式自行选择合适的计价方法。

1. 个别计价法

个别计价法，亦称个别认定法、具体辨认法、分批实际法，这一方法是假设材料具体项目的实物流转与成本流转相一致，按照各种材料逐一辨认各批发出材料和期末材料所属的购进批别或生产批别，分别按其购入或生产时所确定的单位成本计算各批发出材料和期末材料成本的方法。如珠宝、名画等名贵物品。

2. 先进先出法

先进先出法是指根据"先入库先发出"的原则，对于发出的材料以先入库材料的单价计算发出材料成本的方法。其缺点有可以随时结转材料发出成本，但较烦琐；如果材料收发业务较多且材料单价不稳定时，其工作量较大；在物价持续上升时，期末材料成本接近于市价，而发出成本偏低，会高估企业当期利润和库存材料价值；反之，会低估企业当期利润和库存材料价值。

3. 月末一次加权平均法

月末一次加权平均法，是指以本月全部进货数量加上月初材料数量作为权数，去除本月全部进货成本加上月初材料成本，计算出材料的加权平均单位成本，以此为基础计算本月发出材料的成本和期末材料的成本的一种方法。计算公式如下：

材料单位成本=[月初库存材料+∑（本月各批进货的实际单位成本×本月各批进货的数量）]÷（月初库存材料的数量+本月各批进货数量之和）

本月发出材料的成本=本月发出材料的数量×材料单位成本

本月月末库存材料成本=月末库存材料的数量×材料单位成本

或：本月月末库存材料成本=月初库存材料的实际成本+本月收入材料的实际成本–本月发出材料的实际成本

4. 移动加权平均法

移动加权平均法是指以每次进货的成本加上原有库存材料的成本，除以每次进货数量与原有库存材料的数量之和，据以计算加权平均单位成本，以此为基础计算当月发出材料的成本和期末材料的成本的一种方法。计算过程与月末一次加权平均法类似。

2.15 材料成本差异

2.15.1 定义与核算

1. 定义

材料成本差异是指原材料计划成本与实际成本之间的差异。

2. 核算

为了反映原材料计划成本与实际成本之间的差异情况,企业应设置"材料成本差异"科目进行核算。该科目借方登记超支差异额,贷方登记节约差异额。

2.15.2 明细科目设置

为了详细反映材料成本差异的情况,企业可以按材料的种类名称设置明细科目进行核算(见表2-18)。

表2-18 材料成本差异 明细科目设置

科目编号	总账科目	明细科目
	一级科目	二级科目
1404	材料成本差异	
140401	材料成本差异	A原料

2.15.3 业务处理示范

1. 购入

借:材料采购
　　应交税费——应交增值税(进项税额)
　贷:银行存款/应付账款等

2. 验收入库

借：原材料（计划成本）
　　贷：材料采购

（1）实际成本<计划成本时，按差额

借：材料采购
　　贷：材料成本差异

（2）实际成本>计划成本时，按差额

借：材料成本差异
　　贷：材料采购

3. 期末分摊差异额

借：生产成本/制造费用/管理费用等
　　贷：材料成本差异

其中，节约差异用红字登记。

2.15.4　分录处理案例解析

【案例2-34】丁公司对甲材料采用计划成本法核算，甲材料的计划单位成本为10元/千克。2023年2月初，甲材料的科目余额有：原材料计划成本为170元，材料成本差异贷方40元。2月发生的业务如下。

1. 8日，采购甲材料500千克，材料验收入库。材料价款6 000元，增值税为780元，开出一张商业承兑汇票。10日，该材料验收入库。

2. 本月发料凭证汇总表如下：生产产品领用100千克，生产车间领用80千克，管理部门领用60千克，销售部门领用30千克，在建工程领用20千克。

要求：编制甲材料购入、领用及结转材料成本差异的会计分录。

【解析】编制的会计分录如下。

1.（1）采购材料时

借：材料采购——甲材料　6 000
　　应交税费——应交增值税（进项税额）　780

贷：应付票据　6 780

（2）材料验收入库

借：原材料——甲材料　5 000
　　材料成本差异　1 000
　　贷：材料采购——甲材料　6 000

2. 借：生产成本——基本生产成本　1 000
　　　　制造费用　800
　　　　管理费用　600
　　　　销售费用　300
　　　　在建工程　200
　　　贷：原材料——甲材料　2 900

计算本月材料成本差异率，分摊本月发出材料负担的成本差异，将发出材料的实际成本调整为实际成本。

本月材料成本差异率 $=\dfrac{-40+170}{1500+5000}\times 100\%=2\%$

生产成本应负担的差异=1 000×2%=20（元）

制造费用应负担的差异=800×2%=16（元）

管理费用应负担的差异=600×2%=12（元）

销售费用应负担的差异=300×2%=6（元）

在建工程应负担的差异=200×2%=4（元）

借：生产成本——基本生产成本　20
　　制造费用　16
　　管理费用　12
　　销售费用　6
　　在建工程　4
　　贷：材料成本差异　58

2.15.5　相关知识补充

通常，企业在月末一次结转其材料成本差异，所结转的材料成本差异额可以计入相关的成本费用，也可以为了简化，全部计入管理费用。当企业要将差异额计入相关成本费用时，首先要计算材料成本差异率，其次根据材料成本差异率计算出本月发出材料成本差异和月末结存材料成本差异，最后进行账务处理。材料成本差异率的计算如下：

本月材料成本差异率=

$$\frac{月初结存材料的成本差异+本期收入材料的成本差异}{月初结存材料的计划成本+本期收入材料的计划成本}\times 100\%$$

本月发出材料成本差异=材料成本差异率×本月发出材料计划成本

2.16　库存商品

2.16.1　定义与核算

1. 定义

库存商品是指企业已完成全部生产过程并已验收入库，合乎标准规格和技术条件，可以按照合同规定的条件送交订货单位，或可以作为商品对外销售的产品以及外购或委托加工完成验收入库用于销售的各种商品。

2. 核算

为了核算库存商品的增减变化及其结存情况，企业应设置"库存商品"科目进行核算。购入库存商品，可以采用进价法核算，也可以采用售价法核算。

2.16.2　明细科目设置

企业应按库存商品的种类、品种和规格设置明细科目。如有存放在本企业所属部门准备出售的商品、送交展览会展出的商品，以及已发出尚未办理托收手续的商品，都应单独设置明细科目进行核算。库存商品明细科目一般采用数量金额式（见表2-19）。

表2-19 库存商品 明细科目设置

科目编号	总账科目	明细科目
	一级科目	二级科目
1405	库存商品	
140501	库存商品	A商品
140502	库存商品	B商品

2.16.3 业务处理示范

1. 商品采用进价法核算时

（1）外购商品、自行生产完工入库商品或收回委托加工商品时

借：库存商品

   贷：银行存款/生产成本/委托加工物资等

（2）对外销售商品，满足收入确认条件，结转销售成本时

借：主营业务成本

   贷：库存商品

2. 商品采用售价法核算时

（1）购入商品验收入库后

借：库存商品 （售价）

   贷：银行存款/应付账款/在途物资等 （进价）

      商品进销差价 （差额）

（2）委托外单位加工收回的商品

借：库存商品 （售价）

   贷：委托加工物资 （进价）

      商品进销差价 （差额）

（3）对外销售商品，满足收入确认条件，结转销售成本时

借：主营业务成本
　　商品进销差价
　贷：库存商品

3. 存货清查

（1）存货盘盈

借：库存商品
　贷：待处理财产损溢——待处理流动资产损溢

查明原因，按管理权限报经批准后，冲减管理费用：

借：待处理财产损溢——待处理流动资产损溢
　贷：管理费用

（2）存货盘亏、毁损

借：待处理财产损溢——待处理流动资产损溢
　　存货跌价准备
　贷：库存商品

根据盘亏原因，分不同情况处理：

借：其他应收款——×××（由保险公司及相关责任人赔偿）
　　营业外支出——非常损失（自然灾害等非正常原因造成）
　　管理费用（定额内合理损耗、收发计量差错、管理不善和无法查明原因）
　　原材料（残料作价）
　贷：待处理财产损溢——待处理流动资产损溢

2.16.4　分录处理案例解析

【案例2-35】丁公司2023年11月发生如下经济业务。

1. 2日，购入一批开心豆，价税合计为33 900元，商品已入库，款项尚未支付。

2. 3日，收到丙企业委托加工一批商品，加工成本为7 200元，委托加工完成后，丙企业验收入库。

3. 8日，出售以上购入的50%开心豆，售价为20 000元，税率为13%。

4. 30日，经盘点，盘盈开心豆3 000元，经调查属于日常收发计量或计算方面的差错造成的，经领导审批后，冲减管理费用；盘亏开心果2 000元，经调查，属于存货日常收发计量上的差错的有1 000元，由过失人赔偿600元，自然灾害等不可抗拒的原因导致损失200元，其他损失无法查明原因。

【解析】编制的会计分录如下。

1. 借：库存商品　30 000
　　　应交税费——应交增值税（进项税额）　3 900
　　贷：应付账款　33 900

2. 借：库存商品　7 200
　　贷：委托加工物资　7 200

3. 借：银行存款　22 600
　　贷：主营业务收入　20 000
　　　应交税费——应交增值税（销项税额）　2 600

同时，结转销售成本：

借：主营业务成本　15 000
　贷：库存商品　15 000

4.（1）盘盈开心豆

借：库存商品——开心豆　3 000
　贷：待处理财产损溢——待处理流动资产损溢　3 000

查清盘盈原因后：

借：待处理财产损溢——待处理流动资产损溢　3 000
　贷：管理费用　3 000

（2）盘亏开心果

借：待处理财产损溢——待处理流动资产损溢　2 000
　贷：库存商品——开心果　2 000

查清盘亏原因后：

借：其他应收款——×××　600

营业外支出——非常损失　200

　　管理费用　1 200

　贷：待处理财产损溢——待处理流动资产损溢　2 000

2.16.5　相关知识补充

存货与库存商品有着密不可分的联系，但也有区别。

库存商品是已经完成全部生产流程并已验收入库，可用于销售的各种商品。而存货包含库存商品、原材料、产成品、半成品、生产成本、周转材料（包装物、低值易耗品）、材料采购、材料成本差异等。

存货是资产负债表项目，而库存商品是会计科目。

2.17　发出商品

2.17.1　定义与核算

1. 定义

发出商品是指企业对于不满足收入确认条件而发出的商品。

2. 核算

为了反映发出商品的增减变动，企业应设置"发出商品"科目进行核算。

2.17.2　明细科目设置

为了详细反映发出商品的具体情况，企业应按商品种类名称设置明细科目进行核算（见表2-20）。

表2-20 发出商品 明细科目设置

科目编号	总账科目	明细科目
	一级科目	二级科目
1406	发出商品	
140601	发出商品	A商品
140602	发出商品	B商品

2.17.3 业务处理示范

1. 企业发出商品，不满足收入确认时

借：发出商品
　　贷：库存商品
借：银行存款/应收账款
　　贷：应交税费——应交增值税（销项税额）

2. 满足收入确认条件时，结转成本

借：主营业务成本
　　贷：发出商品

3. 未确认收入的售出商品发生销售退回

借：库存商品
　　贷：发出商品

2.17.4 分录处理案例解析

【案例2-36】甲公司2023年3月发生如下经济业务。

1. 7日，销售给乙公司一批产品，价款20 000元，增值税为2 600元，销售当天，甲公司预计难以收回货款，但仍将产品交付对方。

2. 30日，收到乙公司支付的货款。

【解析】编制的会计分录如下。

1. 借：发出商品　20 000
     贷：库存商品　20 000
   借：应收账款　2 600
     贷：应交税费——应交增值税（销项税额）　2 600
2. 借：银行存款　22 600
     贷：主营业务收入　20 000
       应收账款　2 600
   借：主营业务成本　20 000
     贷：发出商品　20 000

2.17.5　相关知识补充

发出商品不满足收入确认条件的，如果增值税纳税义务已经产生，则要确认相应的增值税额。

借：应收账款/银行存款等
  贷：应交税费——应交增值税（销项税额）

2.18　商品进销差价

2.18.1　定义与核算

1. 定义

商品进销差价是指从事商品流通的小企业在采用售价核算的情况下，其商品售价与进价之间的差额。

2. 核算

企业应设置"商品进销差价"科目进行核算，该科目应按商品类别或实物负责人进行明细核算。

2.18.2 明细科目核算

为了详细反映"商品进销差价"的变动情况，该科目应按商品类别或实物负责人进行明细核算（见表2-21）。

表2-21 商品进销差价 明细科目设置

科目编号	总账科目	明细科目
	一级科目	二级科目
1407	商品进销差价	
140701	商品进销差价	A商品
140702	商品进销差价	B商品

2.18.3 业务处理示范

1. 购入商品验收入库后

借：库存商品　（售价）
　贷：银行存款/应付账款/在途物资等　（进价）
　　　商品进销差价　（差额）

2. 委托外单位加工收回的商品

借：库存商品　（售价）
　贷：委托加工物资　（进价）
　　　商品进销差价　（差额）

3. 对外销售商品，满足收入确认条件，结转销售成本时

借：主营业务成本
　　商品进销差价
　贷：库存商品

2.18.4 分录处理案例解析

【案例2-37】甲公司对商品采用售价法核算。2023年8月发生如下经济业务。

1. 2日，购入一批商品并已验收入库，用银行存款支付价款226 000元，该商品的售价为400 000元。

2. 8日，出售该商品，售价为400 000元，税率为13%。

要求：编制商品入库及出售的会计分录。

【解析】编制的会计分录如下。

1. 借：库存商品　400 000

　　　应交税费——应交增值税（进项税额）　26 000

　　贷：银行存款　226 000

　　　　商品进销差价　200 000

2. 借：银行存款　452 000

　　贷：主营业务收入　400 000

　　　　应交税费——应交增值税（销项税额）　52 000

借：主营业务成本　200 000

　　商品进销差价　200 000

　　贷：库存商品　400 000

【案例4-38】乙公司委托甲公司加工一批商品，该商品加工成本为60 000元，售价为90 000元，商品加工完成后验收入库，采用售价核算法。

要求：编制商品验收入库的会计分录。

【解析】编制的会计分录如下。

借：库存商品　90 000

　　贷：委托加工物资　60 000

　　　　商品进销差价　30 000

2.18.5 相关知识补充

期末应分摊已销商品的进销差价,首先要计算进销差价率,然后计算月销售商品分摊的进销差价,计算如下。

差价率=期末分摊前本科目余额÷("库存商品"科目期末余额+"委托代销商品"科目期末余额+"发出商品"科目期末余额+本期"主营业务收入"科目贷方发生额)×100%

月销售商品分摊的进销差价=本月"主营业务收入"科目贷方发生额×差价率

2.19 委托加工物资

2.19.1 定义与核算

1. 含义

委托加工物资是指企业将物资委托外单位加工成新的材料或包装物、低值易耗品等物资。

2. 核算

企业应设置"委托加工物资"科目核算委托外单位加工材料等物资。

2.19.2 明细科目设置

为了详细反映委托加工物资的变动情况,企业可以按商品种类的名称设置明细科目进行核算(见表2-22)。

表2-22 委托加工物资 明细科目设置

科目编号	总账科目	明细科目
	一级科目	二级科目
1408	委托加工物资	
140801	委托加工物资	A商品/材料
140802	委托加工物资	B商品/材料

2.19.3 业务处理示范

1. 企业发给外单位加工的物资

（1）实际成本核算

借：委托加工物资

　　贷：原材料/库存商品等

（2）计划成本或售价核算

借：委托加工物资　（实际成本）

　　　材料成本差异/商品进销差价（可能在贷方）

　　贷：原材料/库存商品等　（计划成本）

2. 支付加工费、运杂费等

借：委托加工物资

　　贷：银行存款/库存现金等科目

3. 加工完成验收入库的物资和剩余的物资

（1）实际成本核算

借：原材料/库存商品等

　　贷：委托加工物资

（2）计划成本核算

借：原材料/库存商品（计划成本）

　　　材料成本差异/商品进销差价（可能在贷方）

　　贷：委托加工物资（实际成本）

该差异额也可以采用上期材料成本差异率或商品进销差价率计算分摊本期应分摊的材料成本差异或商品进销差价。

2.19.4　分录处理案例解析

【案例2-39】甲公司2023年3月发生如下经济业务。

1. 6日，将一批材料委托给乙公司加工成其所需的原材料。发出材料计划成本为10 000元，假设发出材料的成本差异率为1%。

2. 18日，以银行存款支付加工费用1 130元（其中可抵扣的进项税为130元）。

3. 25日，收回加工后的材料，计划成本为15 000元。

【解析】编制的会计分录如下。

1. 借：委托加工物资　　10 100
　　　贷：原材料　10 000
　　　　　材料成本差异　100

2. 借：委托加工物资　　1 000
　　　　应交税费——应交增值税（进项税额）　130
　　　贷：银行存款　1 130

3. 借：原材料　15 000
　　　贷：委托加工物资　11 100
　　　　　材料成本差异　3 900

2.19.5　委托加工其他分录处理案例解析

委托加工应税消费品收回后，消费税如何处理？

①委托加工应税消费品收回后直接用于销售的，其所负担的消费税应计入委托加工物资成本，会计分录如下：

借：委托加工物资
　　贷：银行存款等

②委托加工应税消费品收回后用于连续生产的，所负担的消费税按规定可以抵扣加工的消费品销售后所负担的消费税。会计分录如下：

借：应交税费——应交消费税

　　贷：银行存款等

【案例2-40】丁公司2023年5月发生如下经济业务。

1. 2日，将一批价值为10 000元的材料委托给甲企业加工成用来生产应税消费品的原材料，收回的原材料用于继续生产应税消费品。

2. 12日，以银行存款支付加工费用1 130元。

3. 25日，以现金支付甲企业代交的消费税为1 222元（税率为10%）。

4. 31日，收回加工完成的材料并验收入库。

【解析】编制的会计分录如下。

1. 借：委托加工物资　10 000

　　贷：原材料　10 000

2. 借：委托加工物资　1 000

　　　应交税费——应交增值税（进项税额）　130

　　贷：银行存款　1 130

3. 借：应交税费——应交消费税　1 222

　　贷：库存现金　1 222

4. 借：原材料　11 000

　　贷：委托加工物资　11 000

【案例2-41】承【案例2-40】，假设收回的原材料直接对外销售，其他资料不变。

【解析】编制的会计分录如下。

1. 借：委托加工物资　10 000

　　贷：原材料　10 000

2. 借：委托加工物资　1 000

　　　应交税费——应交增值税（进项税额）　130

　　贷：银行存款　1 130

3. 借：委托加工物资　1 222
　　贷：库存现金　1 222
4. 借：原材料　12 222
　　贷：委托加工物资　12 222

2.20　周转材料

2.20.1　定义与核算

1. 定义

周转材料，是指企业能够多次使用，逐渐转移其价值但仍然保持其原有形态，并且不被确认为固定资产的材料，如包装物和低值易耗品。

2. 核算

企业周转材料的增减变动，通过"周转材料"科目进行核算。该科目借方登记周转材料的增加，贷方登记周转材料的减少，期末余额在借方，反映企业在库周转材料的计划成本或实际成本以及在用周转材料的摊余价值。企业的包装物、低值易耗品，也可以单独设置"包装物""低值易耗品"科目。

2.20.2　明细科目设置

为了详细反映周转材料的情况，企业可按种类设置明细科目，同时，设置三级明细科目"在库""在用""摊销"进行核算（见表2-23）。

表2-23　周转材料　明细科目设置

科目编号	总账科目	明细科目	
	一级科目	二级科目	三级科目
1411	周转材料		
141101	周转材料	包装物	

续表

科目编号	总账科目	明细科目	
	一级科目	二级科目	三级科目
141102	周转材料	低值易耗品	
14110201	周转材料	低值易耗品	在库
14110202	周转材料	低值易耗品	在用
14110203	周转材料	低值易耗品	摊销

2.20.3 业务处理示范

1. 企业购入、自制、委托外单位加工完成并已验收入库的周转材料等

借：周转材料

　　应交税费——应交增值税（进项税额）

　贷：银行存款

2. 周转材料价值摊销

（1）一次转销法

①领用时：

借：管理费用/生产成本/销售费用/工程施工等

　贷：周转材料

②报废时，按残料价值：

借：原材料

　贷：管理费用/生产成本/销售费用/工程施工等

（2）五五摊销法或分次摊销法

①领用时：

借：周转材料——在用

　贷：周转材料——在库

②摊销时：

借：管理费用/生产成本/销售费用/工程施工等

贷：周转材料——摊销

③报废时：

应补提摊销额。

借：管理费用/生产成本/销售费用/工程施工等

　　贷：周转材料——摊销

按残料价值。

借：原材料

　　贷：管理费用/生产成本/销售费用/工程施工等

转销全部已提摊销额。

借：周转材料——摊销

　　贷：周转材料——在用

2.20.4　分录处理案例解析

【案例2-42】甲公司2023年9月发生如下经济业务。

1. 8日，购进一批包装物，价款为20 000元，增值税为2 60元，公司按实际成本计价，材料验收入库，货款已支付。

2. 12日，生产车间领用一批包装物，用于生产B产品，价值为18 000元。使用一次转销法进行核算。

3. 15日，该企业报废一批包装物，残料价值为300元。

要求：编制包装物的购入、领用及报废的会计分录。

【解析】编制的会计分录如下。

1. 借：周转材料——包装物　20 000

　　　　应交税费——应交增值税（进项税额）　2 600

　　　贷：银行存款　22 600

2. 借：生产成本　18 000

　　　贷：周转材料——包装物　18 000

3. 借：原材料　300

贷：生产成本　300

【案例4-43】甲公司采用五五摊销法进行低值易耗品的核算，2023年发生如下经济业务。

1. 6月18日，管理部门领用一批低值易耗品，分配到管理部门使用，价值5 000元。

2. 7月15日，该批低值易耗品报废，收到残料价值200元。

要求：编制低值易耗品领用、摊销及报废的会计分录。

【解析】编制的会计分录如下。

1. 借：周转材料——在用　5 000
　　　贷：周转材料——在库　5 000

借：管理费用　2 500
　　贷：周转材料——摊销　2 500

2. 借：管理费用　2 500
　　贷：周转材料——摊销　2 500

借：原材料　200
　　贷：管理费用　200

借：周转材料——摊销　5 000
　　贷：周转材料——在用　5 000

【案例2-44】甲公司2023年6月21日，生产部领用一批低值易耗品，价值15 000元，预计使用5次。6月末，该批低值易耗品已使用了2次，采用分次摊销法进行低值易耗品的核算。

要求：编制低值易耗品领用及摊销的会计分录。

【解析】编制的会计分录如下。

1. 领用时

借：周转材料——在用　15 000
　　贷：周转材料——在库　15 000

2. 6月末计算摊销时

借：生产成本　6 000

贷：周转材料——摊销　6 000

3. 8月末，该批低值易耗品使用完毕并报废，残料价值200元

借：生产成本　3 000

　　贷：周转材料——摊销　3 000

借：原材料　200

　　贷：生产成本　200

4. 结转周转材料摊销额时

借：周转材料——摊销　15 000

　　贷：周转材料——在用　15 000

2.20.5　相关知识补充

周转材料价值摊销的方法有一次转销法、五五摊销法和分次摊销法。

①一次转销法是指低值易耗品或包装物在领用时，就将其全部账面价值计入相关资产成本或当期损益的办法，通常适用于价值较低或极易损坏的管理用具和小型工具、卡具及在单件小批生产方式下为制造某批订货所用的专用工具等低值易耗品及生产领用的包装物和随同商品出售的包装物。

②五五摊销法是指低值易耗品在领用时包装物在出租、出借时先摊销其账面价值的一半，在报废时再摊销其账面价值的另一半，即低值易耗品分两次各按50%进行摊销。该方法通常既适用于价值较低，使用期限较短的低值易耗品，也适用于每期领用数量和报废数量大致相等的物品。

③分次摊销法是指根据低值易耗品可供使用的估计次数，将其价值按比例地分次摊入有关成本费用的一种方法。某期应摊销额可用下列公式计算。

$$某期应摊销额 = \frac{低值易耗品账面价值}{预计使用天数} \times 该期实际使用天数$$

周转材料采用计划成本进行日常核算的，领用等发出时，还应同时结转应分摊的成本差异。分摊差异的方法与原材料成本差异分摊方法一致。

2.21 存货跌价准备

2.21.1 定义与核算

1. 定义

存货跌价准备是指存货成本高于可变现净值的差额。根据我国企业会计准则的有关规定，资产负债表日，企业应对存货价值进行重新计量，按照成本与可变现净值孰低计量。

2. 核算

为了反映存货跌价准备的计提及转回情况，企业应设置"存货跌价准备"科目进行核算。该科目借方登记存货跌价准备的转回，贷方登记计提的存货跌价准备，期末如有余额通常在贷方。

2.21.2 明细科目设置

为了详细反映存货跌价准备的情况，企业可按存货种类设置明细科目进行核算（见表2-24）。

表2-24 存货跌价准备 明细科目设置

科目编号	总账科目	明细科目	
	一级科目	二级科目	三级科目
1471	存货跌价准备		
147101	存货跌价准备	原材料	
14710101	存货跌价准备	原材料	A原材料
147102	存货跌价准备	库存商品	
14710201	存货跌价准备	库存商品	甲商品
147103	存货跌价准备	周转材料	
14710301	存货跌价准备	周转材料	包装物
14710302	存货跌价准备	周转材料	低值易耗品

2.21.3 业务处理示范

1. 计提存货跌价准备

借：资产减值损失
　　贷：存货跌价准备

2. 转回存货跌价准备

借：存货跌价准备
　　贷：资产减值损失

3. 领用或出售已计提跌价存货

借：生产成本/主营业务成本
　　　存货跌价准备
　　贷：库存商品等

2.21.4 分录处理案例解析

【案例2-45】甲公司对存货采用成本与可变现净值孰低法计价，并按存货类别计提存货跌价准备。发生的经济业务如下。

1. 2023年末，该公司存货账面成本为500 000元，其中：原材料80 000元，周转材料20 000元，库存商品330 000元，在产品70 000元。可变现净值分别为：原材料79 600元，周转材料19 000元，库存商品328 800元，在产品70 000元。

2. 2024年1月8日，生产领用原材料40 000元。

3. 2024年1月18日，将商品全部出售。

要求：编制计提存货跌价准备、领用原材料及出售商品的会计分录。

【解析】编制的会计分录如下。

1. 借：资产减值损失——存货跌价准备　2 600
　　贷：存货跌价准备——原材料　400
　　　　　　　　　　——周转材料　1 000
　　　　　　　　　　——库存商品　1 200

2. 借：生产成本　　　39 800
　　　存货跌价准备　　　200
　　贷：原材料　　　40 000
3. 借：主营业务成本　328 800
　　　存货跌价准备　1 200
　　贷：库存商品　　330 000

2.21.5　相关知识补充

计提范围。在会计核算过程中，存货的范围比较宽，有在途物资、原材料、包装物、在产品、低值易耗品、库存商品、产成品、委托加工物资、委托代销商品、分期收款发出商品等。存货是否需要计提跌价损失，关键取决于存货所有权是否属于本企业、存货是否处于加工或使用状态。凡是所有权不属于本企业所有的存货，不需要计提存货跌价损失，如受托代销商品；需要经过加工的材料存货，在正常生产经营过程中，应当以所生产的产成品的估计售价减去至完工时估计将要发生的成本、估计的销售费用和相关税费后的金额，确定其可变现净值，若账面价值高于可变现净值应当计提跌价准备。

当减记存货价值的影响因素已消失时，应将已计提的存货跌价准备金额转回，但转回金额不得超过已计提的存货跌价准备金额。

2.22　债权投资

2.22.1　定义与核算

1. 定义

债权投资是指企业购入的到期日固定、回收金额固定或可确定，且企业有明确意图和能力持有至到期的国债和企业债券等各种债券投资，其中，既包括发行期在一年以上的债券投资，也包括发行期在一年以内的债券投资。需要注意的是，企业购入的股票，由于不存在到期日，所以不能确认为债权投资。

2. 核算

为了反映债权投资的取得、收益、处置等情况，企业应设置"债权投资"科目进行核算，借方登记债权投资的增加，贷方登记债权投资的减少，期末余额一般在借方。

2.22.2 明细科目设置

为了详细反映债权投资的情况，可设置"债券面值""利息调整""应计利息"明细科目进行核算（见表2-25）。

表2-25 债权投资 明细科目设置

科目编号	总账科目	明细科目
	一级科目	二级科目
1501	债权投资	
150101	债权投资	债券面值
150102	债权投资	利息调整
150103	债权投资	应计利息

2.22.3 业务处理示范

1. 取得

（1）在发行日或付息日购入（支付价款中不含利息）

借：债权投资——债券面值
　　债权投资——利息调整（差额）
　贷：银行存款
　　　债权投资——利息调整（差额）

(2)在发行日后或两个付息日之间购入（支付价款中含利息）

借：债权投资——债券面值
　　债权投资——应计利息（一次还本付息）
　　应收利息（分期付息）
　　债权投资——利息调整（差额）
　贷：银行存款
　　　债权投资——利息调整（差额）

2. 持有期间的收益

借：应收利息
　　债权投资——应计利息
　　债权投资——利息调整（差额）
　贷：投资收益（摊余成本×实际利率）
　　　债权投资——利息调整（差额）

3. 减值

借：资产减值损失
　贷：债权投资减值准备

4. 收回本息

借：银行存款
　　债权投资减值准备
　贷：债权投资——债权面值
　　　　　　　——应计利息
　　　　　　　——利息调整（可能在借方）

2.22.4　分录处理案例解析

【案例2-46】丁公司于2021年1月1日以754 302元的价格购买了甲公司于当日发行的总面值为700 000元、票面利率为8%、3年期、分期付息的债券，债券利息在每年12月31日支付，确认为债权投资。丁公司还以银行存款支付了购买该债券发生的交易费用10 000元。实际利率为4%。2024年1月1日按面值收回投资。

要求：编制债券购入、各期末利息的计算及收回债券的会计分录。

【解析】编制的会计分录如下。

1. 2021年1月1日

借：债权投资——债券面值　700 000
　　　　　　——利息调整　64 302
　贷：银行存款　764 302

2. 确认利息收入

（1）2021年12月31日

借：应收利息　56 000
　贷：债权投资——利息调整　25 427.92
　　　投资收益　30 572.08

（2）2022年12月31日

借：应收利息　56 000
　贷：债权投资——利息调整　26 445.04
　　　投资收益　29 554.96

（3）2023年12月31日

借：应收利息　56 000
　贷：债权投资——利息调整　27 502.84
　　　投资收益　28 497.16

3. 2024年1月1日

借：银行存款　700 000
　贷：债权投资——债券面值　700 000

【案例2-47】甲公司于2019年1月1日以554 300元的价格购买了乙公司于当日发行的总面值为600 000元、票面利率为5%、5年期、分期付息的债券，债券利息在每年12月31日支付，确认为债权投资。甲公司还以银行存款支付了购买该债券发生的交易费用12 000元，实际利率为6%。2024年1月1日按面值收回投资。

要求：编制债券购入、各期末利息的计算及收回债券的会计分录。

【解析】编制的会计分录如下。

1. 2019年1月1日

借：债权投资——债券面值   600 000

  贷：债权投资——利息调整   33 700

    银行存款   566 300

2. 2019年12月31日

借：银行存款   30 000

  债权投资——利息调整   3 978

  贷：投资收益   33 978

3. 2020年12月31日

借：银行存款   30 000

  债权投资——利息调整   4 216.68

  贷：投资收益   34 216.68

4. 2021年12月31日

借：银行存款   30 000

  债权投资——利息调整   4 469.68

  贷：投资收益   34 469.68

5. 2022年12月31日

借：银行存款   30 000

  债权投资——利息调整   4 737.86

  贷：投资收益   34 737.86

6. 2023年12月31日

借：银行存款   30 000

  债权投资——利息调整   16 297.78

  贷：投资收益   46 297.78

7. 2024年12月31日

借：银行存款　600 000
　　贷：债权投资——债券面值　600 000

2.22.5　债权投资其他分录处理案例解析

1. 债券折溢价产生的原因

企业购入的债券，有些是按面值购入，有些是按高于面值的价格购入（称溢价购入），有些是按低于面值的价格购入（称折价购入）。溢价和折价主要是由金融市场利率与债券票面利率不一致导致的。

债券票面利率高于金融市场利率时，债券发行者会按票面利率多支付利息，所以会出现债券溢价。

债券票面利率低于金融市场利率时，债券发行者会按票面利率少支付利息，所以会出现债券折价。

2. 摊余成本

债权投资的摊余成本，是指其初始成本扣除已偿还的本金、加上或减去利息调整的累计摊销额、扣除已发生的减值损失后的余额，即账面价值。

我国企业会计准则规定，债权投资摊余成本的确定采用实际利率法。实际利率即将债权投资在预计存续期的估计未来现金流量折现为该债权投资账面余额所使用的利率。

3. 债权投资的重分类

债权投资的重分类主要包括债权投资重分类为交易性金融资产、债权投资重分类为其他债权投资、交易性金融资产重分类为债权投资、其他债权投资重分类为债权投资（见图2-3）。

图2-3 债权投资的重分类

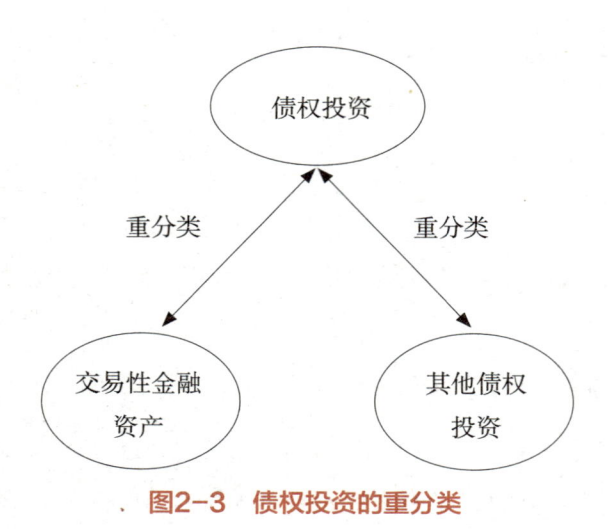

（1）债权投资重分类为其他债权投资

企业将债权投资重分类为其他债权投资，应当按该金融资产在重分类日的公允价值计量，原账面价值与公允价值的差额计入其他综合收益。重分类日，企业应根据金融资产的摊余成本，借记"其他债权投资"，贷记"债权投资"。同时，根据金融资产公允价值与账面价值的差额，借或贷记"其他综合收益——公允价值变动"，贷或借记"其他综合收益"。

【案例2-48】甲公司持有乙公司一项债权投资，2023年12月31日，甲公司决定将其重分类为以公允价值计量且其变动计入其他综合收益的金融资产。当日，债券公允价值为340 000元，成本为280 000元，利息调整借方差额为7 800元，应计利息为42 000元。

要求：编制重分类的会计分录。

【解析】编制的会计分录如下。

1. 结转账面价值

借：其他债权投资——成本　280 000
　　　　　　　　　　——利息调整　7 800
　　　　　　　　　　——应计利息　42 000
　　贷：债权投资——成本　280 000
　　　　　　　　——利息调整　7 800
　　　　　　　　——应计利息　42 000

2. 调整公允价值

借：其他债权投资——公允价值变动　10 200

　　贷：其他综合收益——其他债权投资公允价值变动　10 200

（2）其他债权投资重分类为债权投资

企业将一项其他债权投资重分类为债权投资，应当将之前计入其他综合收益的利得或损失转出，调整该金融资产在重分类日的公允价值，并以调整后的金额作为新的账面价值，即视同该金融资产一直以摊余成本计量。

重分类日，企业应根据金融资产的摊余成本，借记"债权投资"，贷记"其他债权投资"。根据公允价值变动，借或贷记"其他债权投资——公允价值变动"，贷或借记"债权投资减值准备"，同时借或贷记"其他综合收益——信用减值准备"，贷或借记"信用减值损失"。根据累计确认的资产减值收益，借记"其他综合收益——信用减值准备"，贷记"债权投资减值准备"。

【案例2-49】2023年12月31日，甲公司决定将其持有乙公司的一项其他债权投资重分类为债权投资。当日，该金融资产的账面价值（即公允价值）为520 000元，其中，面值为500 000元，利息调整借方为3 696元，应计利息12 000元，公允价值变动为43 696元，累计计提的减值准备为8 000元。

要求：编制重分类的会计分录。

【解析】编制的会计分录如下。

1. 结转账面价值

借：债权投资——成本　500 000

　　　　　　——利息调整　3 696

　　　　　　——应计利息　12 000

　　贷：其他债权投资——面值　500 000

　　　　　　　　　——利息调整　3 696

　　　　　　　　　——应计利息　12 000

2. 结转公允价值变动

借：其他债权投资——公允价值变动　43 696

　　贷：债权投资减值准备　43 696

借：信用减值损失　43 696
　　贷：其他综合收益——金融资产公允价值变动　43 696

3. 累计计提的减值准备

借：其他综合收益——金融资产减值准备　8 000
　　贷：债权投资减值准备　8 000

4. 资产负债表日报表列示

按照财务报表列报要求，交易性金融资产在财务报表上按账面价值列报，列报期间的公允价值变动作为企业营业利润的构成项目单独反映。

需要说明的是，自资产负债表日起超过一年到期且预期持有超过一年的以公允价值计量且其变动计入当期损益的非流动金融资产的期末账面价值，在"其他非流动金融资产"中反映。

2.23　债权投资减值准备

2.23.1　定义与核算

1. 定义

债权投资减值准备是指未来现金流量的现值低于账面价值的差额。

2. 核算

为了反映企业债权投资减值准备的增减变动，企业应设置"债权投资减值准备"科目进行核算。该科目借方登记恢复及注销的减值准备，贷方登记减值准备的增加，期末如有余额通常在贷方。

2.23.2　业务处理示范

1. 发生减值时

借：信用减值损失

贷：债权投资减值准备

2. 转回时

借：债权投资减值准备

贷：信用减值损失

2.23.3 分录处理案例解析

【案例2-50】2022年12月31日，甲公司持有乙公司的债权投资，由于乙公司发生严重亏损，债权投资发生减值。当日，账面价值为322 688.3元，估计未来现金流量的现值为211 955.3元。

【解析】编制债权投资减值的会计分录如下。

借：信用减值损失　110 733
　　贷：债权投资减值准备　110 733

假设2023年12月31日，乙公司经营状况好转，上年度发生的亏损得到弥补，当日，账面价值为244 365.8元，估计未来现金流量的现值为287 455.8元。则编制的会计分录如下。

借：债权投资减值准备　43 090
　　贷：信用减值损失　43 090

2.23.4 相关知识补充

企业应当在资产负债表日对以公允价值计量且其变动计入当期损益的金融资产以外的金融资产的账面价值进行检查，有客观证据表明该金融资产发生减值的，应当计提减值准备。

金融资产发生减值的主要客观证据如下。

债权性投资：债务人发生严重财务困难等；

权益性投资：权益工具投资的公允价值发生严重的或非暂时性的下跌。

2.24 其他债权投资

2.24.1 定义与核算

1. 定义

其他债权投资是指既可能持有至到期收取合同现金流量,也可能至到期之前出售的债券投资。

2. 核算

为了反映其他债权投资的取得、处置、公允价值变动等情况,企业应当设置"其他债权投资"科目进行核算。

2.24.2 明细科目设置

为了详细反映其他债权投资的具体变动,企业可设置"债券面值""利息调整""应计利息""公允价值变动"明细科目进行核算(见表2-26)。

表2-26 其他债权投资 明细科目设置

科目编号	总账科目	明细科目
	一级科目	二级科目
1503	其他债权投资	
150301	其他债权投资	债券面值
150302	其他债权投资	利息调整
150303	其他债权投资	应计利息
150304	其他债权投资	公允价值变动

2.24.3 业务处理示范

1. 取得

借:其他债权投资——债券面值

　　　　　　——应计利息

　　　　　　——利息调整（差额）

　　应收利息

贷：银行存款

　　其他债权投资——利息调整（差额）

2. 持有期间收益

借：其他债权投资——应计利息

　　　　　　——利息调整（差额）

　　应收利息

贷：投资收益（实际利率×摊余成本）

　　其他债权投资——利息调整（差额）

3. 期末计价

（1）公允价值上升

借：其他债权投资——公允价值变动

　　贷：其他综合收益

（2）公允价值下降

借：其他综合收益

　　贷：其他债权投资——公允价值变动

4. 出售

借：银行存款

　　贷：其他债权投资

　　　　投资收益（差额，可能在借方）

借：其他综合收益

　　贷：投资收益

或：借：投资收益

　　　贷：其他综合收益

2.24.4 分录处理案例解析

【案例2-51】丁公司于2021年1月1日以854 302元的价格购买了甲公司于当日发行的总面值为800 000元、票面利率为6%、3年期、分期付息的债券,债券利息在每年12月31日支付,确认为其他债权投资。丁公司还以银行存款支付了购买该债券发生的交易费用5 000元,实际利率为4%。2024年1月1日按面值收回投资。

要求:编制债券购入、债券利息的计算及收回面值的会计分录。

【解析】编制的会计分录如下。

1. 2021年1月1日

借:其他债权投资——债券面值　800 000

　　　　　　　　　——利息调整　59 302

　贷:银行存款　859 302

2. 确认利息收入

(1) 2021年12月31日

借:应收利息　48 000

　贷:其他债权投资——利息调整　13 627.92

　　　投资收益　34 372.08

(2) 2022年12月31日

借:应收利息　48 000

　贷:其他债权投资——利息调整　14 173.04

　　　投资收益　33 826.96

(3) 2023年12月31日

借:应收利息　48 000

　贷:其他债权投资——利息调整　14 739.96

　　　投资收益　33 260.04

3. 2024年1月1日

借:银行存款　800 000

贷：其他债权投资——债券面值　800 000

2.24.5　相关知识补充

1. 债权投资与其他债权投资的区别

以摊余成本计量的金融资产，对应科目是债权投资；以公允价值计量且其变动计入其他综合收益的金融资产（债权），对应科目是其他债权投资。

两者的区别在于：企业管理其金融资产的业务模式不同，或者说交易目的不同。以摊余成本计量的金融资产，交易目的仅是收取合同现金流量；以公允价值计量且其变动计入其他综合收益的金融资产，既以收取合同现金流量为目标又以出售金融资产为目标。这是划分这两类金融资产的依据。前者核算类似于以前的持有至到期投资，后者核算方式类似于以前的可供出售金融资产。

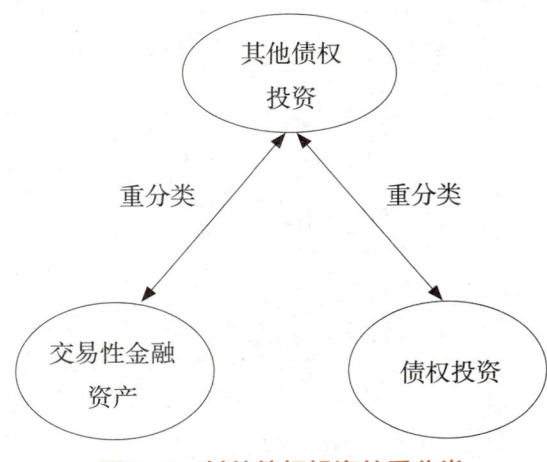

2. 其他债权投资的重分类

其他债权投资的重分类主要包括其他债权投资重分类为交易性金融资产、其他债权投资重分类为债权投资，交易性金融资产重分类为其他债权投资、债权投资重分类为其他债权投资（见图2-4）。

图2-4　其他债权投资的重分类

2.25 其他权益工具投资

2.25.1 定义与核算

1. 定义

其他权益工具投资主要是指非交易性股票以及不具有控制、共同控制和重大影响的且没有公允价值的股权等。

2. 核算

为了反映其他债权投资的取得、处置、公允价值变动等情况，企业应当设置"其他权益工具投资"科目进行核算，该科目借方登记增加，贷方登记减少，期末余额在借方。

2.25.2 明细科目设置

为了详细反映其他权益工具投资的具体变动，企业应设置"成本""公允价值变动"明细科目进行核算（见表2-27）。

表2-27 其他债权投资 明细科目设置

科目编号	总账科目	明细科目
	一级科目	二级科目
1504	其他权益工具投资	
150401	其他权益工具投资	成本
150402	其他权益工具投资	公允价值变动

2.25.3 业务处理示范

1. 取得

借：其他权益工具投资——成本

应收股利

贷：银行存款

2. 持有期间收益

（1）被投资单位宣告发放的现金股利

借：应收股利

贷：投资收益

（2）收到现金股利时

借：银行存款

贷：应收股利

3. 期末计价

（1）公允价值上升

借：其他权益工具投资——公允价值变动

贷：其他综合收益

（2）公允价值下降

借：其他综合收益

贷：其他权益工具投资——公允价值变动

4. 出售

借：银行存款

其他权益工具投资——公允价值变动

贷：其他权益工具投资——成本

——公允价值变动

其他综合收益（差额，可能在借方）

同时：原计入其他综合收益的公允价值变动转为留存收益。

借/贷：其他综合收益

贷/借：利润分配——未分配利润

2.25.4 分录处理案例解析

【案例2-52】甲公司发生有关其他权益工具投资的经济业务如下。

1. 2023年1月1日购入乙公司股票1 000股，每股市价20元，实际支付价款20 000元，另支付交易费用1 060元（其中可以抵扣的增值税进项税额为60元），该股票在一年内不得出售，该公司将其确认为其他权益工具投资。

2. 3月25日，乙公司宣告分派现金股利0.20元/股，3月31日乙公司实际发放现金股利。

3. 12月31日，乙公司股票公允价值为20 000元。

4. 2024年1月8日，甲公司将持有的股票全部出售，收到价款19 000元。

要求：编制购入股票、分派及发放现金股利、公允价值变动和出售股票的会计分录。

【解析】编制的会计分录如下。

1. 借：其他权益工具投资——成本　21 000
　　　应交税费——应交增值税（进项税额）　60
　　贷：银行存款　21 060

2. 借：应收股利　200
　　贷：投资收益　200

借：银行存款　200
　　贷：应收股利　200

3. 借：其他综合收益　1 000
　　贷：其他权益工具投资——公允价值变动　1 000

4. 借：银行存款　19 000
　　　其他权益工具投资——公允价值变动　1 000
　　　其他综合收益　1 000
　　贷：其他权益工具投资——成本　21 000

结转累计计入其他综合收益的公允价值变动：

借：利润分配——未分配利润　2 000

贷：其他综合收益　2 000

2.25.5　相关知识补充

其他权益工具和其他权益工具投资的区别。

"其他权益工具"属于所有者权益类，是企业除普通股之外发行的其他权益工具，如优先股、永续债等。

"其他权益工具投资"属于金融资产，是金融资产里的特殊分类，如以公允价值计量且其变动计入其他综合收益的金融资产。

2.26　长期股权投资

2.26.1　定义与核算

1. 定义

长期股权投资是指企业能够对被投资企业实施控制、共同控制或施加重大影响的权益性投资。

2. 核算

为了反映长期股权投资的变动情况，企业应设置"长期股权投资"科目进行核算。

2.26.2　明细科目设置

为了详细反映长期股权投资的具体变动，企业应设置"投资成本""损益调整""其他综合收益调整""其他权益变动"等明细科目进行核算（见表2-28）。

表2-28　长期股权投资　明细科目设置

科目编号	总账科目	明细科目
	一级科目	二级科目
1511	长期股权投资	
151101	长期股权投资	投资成本
151102	长期股权投资	损益调整
151103	长期股权投资	其他综合收益调整
151104	长期股权投资	其他权益变动

2.26.3　业务处理示范

1. 取得时

（1）同一控制下控股合并

①合并方以支付货币资金、转让非现金资产或承担债务等方式取得被合并方的股权

借：长期股权投资——投资成本

　　应收股利

　　管理费用

　　资本公积——股本溢价（如有借方差额，先冲减）

　　盈余公积（如有借方差额，其次冲减）

　　利润分配——未分配利润（如有借方差额，最后冲减）

贷：银行存款等有关资产或负债

　　资本公积——股本溢价（差额）

②合并方以发行股票等方式取得被合并方股权

借：长期股权投资——投资成本

　　应收股利

　　管理费用

　　资本公积——股本溢价（如有借方差额，先冲减）

     盈余公积（如有借方差额，其次冲减）

     利润分配——未分配利润（如有借方差额，最后冲减）

  贷：股本

     银行存款

     资本公积——股本溢价（差额）

（2）非同一控制下控股合并

①以支付现金的方式取得

借：长期股权投资——投资成本

   应收股利

   管理费用

 贷：银行存款

②付出非货币性资产的方式

无形资产：

借：长期股权投资——投资成本（公允价值）

   应收股利

   营业外支出

   无形资产减值准备

   累计摊销

 贷：无形资产

     应交税费——应交增值税

     营业外收入

固定资产：

借：长期股权投资——投资成本（公允价值）

   应收股利

   资产处置损益（差额）

 贷：固定资产清理

     应交税费——应交增值税（销项税额）

     资产处置损益（差额）

商品：

借：长期股权投资——投资成本（公允价值）
　　　应收股利
　贷：主营业务收入（其他业务收入）
　　　应交税费——应交增值税（销项税额）
借：主营业务成本（其他业务成本）
　　　存货跌价准备
　贷：库存商品（原材料）

③承担负债的方式

借：长期股权投资——投资成本
　　　应收股利
　贷：应付债券
　　　其他应付款

④发行股票的方式

借：长期股权投资——投资成本
　　　应收股利
　贷：股本
　　　资本公积——股本溢价

（3）非控股合并

借：长期股权投资——投资成本
　贷：银行存款等

2. 后续计量

（1）成本法

①收到购入时已宣告但尚未发放应收股利

借：银行存款
　贷：应收股利

②收到发放的股票股利，则只调整持股数量，降低每股成本，不作账务处理

③被投资企业宣告发放现金股利时，作为投资收益处理

借：应收股利

　　贷：投资收益

实际收到时：

借：银行存款

　　贷：应收股利

（2）权益法

①初始投资成本的调整

初始投资成本>享有被投资企业可辨认净资产公允价值份额，分录不作任何调整；

初始投资成本<享有被投资企业可辨认净资产公允价值份额，调整分录：

借：长期股权投资——投资成本

　　贷：营业外收入

②投资收益的确认

享有被投资企业以公允价值计算的净利润的份额：

借：长期股权投资——损益调整

　　贷：投资收益

未实现内部损益：

借：长期股权投资——损益调整

　　贷：投资收益

被投资单位分派股利：

借：应收股利

　　贷：长期股权投资——损益调整

③被投资企业所有者权益其他变动的调整

被投资企业除净损益外所有者权益的增加：

借：长期股权投资——所有者权益其他变动

　　贷：其他综合收益

如果被投资企业除净损益外所有者权益减少：

借：其他综合收益
　　贷：长期股权投资——所有者权益其他变动

（3）长期股权投资的减值

借：资产减值损失
　　贷：长期股权投资减值准备

（4）长期股权投资的处置

借：银行存款（收到的价款）
　　长期股权投资减值准备
　　投资收益（差额）
　　贷：长期股权投资
　　　　投资收益（差额）

结转因被投资企业除净损益外所有者权益的其他变动而计入其他综合收益的数额：

借/贷：其他综合收益
　　贷/借：投资收益

2.26.4　分录处理案例解析

【案例2-53】甲公司为乙公司和丙公司的母公司。2023年1月1日，甲公司将其持有的丙公司60%的股权转让给乙公司，双方协商确定的价格为8 000 000元，以货币资金支付；此外，乙公司还以货币资金支付审计、评估费10 000元。合并日，丙公司所有者权益的账面价值为12 000 000元；乙公司资本公积余额为2 000 000元。

要求：编制乙公司的会计分录。

【解析】编制的会计分录如下。

借：长期股权投资——投资成本　7 200 000
　　管理费用　10 000
　　资本公积　800 000

贷：银行存款　8 010 000

【案例2-54】 甲公司于2023年1月1日，以货币资金11 430 000元及一批库存商品购入乙公司股票3 500 000股，占乙公司有表决权股份的70%，能够控制乙公司，投资之前甲公司与乙公司不存在关联方关系。乙公司投出库存商品的账面价值为900 000元，未计提存货跌价准备，不含增值税的公允价值为1 000 000元，增值税销项税额为130 000元。此外，甲公司还以货币资金支付审计、评估费200 000元（增值税税率为6%）。购买日，乙公司所有者权益的账面价值为25 000 000元。

要求：编制甲公司的会计分录。

【解析】 编制的会计分录如下。

借：长期股权投资——投资成本　12 560 000
　　贷：银行存款　11 430 000
　　　　主营业务收入　1 000 000
　　　　应交税费——应交增值税（销项税额）130 000

借：管理费用　200 000
　　应交税费——应交增值税（进项税额）12 000
　　贷：银行存款　212 000

借：主营业务成本　900 000
　　贷：库存商品　900 000

【案例2-55】 甲公司于2023年1月1日购入乙公司40%的股权，对乙公司有重大影响，确认为长期股权投资，实际支付购买价款4 000 000元，并支付相关审计费20 000元；购买日，乙公司所有者权益的账面价值为9 000 000元，公允价值为10 500 000元。

要求：编制购入长期股权投资的会计分录。

【解析】 编制的会计分录如下。

借：长期股权投资——投资成本　4 020 000
　　贷：银行存款　4 020 000

【案例2-56】 甲公司于2023年1月1日购入乙公司股票3 500 000股，2023年5

月15日，乙公司宣告发放现金股利0.04元/股，发放股票股利，每10股送2股。

要求：编制发放股利及收到股利的会计分录。

【解析】编制的会计分录如下。

1. 确认现金股利

甲公司应收现金股利=3 500 000×0.04=140 000（元）

借：应收股利　140 000

　　贷：投资收益　140 000

2. 收到股票股利

甲公司收到股票股利不需要进行会计处理。

3. 2023年5月25日，收到乙公司发放的现金股利1 400 000元，存入银行

借：银行存款　1 400 000

　　贷：应收股利　1 400 000

【案例2-57】甲公司于2023年1月1日购入乙公司40%的股权，对乙公司有重大影响，确认为长期股权投资，实际支付购买价款4 000 000元，并支付相关审计费20 000元；购买日公允价值为10 500 000元。

要求：编制长期股权投资投资成本的调整分录。

【解析】编制的调整分录如下。

甲公司应调整投资成本＝4 200 000－4 020 000＝180 000（元）

借：长期股权投资——投资成本　180 000

　　贷：营业外收入　180 000

【案例2-58】甲公司于2023年1月1日购入乙公司40%的股权，对乙公司有重大影响，确认为长期股权投资，实际支付购买价款4 000 000元，并支付相关审计费20 000元；购买日公允价值为10 500 000元。甲公司2023年1月1日取得投资时，乙公司的固定资产账面价值为3 000 000元，公允价值为4 500 000元，采用年限平均法计提折旧，不考虑净残值，剩余使用年限为15年，其他可辨认资产的公允价值与账面价值一致。乙公司2023年度实现的账面净利润为1 500 000元，假定不考虑所得税影响，编制被投资企业以公允价值计算的净利润份额的会计分录。

【解析】编制的会计分录如下。

以投资时乙公司可辨认净资产公允价值为基础持续计量的净利润=1500 000−100 000=1 400 000（元）

甲公司按照持股比例计算确认的当期投资收益=1 400 000×40%=560 000（元）

借：长期股权投资——损益调整　560 000
　　贷：投资收益　560 000

【案例2-59】甲公司于2022年1月1日购入乙公司40%的股权，对乙公司有重大影响，确认为长期股权投资。乙公司2023年度实现的账面净利润1 500 000元。2023年乙公司向甲公司销售一批商品，不含增值税的销售价格为3 000 000元，商品销售成本为2 400 000元；甲公司将购入的商品确认为存货，至2023年12月31日该批存货尚未出售。2023年6月26日，乙公司向甲公司销售一件商品，不含增值税的销售价格为6 000 000元，商品销售成本为5 400 000元；甲公司将购入的商品确认为管理用固定资产，折旧年限为5年，采用年限平均法计提折旧，不考虑净残值。其他资产账面价值与公允价值相等。乙公司2023年其他综合收益增加800 000元。

要求：编制有关未实现内部收益影响净利润及享有其他综合收益份额所编制的会计分录。

【解析】编制的会计分录如下。

1. 购入作为存货

以投资时乙公司可辨认净资产公允价值为基础持续计量的净利润：

乙公司销售商品未实现内部利润=3 000 000−2 400 000=600 000（元）

调整后的净利润=1 500 000−600 000=900 000（元）

确认的当期投资收益=900 000×40%=360 000（元）

借：长期股权投资——损益调整　360 000
　　贷：投资收益　360 000

2. 购入作为固定资产

2023年度以投资时乙公司可辨认净资产公允价值为基础持续计量的净利润：

乙公司销售固定资产未实现内部利润=6 000 000−5 400 000=600 000（元）

甲公司按照未实现内部利润多计算的当年折旧额=600 000÷5×1/2=60 000（元）

调整后的净利润=1 500 000−600 000+60 000=960 000（元）

甲公司按照持股比例计算确认的当期投资收益=960 000×40%=384 000（元）

借：长期股权投资——损益调整　384 000

　　贷：投资收益　384 000

3. 甲公司所有者权益其他变动=800 000×40%=320 000（元）

借：长期股权投资——所有者权益其他变动　320 000

　　贷：其他综合收益　320 000

【案例2-60】2024年1月10日，甲公司将持有的乙公司股权全部出售，收取价款5 500 000元。长期股权投资的账面价值为5 000 000元，其中，投资成本为4 200 000元，损益调整为480 000元，所有者权益其他变动为320 000元。

要求：编制长期股权投资出售的会计分录。

【解析】编制的会计分录如下。

1. 处置长期股权投资

借：银行存款　5 500 000

　　贷：长期股权投资——投资成本　4 200 000

　　　　　　　　　　——损益调整　480 000

　　　　　　　　　　——所有者权益其他变动　320 000

　　　　投资收益　500 000

2. 结转其他综合收益金额

借：其他综合收益　320 000

　　贷：投资收益　320 000

2.26.5　相关知识补充

同一控制下企业合并费用的处理。

①合并方为进行企业合并发生的各项直接相关费用，包括支付的审计费用、评估费用、法律服务费用等，应于发生时记入"管理费用"。

②发行权益性证券发生的手续费、佣金等费用，应当抵减权益性证券溢价收入，溢价收入不足冲减的，冲减留存收益。

非控股合并下，投资企业为进行长期股权投资发生的各项直接相关交易费用应计入长期股权投资成本。

2.27 长期股权投资减值准备

2.27.1 定义与核算

1. 定义

长期股权投资减值准备是针对长期股权投资账面价值而言的，在期末时按账面价值与可收回金额孰低的原则来计量，对可收回金额低于账面价值的差额计提长期股权投资减值准备。

2. 核算

企业应设置"长期股权投资减值准备"科目核算长期股权投资减值的增减变动。

2.27.2 业务处理示范

1. 长期股权投资账面价值大于可收回金额时

借：资产减值损失
　　贷：长期股权投资减值准备

2. 出售时结转长期股权投资的账面价值

借：银行存款（收到的价款）

　　　　　长期股权投资减值准备
　　　　　投资收益（差额）
　　　贷：长期股权投资
　　　　　投资收益（差额）

2.27.3　分录处理案例解析

【案例2-61】2023年12月31日，甲公司持有乙公司的长期股权投资，由于乙公司发生严重亏损，长期股权投资发生减值。当日，账面价值为322 688.3元，估计未来现金流量的现值为211 955.3元。

要求：编制长期股权投资值准备的会计分录。

【解析】编制的会计分录如下。

借：资产减值损失　　110 733
　　贷：长期股权投资减值准备　　110 733

2.27.4　相关知识补充

可收回金额是指公允价值减去处置费用与预计未来现金流量的现值中的较高者剩余的费用。

长期股权投资减值准备一经计提，未来如减值迹象消失，则已计提的减值准备不得转回。

2.28　投资性房地产

2.28.1　定义与核算

1. 定义

投资性房地产是指为赚取租金或资本增值，或两者兼有而持有的房地产。

主要包括已出租的建筑物、已出租的土地使用权、持有并准备增值后转让的土地使用权等。

2. 核算

企业通过"投资性房地产"科目核算企业投资性房地产的取得、后续计量、转换及处置等业务。

2.28.2 明细科目设置

在公允价值模式下，企业应设置"成本""公允价值变动"科目反映投资性房地产的具体变动（见表2-29）。

表2-29 投资性房地产 明细科目设置

科目编号	总账科目	明细科目
	一级科目	二级科目
1521	投资性房地产	
152101	投资性房地产	成本
152102	投资性房地产	公允价值变动

2.28.3 业务处理示范

1. 成本模式

（1）取得

借：投资性房地产——成本
　　应交税费——应交增值税（进项税额）
　贷：银行存款等

（2）出租收入

借：银行存款等
　贷：其他业务收入
　　　应交税费——应交增值税（销项税额）

（3）后续计量

借：其他业务成本

　　贷：投资性房地产累计折旧（摊销）

借：资产减值损失

　　贷：投资性房地产减值准备

（4）处置

借：银行存款等

　　贷：其他业务收入

　　　　应交税费——应交增值税（销项税额）

借：投资性房地产累计折旧（摊销）

　　投资性房地产减值准备

　　其他业务成本（差额）

　　贷：投资性房地产——成本

2. 公允价值模式

（1）取得

借：投资性房地产——成本

　　应交税费——应交增值税（进项税额）

　　贷：银行存款等

（2）出租收入

借：银行存款等

　　贷：其他业务收入

　　　　应交税费——应交增值税（销项税额）

（3）后续计量

公允价值上升：

借：投资性房地产——公允价值变动

　　贷：公允价值变动

公允价值下降：

借：公允价值变动

贷：投资性房地产——公允价值变动

（4）处置

借：银行存款等
　　贷：其他业务收入
　　　　应交税费——应交增值税（销项税额）

借：投资性房地产——公允价值变动（可能在贷方）
　　其他业务成本
　　贷：投资性房地产——成本

借/贷：公允价值变动损失
　　贷/借：其他业务成本

借：其他综合收益
　　贷：其他业务成本

2.28.4　分录处理案例解析

【案例2-62】丁公司投资性房地产采用成本模式进行后续计量。2022年12月31日，购入一栋房屋，以银行存款支付全部买价1 000 000元，增值税为100 000元；已经与甲公司签订租赁合同，年租金50 000元，增值税为5 000元。该公司将购入的房屋确认为投资性房地产。预计该房屋可使用10年，净残值为0元，采用年限平均法计提折旧。

要求：编制购入、租金收入及提取折旧的会计分录。

【解析】编制的会计分录如下。

1. 2022年12月31日

借：投资性房地产　1 000 000
　　应交税费——应交增值税（进项税额）　100 000
　　贷：银行存款　1 100 000

2. 租金收入

借：银行存款　55 000

贷：其他业务收入　50 000

　　　　应交税费——应交增值税（销项税额）　5 000

以后各年确认租金收入的会计分录相同。

3. 2023年12月31日，计提折旧

　　借：其他业务成本　100 000

　　　　贷：投资性房地产累计折旧（摊销）　100 000

以后各年提取折旧的会计分录相同。

【案例2-63】丁公司于2022年12月31日购入一幢房屋，原始价值为1 000 000元，增值税为100 000元；已经与甲公司签订租赁合同，年租金50 000元，增值税为5 000元。该公司对投资性房地产采用公允价值模式进行后续计量。2023年12月31日，该房屋的公允价值为1 200 000元。

要求：编制购入、租金收入及公允价值变动的会计分录。

【解析】编制的会计分录如下。

1. 2022年12月31日

　　借：投资性房地产——成本　1 000 000

　　　　应交税费——应交增值税（进项税额）　100 000

　　　贷：银行存款　1 100 000

2. 租金收入

　　借：银行存款　55 000

　　　　贷：其他业务收入　50 000

　　　　　　应交税费——应交增值税（销项税额）　5 000

3. 2023年12月31日

　　借：投资性房地产——成本　200 000

　　　　贷：公允价值变动损益　200 000

2.28.5　投资性房地产其他分录处理案例解析

投资性房地产的转换主要在成本模式和公允价值模式两种模式下进行。

1. 成本模式（见图2-5）

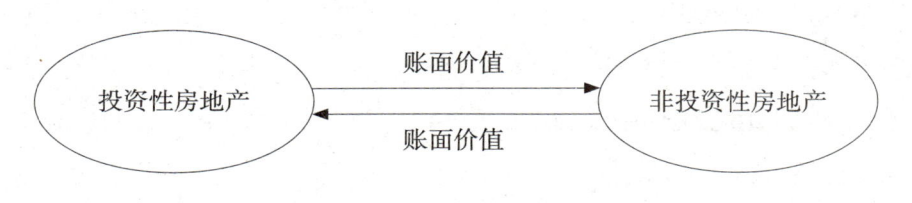

投资性房地产 ⇄ 非投资性房地产
账面价值 / 账面价值

图2-5　成本模式

2. 公允价值模式（见图2-6）

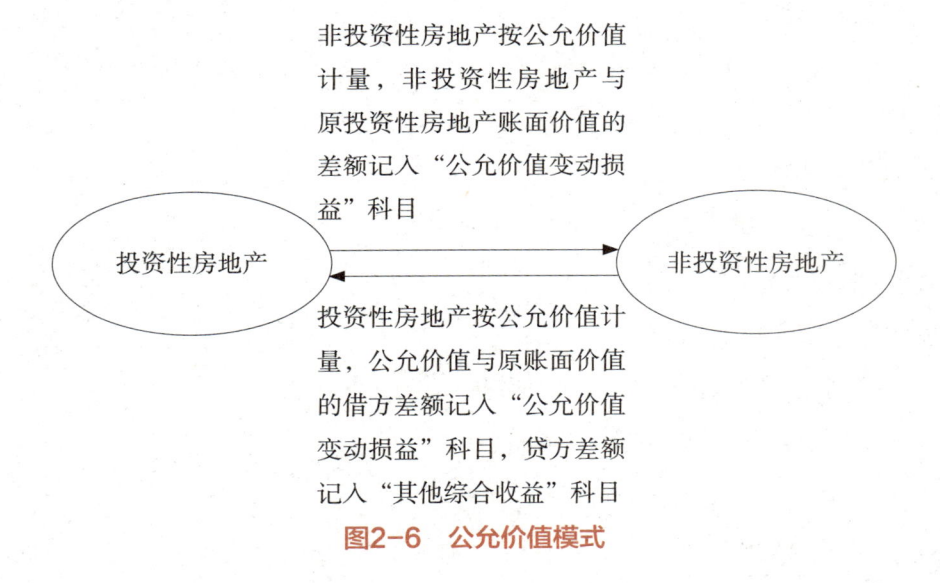

投资性房地产 ⇄ 非投资性房地产

非投资性房地产按公允价值计量，非投资性房地产与原投资性房地产账面价值的差额记入"公允价值变动损益"科目

投资性房地产按公允价值计量，公允价值与原账面价值的借方差额记入"公允价值变动损益"科目，贷方差额记入"其他综合收益"科目

图2-6　公允价值模式

【案例2-64】甲公司投资性房地产采用成本模式进行后续计量，发生的经济业务如下。

1. 2022年12月31日，购入一栋房屋，以银行存款支付全部买价1 000 000元，增值税为100 000元；已经与乙公司签订租赁合同，年租金50 000元，增值税为5 000元。甲公司将购入的房屋确认为投资性房地产。预计该房屋可使用10年，净残值为0元，采用年限平均法计提折旧。2023年12月31日甲公司将该房屋收回自用。

2. 2022年12月31日，甲公司将其厂房用于出租，厂房原值1 000 000元，已提折旧600 000元；合同约定，年租金80 000元，增值税为8 000元。预计该房屋尚可使用10年，净残值为0元，采用年限平均法计提折旧。

要求：编制2022年12月31日投资性房地产转换、2023年12月31日计提折旧和确认租金收入的会计分录。

【解析】编制的会计分录如下。

1.（1）2022年12月31日

借：投资性房地产　1 000 000

　　应交税费——应交增值税（进项税额）　100 000

　贷：银行存款　1 100 000

借：银行存款　55 000

　贷：其他业务收入　50 000

　　　应交税费——应交增值税（销项税额）　5 000

借：其他业务成本　100 000

　贷：投资性房地产累计折旧（摊销）　100 000

（2）2023年12月31日

借：固定资产　1 000 000

　　投资性房地产累计折旧（摊销）　100 000

　贷：投资性房地产　1 000 000

　　　累计折旧　100 000

2.（1）2022年12月31日

借：投资性房地产　1 000 000

　　累计折旧　600 000

　贷：固定资产　1 000 000

　　　投资性房地产累计折旧（摊销）　600 000

（2）2023年12月31日

计提折旧：

借：其他业务成本　40 000

　贷：投资性房地产累计折旧（摊销）　40 000

确认租金收入：

借：银行存款　88 000

　　贷：其他业务收入　80 000

　　　　应交税费——应交增值税（销项税额）　8 000

【案例2-65】甲公司对投资性房地产采用公允价值模式进行后续计量，发生的经济业务如下。

1. 自用房屋的原始价值为6 000 000元，累计折旧为1 000 000元，计提的减值准备为500 000元。2022年12月31日，甲公司将其出租，当日该房屋的公允价值为42 000 000元。编制转换日的会计分录。

2. 2023年12月31日，甲公司决定将出租的房屋收回自用，转换日房屋的公允价值为42 000 000元，投资性房地产成本为30 000 000元，公允价值变动借方8 000 000元。编制转换日的会计分录。

3. 承例2，假设转换日房屋的公允价值为35 000 000元，其他条件不变。编制转换日的会计分录。

【解析】编制的会计分录如下。

1. 借：投资性房地产——成本　42 000 000

　　　　累计折旧　1 000 000

　　　　固定资产减值准备　500 000

　　贷：固定资产　6 000 000

　　　　其他综合收益　37 500 000

2. 借：固定资产　42 000 000

　　贷：投资性房地产——成本　30 000 000

　　　　　　　　　　——公允价值变动　8 000 000

　　　　公允价值变动损益　4 000 000

3. 借：固定资产　35 000 000

　　　公允价值变动损益　3 000 000

　　贷：投资性房地产——成本　30 000 000

　　　　　　　　　　——公允价值变动　8 000 000

2.29　长期应收款

2.29.1　定义与核算

1. 定义

长期应收款是指企业融资租赁产生的应收款项和采用递延方式分期收款、实质上具有融资性质的销售商品和提供劳务等经营活动产生的应收款项。

2. 核算

企业通过"长期应收款"科目核算长期应收款的增减变动。

2.29.2　业务处理示范

出租人融资租赁产生的应收租赁款，在租赁期开始日，应按租赁开始日最低租赁收款额与初始直接费用之和核算，会计分录如下。

借：长期应收款
　　未担保余值
　　营业外支出（公允价值与账面价值的差额）
　贷：融资租赁资产（按融资租赁资产的公允价值）
　　　营业外支出（公允价值与账面价值的差额）
　　　未实现融资收益（差额）
　　　银行存款（初始直接费用）

采用递延方式分期收款销售商品或提供劳务等经营活动产生的长期应收款。

借：长期应收款
　贷：主营业务收入
　　　应交税费——应交增值税（销项税额）
　　　未实现融资收益（差额）

如有实质上构成对被投资单位净投资的长期权益，被投资单位发生的净亏损应由本单位承担的部分，在"长期股权投资"的账面价值减记至零以后，还需承担的投资损失，应以"长期应收款"科目中实质上构成了对被投资单位净投资的长期权益部分账面价值减记至零为限。

借：投资收益
　　贷：长期应收款

注意：除上述已确认投资损失外，投资合同或协议中约定仍应承担的损失，确认为预计负债。

2.29.3　分录处理案例解析

【案例2-66】甲公司2023年1月1日分期收款销售一批产品给乙公司，成本为800 000元，长期应收款金额1 000 000元，现值900 000元，分五年每年年底收取200 000元。

要求：编制2023年1月1日销售产品的会计分录。

【解析】编制的会计分录如下。

借：长期应收款　　1 000 000
　　贷：主营业务收入　　900 000
　　　　未实现融资收益　　100 000

2.29.4　相关知识补充

长期应收款如何折现？

长期应收款按照市场利率折现，第n年的现金流入$/(1+$市场利率$)^n$，视为未来第n年的折现，累计各年的现值就可以。长期应收款现值与长期应收款的账面差额形成未实现融资收益。

2.30 未实现融资收益

2.30.1 定义与核算

1. 定义

未实现融资收益是出租人在租赁期开始日时记录的应收融资租赁款、未担保余值和租赁资产账面价值的差额,是其将来融资收入确认的基础。

2. 核算

企业通过"未实现融资收益"科目核算未实现融资收益的增减变动。

2.30.2 业务处理示范

每期摊销未实现融资收益:

借:未实现融资收益
　　贷:财务费用

2.30.3 分录处理案例解析

【案例2-67】承【案例2-66】甲公司2023年1月1日分期收款销售一批产品给乙公司,成本800 000元,长期应收款金额1 000 000元,当期收回增值税130 000元,现值900 000元,分五年每年年底收取200 000元。

要求:编制2023年12月31日收回款项的会计分录。

【解析】编制的会计分录如下。

借:银行存款　226 000
　　贷:长期应收款　200 000
　　　　应交税费——应交增值税(销项税额)　26 000
借:未实现融资收益　20 000
　　贷:财务费用　20 000

2.30.4 相关知识补充

未实现融资收益的计算公式如下：

未实现融资收益=最低租赁收款额+未担保余值−租赁投资净额

未实现融资收益的经济实质：

①从承租人角度看，当承租人缺乏资金和周转不通时，对于一些必需设备的购买，承租人会选择融资租赁。如果承租人不选择这种方式，而是通过资本市场获得所需资金，再从市场购买资产，两次交易后可以实现融资和融物的目的，不过承租人必须偿还所借本金和利息。而通过融资租赁方式也同样可以达到其目的，当然也要承担此融资方式下的代价，只不过在融资租赁方式下，不是利息，而是一种隐含的支出，这就是通常所说的未确认融资费用，也可视为承租人必须向出租人支付的因融资而产生的利息。

②从出租人角度看，在融资租赁方式下，出租人将与租赁资产所有权有关的风险和报酬实质上转移给承租人，将租赁资产的使用权长期转移给承租人，以此获取租金，因此，出租人的租赁资产在租赁开始日实际上就变成了收取租金的债权。这意味着出租人在承租人缺乏资金时满足了其需求，所以其收取的租金包括本金和利息。

2.31 固定资产

2.31.1 定义与核算

1.定义

《企业会计准则第4号——固定资产》对于固定资产的定义为，固定资产是指同时具有下列特征的有形资产：第一，为生产商品、提供劳务、出租或经营管理而持有；第二，使用寿命超过一个会计年度。

2. 核算

为了反映固定资产的增减变动,企业应设置"固定资产"科目进行核算。该科目借方登记固定资产的增加,贷方登记固定资产的减少,期末借方余额反映企业拥有的固定资产。

2.31.2 明细科目设置

为了详细反映固定资产的增减变动,企业应按固定资产类别进行明细核算(见表2-30)。

表2-30 固定资产 明细科目设置

科目编号	总账科目	明细科目
	一级科目	二级科目
1601	固定资产	
160101	固定资产	房屋建筑物
160102	固定资产	机器设备

2.31.3 业务处理示范

1. 取得固定资产

(1) 购入不需要安装的固定资产

借:固定资产
　　应交税费——应交增值税(进项税额)
　贷:银行存款等

(2) 购入需要安装的固定资产

借:在建工程
　　应交税费——应交增值税(进项税额)
　贷:银行存款等

安装完毕后交付使用：

借：固定资产

 贷：在建工程

（3）接受捐赠的固定资产

借：固定资产

  应交税费——应交增值税（进项税额）

 贷：营业外收入

（4）接受投资者投入的固定资产

借：固定资产

  应交税费——应交增值税（进项税额）

 贷：实收资本/股本

  资本公积——资本/股本溢价

2. 后续支出

（1）日常修理

借：制造费用/管理费用等

  应交税费——应交增值税（进项税额）

 贷：银行存款等

（2）改扩建

借：在建工程

  累计折旧

  固定资产减值准备

 贷：固定资产

拆除原有部件，按其残值：

借：原材料

 贷：在建工程

改扩建工程支出：

借：在建工程

 贷：银行存款/工程物资等

完成后：

借：固定资产

　　贷：在建工程

3. 处置

（1）出售

借：固定资产清理

　　　累计折旧

　　　固定资产减值准备

　　贷：固定资产

支付清理费用：

借：固定资产清理

　　　应交税费——应交增值税（进项税额）

　　贷：银行存款等

收取清理价款：

借：银行存款等

　　贷：固定资产清理

　　　　应交税费——应交增值税（销项税额）

结转净损益：

借/贷：固定资产清理

　　贷/借：资产处置损益

（2）报废

借：固定资产清理

　　　累计折旧

　　　固定资产减值准备

　　贷：固定资产

残料变价收入或其他过失人赔偿等：

借：银行存款/其他应收款/原材料等

　　贷：固定资产清理

结转净收益或净损失：

借：固定资产清理

　　贷：营业外收入

借：营业外支出

　　贷：固定资产清理

2.31.4　分录处理案例解析

【案例2-68】甲公司为增值税一般纳税人，适用的增值税税率为13%，2023年发生的有关固定资产业务如下。

1. 购入需要安装的生产线一条，用银行存款支付买价30 000元，增值税为3 900元，运输费为300元，运输费增值税为27元，生产线在安装过程中发生安装费500元，增值税65元。安装完工后交付使用。编制购入、安装过程中发生的费用和完工结转的会计分录。

2. 接受捐赠一台新设备，捐赠者提供的有关凭证上标明，价款100 000元，增值税税额为13 000元。

3. ×股东以一台新设备投入公司，该设备经评估确认价值为100 000元，按协议规定可折换成每股面值为1元、数量为80 000股的股权。

【解析】编制的会计分录如下。

1.（1）购入固定资产

借：在建工程　30 300

　　应交税费——应交增值税（进项税额）　3 927

　　贷：银行存款　34 227

（2）支付安装费

借：在建工程　500

　　应交税费——应交增值税（进项税额）　65

　　贷：银行存款　565

（3）工程完工

借：固定资产　30 800

　　贷：在建工程　30 800

2. 借：固定资产　100 000

　　　应交税费——应交增值税（进项税额）　13 000

　　贷：营业外收入——捐赠利得　113 000

3. 借：固定资产　100 000

　　贷：股本——×股东　80 000

　　　　资本公积——股本溢价　20 000

【案例2-69】甲公司为增值税一般纳税人，适用的增值税税率为13%。2022年12月31日，甲公司签订了不可撤销合同，将2021年年初购买的生产线以3 000 000元的价格出售，预计处置费用为200 000元，该生产线原值为5 000 000元，已提折旧1 500 000元，未计提减值准备。2023年3月18日办理完毕所有权转移手续。付清理费用100 000元，全部价款已收到。

【解析】编制的会计分录如下。

1. 2022年12月31日

借：持有待售资产　3 500 000

　　累计折旧　1 500 000

　　贷：固定资产　5 000 000

2022年12月31日该固定资产的账面价值=5 000 000-1 500 000=3 500 000（元）

公允价值减去处置费用后的净额=3 000 000-200 000=2 800 000（元）

借：资产减值损失　700 000

　　贷：持有待售资产减值准备　700 000

2. 2023年3月18日，所有权转移

借：银行存款　3 000 000

　　持有待售资产减值准备　700 000

　　资产处置损益　190 000

　　贷：持有待售资产　3 500 000

应交税费——应交增值税（销项税额） 390 000

【案例2-70】甲公司为增值税一般纳税人，适用的增值税税率为13%。发生的经济业务如下。

1. 2021年6月20日，购入不需要安装的管理用设备一台，用银行存款支付买价240 000元，增值税为31 200元，运输费为300元，运输费增值税为27元，设备投入使用。设备预计可使用5年，预计净残值为300元，采用年限平均法提取折旧。12月8日，用银行存款支付日常修理费用2 000元。编制购入、每月计提折旧和支付日常维修费用的会计分录。

2. 2022年9月10日，将上述设备采用出包方式进行改建，用银行存款支付改建款10 000元，增值税为1 300元，拆除部分零件的残值计价2 000元。10月30日，改建完成交付使用，预计尚可使用5年，预计净残值提高到2 300元，折旧方法不变。

3. 2022年12月31日，该设备市场价值下降，预计可收回金额为176 300元。

4. 2023年8月28日，企业将该设备出售，收取价款160 000元，增值税为20 800元，出售过程中发生销售费用800元，进项税额104元。

【解析】编制的会计分录如下。

1.（1）2021年6月20日购入

借：固定资产　240 300

　　应交税费——应交增值税（进项税额）　31 227

　贷：银行存款　271 527

（2）每月确认的折旧费用

借：管理费用　4 000

　贷：累计折旧　4 000

（3）支付日常修理费用

借：管理费用　2 000

　贷：银行存款　2 000

2.（1）2022年9月10日，转入改建

2020年7月至2021年9月共计提折旧额=（240 300－300）÷5÷12×15=60 000

（元）

借：在建工程　180 300
　　累计折旧　60 000
　贷：固定资产　240 300

（2）支付改建款

借：在建工程　10 000
　　应交税费——应交增值税（进项税额）　1 300
　贷：银行存款　11 300

（3）拆除部分零件的残值计价

借：原材料　2 000
　贷：在建工程　2 000

（4）10月30日，改建完成并交付使用

借：固定资产　188 300
　贷：在建工程　188 300

3. 2022年11月至12月计提折旧额=（188 300−2 300）÷5÷12×2=6 200（元）

设备账面价值=188 300−6 200=182 100（元）

借：资产减值损失　5 800
　贷：固定资产减值准备　5 800

4. 2023年1月至8月计提折旧额=（176 300−2 300）÷5÷12×8=23 200（元）

该设备账面价值=176 300−23 200=153 100（元）

借：固定资产清理　153 100
　　累计折旧　29 400
　　固定资产减值准备　5 800
　贷：固定资产　188 300

借：固定资产清理　800
　　应交税费——应交增值税（进项税额）　104
　贷：银行存款　904

借：银行存款　180 800

贷：固定资产清理　153 900
　　　　应交税费——应交增值税（销项税额）　20 800
　　　　资产处置损益　6 100

2.31.5　固定资产其他分录处理案例解析

1. 盘盈盘亏的固定资产

企业在财产清查中盘盈盘亏的固定资产，通过"待处理财产损溢——待处理固定资产损溢"科目进行核算。

（1）盘亏的固定资产

借：待处理财产损溢——待处理固定资产损溢
　　贷：固定资产

造成的损失：

借：营业外支出——盘亏损
　　贷：待处理财产损溢——待处理固定资产损溢

（2）盘盈的固定资产

借：固定资产
　　贷：以前年度损益调整

2. 持有待售的固定资产

（1）非流动资产划分为持有待售的条件

同时满足下列条件的非流动资产应当划分为持有待售：

①企业已经就处置该非流动资产作出决议；

②企业已经与受让方签订了不可撤销的转让协议；

③该项转让将在一年内完成。

（2）会计处理

①固定资产被划分为持有待售时：

借：持有待售资产
　　累计折旧

　　　　固定资产减值准备
　　贷：固定资产
②分类前账面价值高于公允价值减出售费用，按差额：
　借：资产减值损失
　　贷：持有待售资产减值准备
③出售时：
　借：银行存款等
　　　持有待售资产减值准备
　　　资产处置损益（可能在贷方）
　　贷：持有待售资产
　　　　应交税费——应交增值税（销项税额）

（3）其他情况

资产或处置组被划归为持有待售，但后来不再满足持有待售的固定资产确认条件时，企业应当停止将其划归为持有待售，并按下列两项金额中较低者计量：

①该资产或处置组被划归为持有待售之前的账面价值，按照其假定在没有被划归为持有待售的情况下原应确认的折旧、摊销或减值进行调整后的金额；

②决定不再出售之日的可收回金额。

2.32　累计折旧

2.32.1　定义与核算

1. 定义

累计折旧是指固定资产由于损耗而累计减少的价值。

2. 核算

为了反映累计折旧的增减变动，企业应设置"累计折旧"科目进行核算。

该科目是固定资产科目的备抵科目，借方登记减少的累计折旧额，贷方登记增加的累计折旧额，期末余额通常在贷方。

2.32.2　明细科目设置

为了详细反映累计折旧的增减变动，企业应设置资产类别进行明细核算（见表2-31）。

表2-31　累计折旧　明细科目设置

科目编号	总账科目	明细科目
	一级科目	二级科目
1602	累计折旧	
160201	累计折旧	房屋建筑物
160202	累计折旧	机器设备

2.32.3　业务处理示范

计提折旧：

借：制造费用/管理费用/其他业务成本等

　　贷：累计折旧

2.32.4　分录处理案例解析

【案例2-71】甲公司发生有关固定资产折旧的经济业务如下。

1. 2023年12月31日购入不需要安装的生产用设备一台，用银行存款支付买价240 000元。设备预计可使用5年，预计净残值为1 000元，采用双倍余额递减法计提折旧。编制该公司2024年1月计提折旧的会计分录。

2. 承例1，假设该公司对设备采用年数总和法计提折旧，其他条件不变。编制该公司2024年1月计提折旧的会计分录。

【解析】编制的会计分录如下。

1. 年折旧率=2/5×100%=40%

2024年1月折旧额=240 000×40%÷12=8 000（元）

借：制造费用　8 000

贷：累计折旧　8 000

2. 2024年折旧率=5÷（1+2+3+4+5）=1/3

2024年1月折旧额=240 000×1/3÷12=6 666.67（元）

借：制造费用　6 666.67

贷：累计折旧　6 666.67

2.32.5　相关知识补充

1. 固定资产折旧的范围

按我国企业会计准则的规定，除下列情况外，企业应对所有固定资产计提折旧：已提足折旧仍继续使用的固定资产；按规定单独计价作为固定资产入账的土地。

2. 固定资产折旧的时间

在会计实务中，企业一般都是按月计提固定资产折旧的，当月增加的固定资产，当月不计提折旧，从下月起计提折旧；当月减少的固定资产，当月仍计提折旧，从下月起停止计提折旧。

3. 固定资产折旧的方法

各种方法的定义、计算公式如表2-32所示。

表2-32　固定资产折旧方法及计算公式

方法名称	定义	计算公式
年限平均法	又称直线法，指将固定资产的应计折旧额均衡地分摊到固定资产使用寿命内的方法；所计算的每期折旧额均相等	年折旧率=$\dfrac{1-预计净残值率}{预计使用寿命（年）}$ 月折旧率=年折旧率÷12 月折旧额=固定资产原价×月折旧率

续表

方法名称	定义	计算公式
工作量法	指根据实际工作量计算每期应提折旧额的一种方法	单位工作量折旧额 $=\dfrac{\text{固定资产原价}\times(1-\text{预计净残值率})}{\text{预计总工作量}}$ 某项固定资产月折旧额＝该项固定资产当月工作量×单位工作量折旧额
双倍余额递减法	指在不考虑固定资产预计净残值的情况下，根据每期期初固定资产原价减去累计折旧后的金额和双倍的直线法折旧率计算固定资产折旧的一种方法	年折旧率$=\dfrac{2}{\text{预计使用寿命（年）}}\times 100\%$ 月折旧率＝年折旧率÷12 月折旧额＝每月月初固定资产账面净值×月折旧率
年数总和法	又称年限合计法，指将固定资产的原价减去预计净残值后的余额，乘以一个以固定资产尚可使用寿命为分子、以预计使用寿命逐年数字之和为分母的逐年递减的分数计算每年的折旧额的方法	年折旧率$=\dfrac{\text{尚可使用年限}}{\text{预计使用寿命的年数总和}}\times 100\%$ 月折旧率＝年折旧率÷12 月折旧额＝（固定资产原价－预计净残值）×月折旧率

2.33 固定资产减值准备

2.33.1 定义与核算

1. 定义

固定资产减值准备是指固定资产的可收回金额低于其账面价值的差额。

2. 核算

为了反映固定资产减值准备的增减变动，企业应设置"固定资产减值准备"科目进行核算。该科目借方登记减少的固定资产减值准备，贷方登记增加的固定资产减值准备，期末如有余额通常在贷方。

2.33.2 明细科目设置

为了具体反映对固定资产计提减值准备的情况，企业应设置资产类别进行明细核算（见表2-33）。

表2-33 固定资产减值准备 明细科目设置

科目编号	总账科目	明细科目
	一级科目	二级科目
1603	固定资产减值准备	
160301	固定资产减值准备	房屋建筑物减值准备
160302	固定资产减值准备	机器设备减值准备

2.33.3 业务处理示范

1. 计提固定资产减值准备

固定资产的可收回金额低于其账面价值，按其差额：

借：资产减值损失

　　贷：固定资产减值准备/在建工程减值准备

2. 处置固定资产时，结转固定资产减值准备

（1）出售

借：固定资产清理

　　累计折旧

　　固定资产减值准备

　　贷：固定资产

支付清理费用：

借：固定资产清理

　　应交税费——应交增值税（进项税额）

　　贷：银行存款等

收取清理价款：

借：银行存款等

贷：固定资产清理

应交税费——应交增值税（销项税额）

结转净损益：

借/贷：固定资产清理

贷/借：资产处置损益

（2）报废

借：固定资产清理

累计折旧

固定资产减值准备

贷：固定资产

残料变价收入或其他过失人赔偿等：

借：银行存款/其他应收款/原材料等

贷：固定资产清理

结转净收益或净损失：

借：固定资产清理

贷：营业外收入

借：营业外支出

贷：固定资产清理

2.33.4 分录处理案例解析

【案例2-72】甲公司的一台设备，由于陈旧过时，预计可能会发生减值。2023年年末，该设备账面价值为532 000元，经评估，该项固定资产预计可收回金额为468 000元。

【解析】编制的会计分录如下。

借：资产减值损失   64 000

贷：固定资产减值准备   64 000

2.33.5 相关知识补充

可收回金额的确定。可收回金额是按固定资产或在建工程的公允价值减去处置费用后的净额与该资产预计未来现金流量的现值两者之中的较高者确定。

对已计提减值准备的固定资产，应当按照该固定资产的账面价值及尚可使用寿命重新计算并确定折旧率和折旧额；因固定资产减值准备而调整固定资产折旧额时，对此前已计提的累计折旧不作调整。固定资产减值损失一经确认，在以后会计期间不得转回。

2.34 在建工程

2.34.1 定义与核算

1. 定义

在建工程是指正在建设尚未投入使用的工程项目。

2. 核算

为了反映在建工程的增减变动，企业应设置"在建工程"科目进行核算。该科目借方登记增加的在建工程金额，贷方登记完工转入到固定资产的金额，期末如有余额通常在借方，反映正在建设的在建工程额。

2.34.2 明细科目设置

为了详细反映资产在建情况，企业应按资产类别或支付价款项目进行明细核算（见表2-34）。

表2-34 在建工程 明细科目设置

科目编号	总账科目	明细科目
	一级科目	二级科目
1604	在建工程	
160401	在建工程	×××资产
160402	在建工程	工程成本
160403	在建工程	预付工程款

2.34.3 业务处理示范

1. 购入需要安装的固定资产

借：在建工程

　　应交税费——应交增值税（进项税额）

　贷：银行存款等

2. 自行建造的固定资产

（1）自营方式建造固定资产

①购入工程所需物资材料：

借：工程物资

　　应交税费——应交增值税（进项税额）

　贷：银行存款等

②建造工程领用物资、原材料等：

借：在建工程

　贷：工程物资/原材料等

③建造工程应负担的职工薪酬：

借：在建工程

　贷：应付职工薪酬

④企业的生产部门为自营工程提供的水、电、设备安装、运输等产品或

劳务：

　　借：在建工程

　　　　贷：生产成本等

⑤发生的其他支出：

　　借：在建工程

　　　　贷：银行存款等

⑥交付使用前应负担的借款资本化利息费用：

　　借：在建工程

　　　　贷：应付利息

⑦交付使用时：

　　借：固定资产

　　　　贷：在建工程

（2）出包方式建造固定资产

①预付工程款：

　　借：在建工程——预付工程款

　　　　贷：银行存款等

②结算工程进度款：

　　借：在建工程——工程成本

　　　　应交税费——应交增值税（进项税额）

　　　　贷：在建工程——预付工程款

　　　　　　银行存款

③工程完工，结算全部工程款，按补付价款：

　　借：在建工程——工程成本

　　　　应交税费——应交增值税（进项税额）

　　　　贷：银行存款等

④交付使用前应负担的借款资本化利息费用：

　　借：在建工程——工程成本

　　　　贷：应付利息

⑤工程完工后，转入固定资产：

借：固定资产

　贷：在建工程——工程成本

3. 固定资产改扩建

借：在建工程

　　累计折旧

　　固定资产减值准备

　贷：固定资产

拆除原有部件，按其残值：

借：原材料

　贷：在建工程

改扩建工程支出：

借：在建工程

　贷：银行存款/工程物资等

完成后：

借：固定资产

　贷：在建工程

2.34.4　分录处理案例解析

【案例2-73】甲公司于2023年自行制造一台生产用设备，发生的经济业务如下。

1. 1月6日，用银行存款购入工程物资一批，价款88 000元，增值税税额为11 440元，工程物资验收入库。

2. 1月10日，工程实际领用工程物资88 000元；领用材料6 800元；负担直接人工费用9 600元。3月15日工程完工并达到预定可使用状态。

【解析】编制的会计分录如下。

1. 借：工程物资　88 000

应交税费——应交增值税（进项税额）11 440

贷：银行存款　99 440

2.（1）领用工程物资、材料及负担的人工费用

借：在建工程　104 400

贷：工程物资　88 000

原材料　6 800

应付职工薪酬　9 600

（2）3月15日，结转工程成本

借：固定资产　104 400

贷：在建工程　104 400

【案例2-74】甲公司以出包方式建造一台生产用设备，发生的经济业务如下。

1.出包合同规定，合同签订日，用银行存款预付工程款100 000元。

2.工程完工50%，结算工程进度款200 000元，增值税为26 000元，扣除预付工程款后，其余款项用银行存款补付。

3.工程全部完工，验收合格，用银行存款支付剩余工程款200 000元，增值税为26 000元。

4.设备交付使用。

【解析】编制的会计分录如下。

1.借：在建工程——预付工程款　100 000

贷：银行存款　100 000

2.借：在建工程——工程成本　200 000

应交税费——应交增值税（进项税额）　26 000

贷：在建工程——预付工程款　100 000

银行存款　126 000

3.借：在建工程——工程成本　200 000

应交税费——应交增值税（进项税额）　26 000

贷：银行存款　226 000

4. 借：固定资产　400 000
　　贷：在建工程——工程成本　400 000

2.34.5　在建工程其他分录处理案例解析

在建工程包括的内容主要有：企业自营的在建工程；企业外包的在建工程；与承包企业办理的工程等。

在建过程中发生的费用、报废或毁损作如下处理：

①在建工程发生的管理费、征地费、可行性研究费、临时设施费、公证费、监理费及应负担的税费等，会计分录如下：

借：在建工程
　　应交税费——应交增值税（进项税额）
贷：银行存款等

②在建工程发生的借款费用，如满足借款费用准则资本化条件，会计分录如下：

借：在建工程
贷：长期借款（应付利息等）

③由于自然灾害等原因造成的单项工程或单位工程报废或毁损，减去残料价值和过失人或保险公司等赔款后的净损失，会计分录如下：

借：营业外支出——非常损失
　　原材料
　　其他应收款
贷：在建工程

2.35 工程物资

2.35.1 定义与核算

1. 定义

工程物资是指用于固定资产建造的建筑材料（如钢材、水泥、玻璃等）和企业（民用航空运输）的高价周转件（如飞机的引擎）等。

2. 核算

为了反映工程物资的增减变动，企业应设置"工程物资"科目进行核算。该科目借方登记增加的工程物资，贷方登记领用、减少的工程物资，期末如有余额通常在借方。

2.35.2 明细科目设置

为了详细反映企业工程物资的变动情况，企业应按资产类别进行明细核算（见表2-35）。

表2-35 工程物资 明细科目设置

科目编号	总账科目	明细科目
	一级科目	二级科目
1605	工程物资	
160501	工程物资	专用材料
160502	工程物资	专用设备
160503	工程物资	预付大型设备款
160504	工程物资	为生产准备的工具及器具

2.35.3 业务处理示范

1. 购入工程用物资

借：工程物资
    应交税费——应交增值税（进项税额）
    贷：银行存款等

2. 领用工程物资

借：在建工程
    贷：工程物资

2.35.4 分录处理案例解析

【案例2-75】甲公司于2023年自行制造一台生产用设备，发生的经济业务如下。

1. 2月6日，用银行存款购入工程物资一批，价款90 000元，增值税税额为11 700元，工程物资验收入库。

2. 3月2日，工程实际领用工程物资90 000元。

【解析】编制的会计分录如下。

1. 借：工程物资   90 000
     应交税费——应交增值税（进项税额）   11 700
     贷：银行存款   101 700

2. 借：在建工程   90 000
     贷：工程物资   90 000

2.35.5 相关知识补充

工程物资和在建工程均属于企业在购建工程过程中进行核算所用到的科目，但二者还有区别。工程物资反映企业各项工程尚未使用的工程物资的实际成本，而在建工程反映企业期末各项未完工工程的实际支出，包括交付安装的设备价值。

2.36 无形资产

2.36.1 定义与核算

1. 定义

无形资产是指企业拥有或控制的没有实物形态，且能为企业带来多少经济利益具有较大不确定性的可辨认经济资源。

2. 核算

为了反映无形资产的增减变动，企业应设置"无形资产"科目进行核算。该科目借方登记无形资产的增加，贷方登记无形资产的减少，期末如有余额通常在借方。

2.36.2 明细科目设置

为了详细反映无形资产的持有情况，企业可以按无形资产的经济内容设置明细科目进行核算（见表2-36）。

表2-36 无形资产 明细科目设置

科目编号	总账科目	明细科目
	一级科目	二级科目
1701	无形资产	
170101	无形资产	专利权
170102	无形资产	非专利技术
170103	无形资产	著作权

续表

科目编号	总账科目	明细科目
	一级科目	二级科目
170104	无形资产	商标权
170105	无形资产	土地使用权
170106	无形资产	特许权

2.36.3 业务处理示范

1. 取得

（1）购入

借：无形资产——××

　　应交税费——应交增值税（进项税额）

　贷：银行存款

（2）投资者投入

借：无形资产——××

　贷：实收资本

　　资本公积——资本溢价

（3）自行研发

①发生各项研发支出：

借：研发支出——费用化支出

　　　　　　——资本化支出

　　应交税费——应交增值税（进项税额）

　贷：实收资本

　　资本公积——资本溢价

②期末结算费用化支出：

借：管理费用——研发费用

　贷：研发支出——费用化支出

③研发完毕转入无形资产：

借：无形资产——××
  贷：研发支出——资本化支出

2. 出租

（1）收取租金

借：银行存款等
  贷：其他业务收入
    应交税费——应交增值税（销项税额）

（2）摊销成本

借：其他业务成本
  贷：累计摊销

3. 处置

（1）出售

借：银行存款等
  累计摊销
  无形资产减值准备
  资产处置损益（可能在贷方）
  贷：无形资产
    应交税费——应交增值税（销项税额）

（2）报废

借：累计摊销
  无形资产减值准备
  营业外支出
  贷：无形资产

2.36.4 分录处理案例解析

【案例2-76】甲公司2023年发生的有关无形资产的业务如下。

1. 1月15日，购入一项专利权，用银行存款支付价款300 000元，增值税为18 000元。

2. 3月1日，将其出租给丁公司，每年收取的租金为60 000元，每月摊销额为2 500元，适用的增值税税率为6%。

3. 12月31日将其出售，收取价款280 000元，增值税为16 800元。

要求：编制专利权的购入、收取租金、摊销及出售的会计分录。

【解析】编制的会计分录如下。

1. 借：无形资产——专利权　300 000
    　　应交税费——应交增值税（进项税额）　18 000
    　贷：银行存款　318 000

2.（1）每月收取租金
   借：银行存款等　5 300
    　贷：其他业务收入　5 000
    　　　应交税费——应交增值税（销项税额）　300

（2）摊销成本
   借：其他业务成本　2 500
    　贷：累计摊销　2 500

3. 累计摊销额=2 500×12=30 000（元）
   借：银行存款　296 800
    　　累计摊销　30 000
    　贷：无形资产　300 000
    　　　应交税费——应交增值税（销项税额）　16 800
    　　　资产处置损益　10 000

【案例2-77】乙公司发生的有关无形资产的业务如下。

1. 2019年3月5日，甲公司以一项非专利技术投入乙公司，双方协商的公允价值为630 000元，甲公司确认的投资份额为580 000元，手续已办妥。

2. 2023年10月31日，预计该非专利技术无法给企业带来经济利益，按规定作报废处理，累计摊销额为420 000元，未计提减值准备。

3. 自行开发某项专利技术，研究阶段支出50 000元，开发阶段支出120 000元，其中符合资本化条件的支出100 000元，支付增值税10 200元；开发成功后发生注册登记费10 000元，均以银行存款支付。

【解析】编制的会计分录如下。

1. 借：无形资产——非专利技术　630 000
　　贷：实收资本　580 000
　　　　资本公积——资本溢价　50 000

2. 借：累计摊销　420 000
　　　营业外支出　210 000
　　贷：无形资产　630 000

3.（1）研究阶段支出

借：研发支出——费用化支出　50 000
　　应交税费——应交增值税（进项税额）　3 000
　贷：银行存款　53 000

（2）开发阶段支出

借：研发支出——费用化支出　20 000
　　　　　　——资本化支出　100 000
　　应交税费——应交增值税（进项税额）　7 200
　贷：银行存款　127 200

（3）期末结算费用化支出

借：管理费用——费用化支出　70 000
　贷：研发支出——费用化支出　70 000

（4）登记注册

借：无形资产——专利技术　110 000
　贷：研发支出——资本化支出　100 000
　　　银行存款　10 000

2.36.5 相关知识补充

如果购买无形资产的价款超过正常信用条件延期支付，实质上具有融资性质，无形资产的成本以购买价款的现值为基础确定。实际支付的价款与购买价款的现值之间的差额，除按规定应予资本化的外，应当在信用期间内计入当期损益。具体核算见"长期应付款"和"未确认融资费用"。

对于自行研发的无形资产，对于研究阶段发生的支出，应予以费用化，计入当期损益；对于开发阶段发生的支出，能资本化的支出应予以资本化，计入无形资产成本，不能资本化的支出，应予以费用化，计入当期损益。其中，资本化是指同时满足下列条件：

①完成该无形资产以使其能够使用或出售在技术上具有可行性；

②具有完成该无形资产并使用或出售的意图；

③无形资产产生经济利益的方式，包括能够证明运用该无形资产生产的产品存在市场或无形资产自身存在市场，无形资产将在内部使用的，应当证明其有用性；

④有足够的技术、财务资源和其他资源支持，以完成该无形资产的开发，并有能力使用或出售该无形资产；

⑤归属于该无形资产开发阶段的支出能够可靠地计量。

2.37 累计摊销

2.37.1 定义与核算

1. 定义

累计摊销是指无形资产由于损耗而累计减少的价值。

2. 核算

为了反映累计摊销的增减变动，企业应设置"累计摊销"科目进行核算。

该科目是无形资产科目的备抵科目,借方登记累计摊销额的减少,贷方登记累计摊销额的增加,期末余额通常在贷方。

2.37.2 明细科目设置

为了详细反映无形资产的摊销情况,企业可以按无形资产的经济内容设置明细科目进行核算(见表2-37)。

表2-37 累计摊销 明细科目设置

科目编号	总账科目	明细科目
	一级科目	二级科目
1702	累计摊销	
170201	累计摊销	专利权摊销
170202	累计摊销	非专利技术摊销
170203	累计摊销	著作权摊销
170204	累计摊销	商标权摊销
170205	累计摊销	土地使用权摊销
170206	累计摊销	特许权摊销

2.37.3 业务处理示范

摊销无形资产价值时:

借:制造费用/管理费用/其他业务成本等
　　贷:累计折旧

2.37.4 分录处理案例解析

【案例2-78】甲公司3月购入一项专利权,价款660 000元,增值税37 200元。购买时该项专利权的使用寿命为5年,残值为0。

【解析】编制的会计分录如下。

该项专利权本月摊销额=660 000÷5÷12=11 000（元）

借：管理费用　　11 000
　　贷：累计摊销　　11 000

2.37.5　相关知识补充

摊销年限，指无形资产和递延资产分期摊销的期限。

①如果无形资产的使用寿命是有限的，则应估计该使用寿命的年限，并将无形资产价值在使用寿命内系统合理摊销。

②无法预见无形资产为企业带来经济利益期限的，应当视其为使用寿命不确定的无形资产，该类资产不必摊销，但至少应于每年末进行减值测试。

如果无形资产计提了减值准备，则无形资产减值准备金额要从应摊销金额中扣除，以后每年的摊销金额都要重新调整计算。无形资产的残值一般为0，除非有第三方承诺在无形资产使用寿命结束时愿意以一定的价格购买该项无形资产，或者存在活跃的市场，并且在无形资产使用寿命结束时该市场还可能存在，可以预计无形资产的残值。

2.38　无形资产减值准备

2.38.1　定义与核算

1. 定义

无形资产减值准备是指无形资产的可收回金额低于其账面价值的差额。

2. 核算

为了反映无形资产减值准备的增减变动，企业应设置"无形资产减值准备"科目进行核算。该科目借方登记无形资产减值准备的减少，贷方登记无形资产减值准备的增加，期末如有余额通常在贷方。

2.38.2 明细科目设置

为了详细反映无形资产减值准备的增减变动情况，企业可以按无形资产的经济内容设置明细科目进行核算（见表2-38）。

表2-38 无形资产减值准备 明细科目设置

科目编号	总账科目	明细科目
	一级科目	二级科目
1703	无形资产减值准备	
170301	无形资产减值准备	专利权减值准备
170302	无形资产减值准备	非专利技术减值准备
170303	无形资产减值准备	著作权减值准备
170304	无形资产减值准备	商标权减值准备
170305	无形资产减值准备	土地使用权减值准备
170306	无形资产减值准备	特许权减值准备

2.38.3 业务处理示范

无形资产的可收回金额低于其账面价值，按其差额：

借：资产减值损失
　　贷：无形资产减值准备

2.38.4 分录处理案例解析

【案例2-79】甲公司拥有的一项专利权于2023年12月31日发生减值，预计未来现金流量的现值为20 000元，公允价值扣除处置费用后的净额为18 000元。原值为200 000元，累计摊销为160 000元。该项专利权发生减值以后，预计剩余使用年限为2年。

【解析】编制的会计分录如下。

2023年12月31日，专利权的账面价值为200 000-160 000=40 000（元）

可收回金额为20 000（元）

减值金额为40 000-20 000=20 000（元）

借：资产减值损失　20 000
　　贷：无形资产减值准备　20 000

剩余年限的应摊销金额以计提减值准备后的金额为基础计算，即40 000-20 000=20 000（元）。

2.38.5　相关知识补充

可收回金额的确定。可收回金额是按无形资产的公允价值减去处置费用后的净额与该资产预计未来现金流量的现值两者之中的较高者确定。

无形资产减值损失一经确认，在以后会计期间不得转回。

2.39　长期待摊费用

2.39.1　定义与核算

1. 定义

长期待摊费用是指用于核算企业已经支出，但摊销期限在一年以上（不含一年）的各项费用，包括固定资产修理支出、租入固定资产的改良支出，以及摊销期限在一年以上的其他待摊费用。

2. 核算

为了反映长期待摊费用的增减变动，企业应设置"长期待摊费用"科目进行核算。

2.39.2 明细科目设置

为了详细反映长期待摊费用的增减变动情况,企业可以按费用的种类设置明细科目进行核算(见表2-39)。

表2-39 长期待摊费用 明细科目设置

科目编号	总账科目	明细科目
	一级科目	二级科目
1801	长期待摊费用	
180101	长期待摊费用	固定资产修理支出
180102	长期待摊费用	租入固定资产的改良支出
180103	长期待摊费用	摊销期限在一年以上的其他待摊费用

2.39.3 业务处理示范

1. 发生长期待摊费用时

借:长期待摊费用
　　贷:银行存款/原材料等

2. 摊销长期待摊费用时

借:管理费用/销售费用等
　　贷:长期待摊费用

2.39.4 分录处理案例解析

【案例2-80】甲公司自行对经营租入发电设备进行大修理,经核算共发生大修理支出30 000元,修理间隔期为5年。

【解析】编制大修理支出的会计分录如下。

1. 发生时

借:长期待摊费用——大修理支出　30 000

贷：银行存款　　30 000

2. 每月摊销时

借：管理费用　　500

　　贷：长期待摊费用——大修理支出　　500

2.39.5　相关知识补充

长期待摊费用的特征：属于长期资产；是企业已经支出的各项费用；能使以后会计期间受益。

长期待摊费用的财税处理差异。会计上规定，长期待摊费用是企业已经支出，但摊销期限在一年以上（不含一年）的各项费用，应当单独核算，在费用项目的受益期限内分期平均摊销。除购置和建造固定资产外，所有筹建期间发生的费用，应先在长期待摊费用中归集，待企业开始生产经营时一次计入开始生产经营当期的损益。如果长期待摊费用的费用项目不能使以后会计期间受益，应将该项目尚未摊销的摊余价值全部转入当期损益。

税法规定，企业发生的支出应区分资本性支出和收益性支出。资本性支出应分期扣除或计入有关资产成本，不得在当期直接扣除，收益性支出在发生当期直接扣除。已提足折旧的固定资产的改良支出、租入固定资产的改建支出、固定资产的大修理支出及其他支出作为长期待摊费用。

由此可见，会计处理遵循实质重于形式原则，税法则区别不同情况分别按不同期限进行摊销。

2.40　递延所得税资产

2.40.1　定义与核算

1. 定义

递延所得税资产是指未来预计可以用来抵税的资产。

2. 核算

为了反映递延所得税资产的增减变动，企业应设置"递延所得税资产"科目进行核算。

2.40.2　业务处理示范

1. 递延所得税资产期末余额>期初余额，按其差额

借：递延所得税资产
　　贷：所得税费用——递延所得税费用
　　　　其他综合收益（不涉及损益项目时）

2. 递延所得税资产期末余额<期初余额，按其差额

借：所得税费用——递延所得税费用
　　其他综合收益（不涉及损益项目时）
　　贷：递延所得税资产

2.40.3　分录处理案例解析

【案例2-81】甲公司于2018年12月31日购入一台固定资产。原值为60 000元，假定无预计净残值。税法规定采用直线法计提折旧，折旧年限为5年；该公司采用直线法计提折旧，折旧年限为3年。假定该公司2018年年末没有递延所得税资产，各年所得税税率均为25%，且无其他差异。

【解析】2019年至2023年年末确认递延所得税编制的会计分录如下。

1. 2019年至2021年每年年末

借：递延所得税资产　2 000
　　贷：所得税费用——递延所得税费用　2 000

2. 2022年至2023年每年年末

借：所得税费用——递延所得税费用　3 000
　　贷：递延所得税资产　3 000

2.40.4 相关知识补充

不确认递延所得税资产的情况主要有两种。

①除企业合并外的交易，若其发生时既不影响会计利润也不影响应纳税所得额，则交易中产生的资产、负债的入账价值与其计税基础之间的差额形成可抵扣暂时性差异的，不确认为一项递延所得税资产。如某项融资租入固定资产，按会计准则其入账价值为80万元，但按照税法规定，其计税基础为100万元，此时产生20万元的暂时性差异既不是该资产的公允价值，也不是其最低租赁付款额的现值，所以不应确认为一项递延所得税资产。

②按税法规定可结转以后年度的亏损，若数额较大，且缺乏证据表明企业未来期间将会有足够的应纳税所得额时，不确认递延所得税资产。

2.41 待处理财产损溢

2.41.1 定义与核算

1. 定义

待处理财产损溢是指企业在清查财产过程中查明的各种财产物资的盘盈、盘亏和毁损。

2. 核算

为了反映待处理财产损溢的增减变动，企业应设置"待处理财产损溢"科目进行核算。

2.41.2 明细科目设置

为了详细反映待处理财产损溢的增减变动情况，企业可以在该科目下设置"待处理非流动资产损溢"和"待处理流动资产损溢"两个明细科目进行核算

（见表2-40）。

表2-40　无形资产减值准备　明细科目设置

科目编号	总账科目	明细科目
	一级科目	二级科目
1901	待处理财产损溢	
190101	待处理财产损溢	待处理非流动资产损溢
190102	待处理财产损溢	待处理流动资产损溢

2.41.3　业务处理示范

现金盘点时，如发生账款不符，发现的有待查明原因的现金短缺或溢余，应先通过"待处理财产损溢——待处理流动资产损溢"科目进行核算。

1. 资产盘盈时

（1）在查明原因前

借：相关资产

　　贷：待处理财产损溢

（2）查出原因后

①现金：

借：待处理财产损溢

　　贷：其他应付款（应支付给有关单位和个人）

　　　　营业外收入（无法查明原因，经批准后）

②存货：

借：待处理财产损溢

　　贷：管理费用（无法查明原因，经批准后）

2. 资产盘亏或毁损时

（1）在查明原因前

借：待处理财产损溢

　　贷：相关资产

（2）查出原因后

①现金：

借：管理费用（无法查明原因，经批准后）

　　其他应收款——主收××赔款（应由责任人赔偿的部分）

　贷：待处理财产损溢

②存货：

借：管理费用（一般经营损失、定额合理盘亏）

　　其他应收款——主收××赔款（应由责任人赔偿的部分）

　　营业外支出（非正常损失、自然灾害损失）

　贷：待处理财产损溢

2.41.4　分录处理案例解析

【案例2-82】2023年12月31日，甲公司有关库存现金清查发生的经济业务如下。

1. 发现实存数小于账面数，现金短缺3 000元。

2. 经查明，短缺的600元属于出纳人员王某疏忽所致，应由其赔偿。

3. 出纳人员王某交回赔偿款。

4. 其他短款属于无法查明原因的，可以作为当期的管理费用进行处理。

【解析】编制的会计分录如下。

1. 借：待处理财产损溢——待处理流动资产损溢　3 000

　　贷：库存现金　3 000

2. 借：其他应收款——应收现金短缺款（王某）　600

　　贷：待处理财产损溢——待处理流动资产损溢　600

3. 借：库存现金　600

　　贷：其他应收款——应收现金短缺款（王某）　600

4. 借：管理费用　2 400

　　贷：待处理财产损溢——待处理流动资产损溢　2 400

【案例2-83】2023年12月31日，甲公司有关库存现金清查发生的经济业务如下。

1. 发现实存数大于账面数，现金长款1 000元。

2. 经查其中400元属于应支付给乙企业的款项。

3. 其余长款属于无法查明原因的，决定记入"营业外收入"。

【解析】编制的会计分录如下。

1. 借：库存现金　1 000

　　　贷：待处理财产损溢——待处理流动资产损溢　1 000

2. 借：待处理财产损溢——待处理流动资产损溢　400

　　　贷：其他应付款——应付现金溢余（乙企业）　400

3. 借：待处理财产损溢——待处理流动资产损溢　600

　　　贷：营业外收入——现金溢余　600

【案例2-84】甲公司进行财产清查，发生的有关存货盘点的经济业务如下。

1.（1）盘点原材料，发现甲材料溢余，按重置成本计算其成本为900元，盘盈原因待查。

（2）查明原因，盘盈的原材料系收发时的计量误差所致，经批准冲销企业的管理费用。

2.（1）盘亏乙材料，实际成本为400元，原因待查。

（2）查明原因，盘亏乙材料系定额内合理损耗，批准作为管理费用列支。

3.（1）因管理不善发生丙材料被盗，实际成本计算为7 000元，产成品耗用的原材料及应税劳务的进项税额为910元，企业已通知保险公司并按保险条款相关内容开始申请理赔。

（2）被盗造成的产成品损失处理结果如下：保险公司已确认应赔偿的损失为3 000元（赔偿款正在办理中）；残料估价1 350元，作为原材料入库；相关责任人赔偿650元（现金已由财务收讫）；企业承担损失为2 910元。

【解析】编制的会计分录如下。

1.（1）借：原材料——甲材料　900

　　　　　贷：待处理财产损溢——待处理流动资产损溢　900
　　（2）借：待处理财产损溢——待处理流动资产损溢　900
　　　　　贷：管理费用　900
　2.（1）借：待处理财产损溢——待处理流动资产损溢　400
　　　　　贷：原材料——乙材料　400
　　（2）借：管理费用　400
　　　　　贷：待处理财产损溢——待处理流动资产损溢　400
　3.（1）借：待处理财产损溢——待处理流动资产损溢　7 910
　　　　　贷：库存商品　7 000
　　　　　　　应交税费——应交增值税（进项税额转出）　910
　　（2）借：原材料——丙材料　1 350
　　　　　　库存现金　650
　　　　　　其他应收款　3 000
　　　　　　营业外支出　2 910
　　　　　贷：待处理财产损溢——待处理流动资产损溢　7 910

2.41.5　相关知识补充

　　企业在财产清查时，如固定资产发生盘盈，作为前期差错处理，在按管理权限报经批准前，应先通过"以前年度损益调整"科目进行核算。盘盈的固定资产，应按重置成本确定其入账价值。作如下会计分录：

　　借：固定资产
　　　贷：以前年度损益调整

　经批准后：

　　借：以前年度损益调整
　　　贷：盈余公积
　　　　　利润分配——未分配利润

第 3 章
负债类会计科目

3.1 短期借款

3.1.1 定义与核算

1. 定义

短期借款是指企业向银行或其他金融机构等借入的期限在一年以内（含一年）的各种借款。

2. 核算

企业短期借款的借入与偿还通过"短期借款"科目进行核算。该科目借方登记因偿还而减少的短期借款，贷方登记增加的短期借款，期末如有余额通常在贷方。

3.1.2 明细科目设置

"短期借款"科目可以按借款种类和债权人户名设置明细科目进行核算（见表3-1）。

表3-1 短期借款 明细科目设置

科目编号	总账科目	明细科目
	一级科目	二级科目
2001	短期借款	
200101	短期借款	经营周转借款
200102	短期借款	临时借款
200103	短期借款	结算借款
200104	短期借款	票据贴现借款
200105	短期借款	专项储备借款
200106	短期借款	××银行

3.1.3 业务处理示范

1. 取得

借：银行存款
　　贷：短期借款

2. 计提利息

借：财务费用
　　贷：应付利息

3. 偿还利息

借：应付利息
　　贷：银行存款

4. 偿还借款

借：短期借款
　　贷：银行存款

3.1.4 分录处理案例解析

【案例3-1】甲公司某年7月1日从银行取得短期借款200 000元，年利率为6%，期限为6个月，到期一次还本付息，每月末计提利息。

要求：编制借入款项、计提利息、归还本金和利息的会计分录。

【解析】编制的会计分录如下。

1. 7月1日，借入款项时

借：银行存款　200 000
　贷：短期借款　200 000

2. 7月31日，计提利息时

每月利息费用= 200 000×6%×1/12=1 000（元）

借：财务费用　1 000
　贷：应付利息　1 000

3. 各月计提利息分录与上述分录相同

4. 到期归还本金和利息

借：短期借款　200 000
　　应付利息　6 000
　贷：银行存款　206 000

3.1.5 相关知识补充

1. 短期借款的种类

工业企业的短期借款主要包括经营周转借款、临时借款、结算借款、票据贴现借款和卖方信贷。

①经营周转借款，也称生产周转借款或商品周转借款，指企业因流动资金不能满足正常生产经营需要，而向银行或其他金融机构取得的借款。

②临时借款指企业因季节性和临时性客观原因，正常周转的资金不能满足需要，超过生产周转或商品周转款额划入的短期借款。

③结算借款指在采用托收承付结算方式办理销售货款结算的情况下，企业为解决商品发出后至收到托收货款前所需要的在途资金而借入的款项。

④票据贴现借款指持有银行承兑汇票或商业承兑汇票的企业，发生经营周转困难时，申请票据贴现的借款。

⑤卖方信贷指产品列入国家计划，质量在全国处于领先地位的企业，经批准采取分期收款销售引起生产经营资金不足而向银行申请取得的借款。

2. 短期借款利息的结算

按照权责发生制原则，当月应负担的利息费用，即使在当月没有支付，也应作为当月的利息费用处理，应在月末估计当月的利息费用数额。

在短期借款数额不多，各月负担的利息费用数额不大的情况下，年内各月份也可以采用简化的核算方法，即于实际支付利息的月份，将其全部作为当月的财务费用处理。但在年末，如果有应由本年负担但尚未支付的借款利息，应予预提，否则会影响年度所得税的计算。

3.2 应付票据

3.2.1 定义与核算

1. 定义

应付票据是指由出票人出票，并由承兑人允诺在一定时期内支付一定款项的书面证明。

2. 核算

为了详细反映应收票据的收支及结存的具体情况，企业应通过"应收票据"科目进行核算，该科目贷方登记本企业开出的应付票据的面值，借方登记偿还的应付票据的面值，期末贷方余额表示企业尚未偿还的应付票据的面值。同时，企业还应设置应付票据备查簿，详细登记每一应付票据的种类、号数、签发日期、到期日、票面金额、合同交易号、收款人的姓名或单位名称，以及付款日期和金额等内容。应付票据到期付清后，应当及时在备查簿中逐笔注销。

3.2.2 明细科目设置

为了详细反映应收票据的持有情况，企业可以按付款单位名称对应付票据进行明细核算（见表3-2）。

表3-2 应付票据 明细科目设置

科目编号	总账科目	明细科目
	一级科目	二级科目
2201	应付票据	
220101	应付票据	××单位

3.2.3 业务处理示范

1. 签发应付票据抵付货款或应付账款

借：相关资产/应付账款
　　应交税费——应交增值税（进项税额）
　贷：应付票据

2. 带息票据利息的处理

借：财务费用
　贷：应付票据

3. 票据到期支付本金和利息时

借：应付票据
　　财务费用
　贷：银行存款

4. 到期无款支付时

（1）银行承兑汇票

借：应付票据
　　贷：短期借款

（2）商业承兑汇票

借：应付票据
　　财务费用
　　贷：应付账款

3.2.4　分录处理案例解析

【案例3-2】甲公司2023年发生的经济业务如下：

1. 2月1日，向乙公司购入商品一批，价款为100 000元，增值税为13 000元，开出一张期限为6个月的不带息商业承兑汇票。

2. 3月1日，签发3个月到期、金额为36 000元的商业承兑汇票以抵付前欠丙公司货款。

【解析】编制的会计分录如下。

1. 借：库存商品　100 000
　　　应交税费——应交增值税（进项税额）　13 000
　　贷：应付票据　113 000

2. 借：应付账款　36 000
　　贷：应付票据　36 000

3.2.5　相关知识补充

1. 应付票据的分类

按承兑人不同分为商业承兑汇票和银行承兑汇票。如承兑人是银行的票据，则为银行承兑汇票；如承兑人为购货单位的票据，则为商业承兑汇票。

按是否带息，分为带息票据和不带息票据。带息票据是指按票据上表明的利率，在票据票面金额上加上利息的票据，所以，到期承兑时，除支付票面金额外，还要支付利息。不带息票据是指票据到期时按面值支付，票据上无利息的规定。目前，我国会计实务中常用的是不带息票据。

2. 应付票据贴现

应付票据贴现，指企业在票据到期前，将票据所代表的未来收款权利出售给银行或其他金融机构，以获得现金的一种融资方式。

3.3　应付账款

3.3.1　定义与核算

1. 定义

应付账款是指企业因购买材料、商品或接受劳务等经营活动应支付的款项。

2. 核算

为了反映应付账款的增减变动，企业应设置"应付账款"科目进行核算。该科目借方登记实际支付给供应单位的应付款项及与债权人进行债务重组和确实无法支付而转为营业外收入的应付账款，贷方登记应付给供应单位的款项，期末余额通常在贷方，反映企业尚未支付的应付账款。

3.3.2　明细科目设置

为了详细反映应付账款的增减变动情况，企业可按债权人进行明细核算（见表3-3）。

表3-3 应付账款 明细科目设置

科目编号	总账科目	明细科目
	一级科目	二级科目
2202	应付账款	
220201	应付账款	××单位

3.3.3 业务处理示范

1. 购入材料、商品等验收入库，货款尚未支付

借：材料采购（在途物资等）

　　应交税费——应交增值税（进项税额）

　贷：应付账款——××单位

2. 接受供应单位提供劳务而发生的未支付的应付款项

借：生产成本、管理费用等

　贷：应付账款——××单位

3. 支付应付款项时

借：应付账款——××单位

　贷：银行存款等

3.3.4 分录处理案例解析

【案例3-3】甲公司2023年发生的应付账款业务如下：

1. 6月7日，购进原豆一批，价款为50 000元，增值税税率为13%，对方代垫运费1 000元，增值税税率为9%，材料验收入库，货款尚未支付。

2. 6月12日，上述款项通过银行支付，享受现金折扣30%，计算现金折扣时不考虑增值税。

3. 6月28日，收到电费通知单，应该支付电费共计3 500元，其中生产车间电费2 000元，管理部门电费1 500元。

4. 6月29日，开出承兑商业汇票抵付应付账款5 500元。

5. 6月30日，确认为一笔5 000元的应付款为无法支付款项。

【解析】编制的会计分录如下。

1. 借：原材料　51 000
　　　应交税费——应交增值税（进项税额）　7 400
　　贷：应付账款　58 400

2. 借：应付账款　58 400
　　贷：银行存款　56 900
　　　　财务费用　1 500

3. 借：制造费用　2 000
　　　管理费用　1 500
　　贷：应付账款　3 500

4. 借：应付账款　5 500
　　贷：应付票据　5 500

5. 借：应付账款　5 000
　　贷：营业外收入　5 000

3.3.5　相关知识补充

1. 应付账款的入账时间

应付账款的入账时间应以与所购买物资所有权有关的风险和报酬已经转移或劳务已经接受为标志，但在实际工作中应区别情况处理。

①物资和发票账单同时到达。应付账款一般待物资验收入库后，才按发票账单登记入账。

②物资和发票账单未同时到达。由于应付账款需根据发票账单登记入账，有时货物已到，发票账单要间隔较长时间才能到达，由于这笔负债已经成立，应作为一项负债反映。为在资产负债表上客观反映企业所拥有的资产和承担的债务，在实际工作中采用在月份终了将所购物资和应付债务估计入账，待下月

初再用红字予以冲回的办法。因购买商品等而产生的应付账款，应设置"应付账款"科目进行核算，用以反映这部分负债的情况。

2. 应付账款的流程

应付账款的流程为：签订采购合同—收货通知—台账—入库单—会计审核制单—付款结算—对账。

3.4　预收账款

3.4.1　定义与核算

1. 定义

预收账款是指企业在销货之前预先向购买方收取的款项，应在一年以内用产品或劳务来偿付。

2. 核算

企业发生的预收账款业务，一般应设置"预收账款"科目进行核算。该科目借方登记预收账款的减少，贷方登记预收账款的增加，期末余额可能出现在贷方，也可能出现在借方。

3.4.2　明细科目设置

为了详细反映预收账款的持有情况，企业可以按客户名称进行明细核算（见表3-4）。

表3-4　预收账款　明细科目设置

科目编号	总账科目	明细科目
	一级科目	二级科目
2203	预收账款	
220301	预收账款	××单位

3.4.3 业务处理示范

1. 收到预收账款时

借：银行存款
　　贷：预收账款——××单位

2. 销售货物或提供劳务时

借：预收账款——××单位
　　贷：主营业务收入
　　　　应交税费——应交增值税（销项税额）

3. 退还多收的货款时

借：预收账款——××单位
　　贷：银行存款

4. 收到购买方补付的货款时

借：银行存款
　　贷：预收账款——××单位

3.4.4 分录处理案例解析

【案例3-4】甲公司2023年发生的有关预收账款的业务如下。

1. 7月25日，预收光明公司货款26 000元，存入银行。

2. 8月6日，向光明公司发货一批，不含税价款40 000元，增值税5 200元，光明公司补付剩余货款。

【解析】编制的会计分录如下。

1. 借：银行存款　26 000
　　　贷：预收账款——光明公司　26 000

2. 借：预收账款——光明公司　26 000
　　　　银行存款　19 200

贷：主营业务收入　40 000

　　　应交税费——应交增值税（销项税额）　5 200

【案例3-5】假设甲公司不设"预收账款"科目，发生有关预收账款业务均通过"应收账款"科目进行核算。2023年发生的有关预收账款的业务如下。

1. 7月25日，预收光明公司货款26 000元，存入银行。

2. 8月6日，向光明公司发货一批，不含税价款40 000元，增值税5 200元，光明公司补付剩余货款。

【解析】编制的会计分录如下。

1. 借：银行存款　26 000

　　　贷：应收账款——光明公司　26 000

2. 借：应收账款——光明公司　26 000

　　　银行存款　19 200

　　　贷：主营业务收入　40 000

　　　　　应交税费——应交增值税（销项税额）　5 200

3.4.5　相关知识补充

在企业预收账款业务不多的情况下，为了简化核算工作，也可以不设"预收账款"科目，预收的账款记入"应收账款"科目的贷方。采用这种方式，"应收账款"科目所属的明细科目可能会有贷方余额。月末，"应收账款"科目所属明细科目的贷方余额，在资产负债表上应列入"预收款项"项目。"预收账款"科目所属的明细科目如有借方余额，在资产负债表上应列入"应收票据及应收账款"项目。

3.5 应付职工薪酬

3.5.1 定义与核算

1. 定义

职工薪酬,是指企业为了获得职工提供的服务而给予职工各种形式的报酬及其他相关支出。主要包括:职工工资、奖金、津贴和补贴,职工福利费,医疗、养老、失业、工伤和生育等社会保险费,住房公积金,工会经费和职工教育经费,非货币性福利,因解除与职工的劳动关系给予的补偿(辞退福利),其他与获得职工提供的服务相关的支出。

2. 核算

为了反映职工薪酬的计提与发放情况,企业应设置"应付职工薪酬"科目进行核算。该科目贷方登记职工薪酬的计提,借方登记职工薪酬的发放,期末如有余额通常在贷方。

3.5.2 明细科目设置

企业可按"工资""职工福利""社会保险费""住房公积金""工会经费""职工教育经费""非货币性福利""辞退福利""股份支付"等科目进行明细核算(见表3-5)。

表3-5 应付职工薪酬 明细科目设置

科目编号	总账科目	明细科目
	一级科目	二级科目
2211	应付职工薪酬	
221101	应付职工薪酬	工资
221102	应付职工薪酬	职工福利
221103	应付职工薪酬	社会保险费

续表

科目编号	总账科目	明细科目
	一级科目	二级科目
221104	应付职工薪酬	住房公积金
221105	应付职工薪酬	工会经费
221106	应付职工薪酬	职工教育经费
221107	应付职工薪酬	非货币性福利
221108	应付职工薪酬	辞退福利
221109	应付职工薪酬	股份支付

3.5.3 业务处理示范

1. 各部门发生的职工薪酬费用

借：生产成本、制造费用、劳务成本等（生产部门的职工薪酬）

　　在建工程、研发支出（由在建工程、研发支出负担的职工薪酬）

　　管理费用（管理部门的职工薪酬）

　　销售费用（销售人员的职工薪酬）

　贷：应付职工薪酬

借：应付职工薪酬

　贷：银行存款/库存现金/其他应收款/应交税费——应交个人所得税等

2. 以其自产产品发给职工作为职工薪酬

借：管理费用、生产成本、制造费用等

　贷：应付职工薪酬

借：应付职工薪酬

　贷：主营业务收入

　　　应交税费——应交增值税（销项税额）

同时：

借：主营业务成本

贷：库存商品

3. 无偿向职工提供住房等固定资产使用

借：管理费用、生产成本、制造费用等
　　贷：应付职工薪酬
借：应付职工薪酬
　　贷：累计折旧

4. 租赁住房等资产供职工无偿使用

借：管理费用、生产成本、制造费用等
　　贷：应付职工薪酬
借：应付职工薪酬
　　贷：银行存款

3.5.4　分录处理案例解析

【案例3-6】甲公司薪酬结算单显示工资如下：生产工人工资30 000元，车间管理人员工资10 000元，行政管理部门人员工资23 000元，为员工垫付的房租、水电费等共计2 000元。按照工资薪酬的12%缴存住房公积金，其中，生产工人住房公积金费用3 600元，车间管理人员住房公积金费用1 200元，行政管理部门人员住房公积金费用2 760元。

【解析】编制的会计分录如下。

1. 计提工资及住房公积金时

借：生产成本　　33 600
　　制造费用　　11 200
　　管理费用　　25 760
　　贷：应付职工薪酬——工资　63 000
　　　　　　　　　——住房公积金　7 560

2. 发放工资及缴存住房公积金时

借：应付职工薪酬——工资　63 000

　　　　　——住房公积金　7 560

　　贷：其他应收款　2 000

　　　　银行存款　68 560

【案例3-7】甲公司为部门经理级别以上的5名员工每人配备一辆小轿车，假定每辆小轿车每月计提的折旧为1 000元。

【解析】编制的会计分录如下。

1. 每月应计提福利

借：管理费用　5 000

　　贷：应付职工薪酬——非货币性福利　5 000

2. 分配应付职工薪酬时

借：应付职工薪酬——非货币性福利　5 000

　　贷：累计折旧　5 000

【案例3-8】甲公司将自己生产的开心果作为节日福利发放给公司员工，每位员工发放20袋开心果，每袋不含税售价为30元，每袋成本为8元。其中直接参与生产的员工有60人，管理人员有15人，适用增值税税率为13%。

【解析】编制的会计分录如下。

开心果的售价总额=60×20×30+15×20×30=45 000（元）

开心果的增值税销项税额=45 000×13%=5 850（元）

应付职工薪酬=45 000+5 850=50 850（元）

1. 将开心果作为福利发放职工薪酬

借：生产成本　40 680

　　管理费用　10 170

　　贷：应付职工薪酬——非货币性福利　50 850

2. 将开心果发放给职工

借：应付职工薪酬——非货币性福利　50 850

　　贷：主营业务收入　45 000

　　　　应交税费——应交增值税（销项税额）　5 850

3. 结转开心果成本

借：主营业务成本　12 000
　　贷：库存商品——开心果　12 000

3.5.5　相关知识补充

1. 企业以现金与职工结算的股份支付

企业以现金与职工结算的股份支付，在等待期内每个资产负债表日，按当期应确认的成本费用金额，借记"管理费用""生产成本""制造费用"等科目，贷记本科目。在可行权日之后，以现金结算的股份支付当期公允价值的变动金额，借记或贷记"公允价值变动损益"科目，贷记或借记本科目。

2. 辞退福利

辞退福利是指企业与职工提前解除劳动关系时应当给予员工的经济补偿。

（1）内容

①职工劳动合同到期前，不论职工本人是否愿意，企业决定解除与职工的劳动关系而给予的补偿。

②职工劳动合同到期前，为鼓励职工自愿接受裁减而给予的补偿，职工有权选择继续在职或接受补偿离职。

（2）会计处理

①拟发生辞退福利：

借：管理费用
　　贷：应付职工薪酬

②实际支付时：

借：应付职工薪酬
　　贷：银行存款/库存现金等

3.6 应交税费

3.6.1 定义与核算

1. 定义

应交税费是指企业在生产经营过程中产生的应向国家缴纳的各种税费，主要包括增值税、消费税、城市维护建设税、教育费附加和所得税等。

2. 核算

企业应设置"应交税费"科目核算企业应交的各项税费，并按税种名称设置明细科目进行核算。

3.6.2 明细科目设置

对于增值税，企业应设置"应交增值税""未交增值税""预交增值税""待认证进项税额""待转销项税额""转让金融商品应交增值税""简易计税""代扣代交增值税"等科目进行明细核算（见表3-6）。其中"应交税费——应交增值税"科目要设置明细专栏核算，如"进项税额""销项税额""出口抵减内销产品应纳税额""销项税额抵减""进项税额转出""出口退税""已交税金""转出未交增值税""转出多交增值税"等。

表3-6 应交税费 明细科目设置

科目编号	总账科目	明细科目
	一级科目	二级科目
2221	应交税费	
222101	应交税费	应交增值税
222102	应交税费	未交增值税
222103	应交税费	预交增值税
222104	应交税费	待认证进项税额

续表

科目编号	总账科目	明细科目
	一级科目	二级科目
222105	应交税费	待转销项税额
222106	应交税费	转让金融商品应交增值税
222107	应交税费	简易计税
222108	应交税费	代扣代交增值税
222109	应交税费	应交消费税
222110	应交税费	应交城市维护建设税
222111	应交税费	应交教育费附加
222112	应交税费	应交所得税

3.6.3 业务处理示范

1. 增值税的核算

（1）企业购进货物、加工修理修配劳务、服务和无形资产，且增值税专用发票已认证

借：原材料/库存商品/固定资产/工程物资/在建工程/无形资产/管理费用/
　　销售费用等
　　应交税费——应交增值税（进项税额）（增值税专用发票已认证时）
贷：银行存款等

（2）企业从小规模纳税人处购入农产品

借：原材料
　　应交税费——应交增值税（进项税额）
贷：银行存款

（3）企业购进货物、加工修理修配劳务、服务和无形资产，但增值税专用发票尚未经过税务机关认证

借：原材料/库存商品/固定资产/工程物资/在建工程/无形资产/管理费用/

销售费用等

　　应交税费——待认证进项税额

　　贷：银行存款等

待税务机关认证以后：

　借：应交税费——应交增值税（进项税额）

　　贷：应交税费——待认证进项税额

（4）购入资产用于不得抵扣进项税额的项目或发生非正常损失时，应将其进项税额转出

　借：有关科目

　　贷：应交税费——应交增值税（进项税额转出）

（5）企业销售货物、加工修理修配劳务、服务、无形资产或不动产等，且产生纳税义务时

　借：银行存款

　　贷：主营业务收入/其他业务收入/固定资产清理等

　　　应交税费——应交增值税（销项税额）

（6）企业销售货物、加工修理修配劳务、服务、无形资产或不动产等，但纳税义务尚未发生时

　借：银行存款

　　贷：主营业务收入/其他业务收入/固定资产清理等

　　　应交税费——待转销项税额

待实际发生纳税义务时：

　借：应交税费——待转销项税额

　　贷：应交税费——应交增值税（销项税额）

（7）金融服务应交增值税的会计处理

①企业购买保本收益的金融商品，在持有期间或到期收到利息应缴纳增值税：

　借：应收利息等

　　贷：应交税费——应交增值税（销项税额）

　　　　贷：投资收益

②金融商品实际转让

月末，如产生转让收益：

借：投资收益

　　贷：应交税费——转让金融商品应交增值税

如产生转让损失：

借：应交税费——转让金融商品应交增值税

　　贷：投资收益

提示：年末如有尚未弥补的亏损，不得结转下年，应根据年末"应交税费——转让金融商品应交增值税"科目借方余额核算。

借：投资收益

　　贷：应交税费——转让金融商品应交增值税

③缴纳增值税时：

借：应交税费——转让金融商品应交增值税

　　贷：银行存款

（8）企业预交当月增值税时

借：应交税费——应交增值税（已交税金）

　　贷：银行存款

企业补交以前期间未交增值税时：

借：应交税费——未交增值税

　　贷：银行存款

（9）企业转让不动产、提供不动产经营租赁服务、提供建筑服务、采用预收款方式销售自行开发的房地产项目等预交增值税时

借：应交税费——预交增值税

　　贷：银行存款

月末，企业应将"预交增值税"明细科目余额转入"未交增值税"明细科目：

借：应交税费——未交增值税

　　贷：应交税费——预交增值税

（10）转出未交增值税时

借：应交税费——应交增值税（转出未交增值税）

　　贷：应交税费——未交增值税

转出多交、预交增值税时：

借：应交税费——未交增值税

　　贷：应交税费——应交增值税（转出多交增值税）

　　　　　　　——预交增值税

2. 消费税的核算

（1）企业结转应交消费税时

借：税金及附加

　　贷：应交税费——应交消费税

（2）实际缴纳消费税时

借：应交税费——应交消费税

　　贷：银行存款

（3）委托加工应交消费税

①收回委托加工的应税消费品，如果用于连续生产应税消费品：

借：应交税费——应交消费税

　　贷：银行存款

在企业最终销售应税消费品时，再根据其销售额计算应交的全部消费税：

借：税金及附加

　　贷：应交税费——应交消费税

②收回委托加工的应税消费品，直接出售，将应交消费税计入委托加工物资成本：

借：委托加工物资

　　贷：银行存款

3. 城市维护建设税与教育费附加的核算

（1）计算当期应交城市维护建设税与教育费附加

借：税金及附加

　　　　贷：应交税费——应交城市维护建设税

　　　　　　　　——应交教育费附加

　　（2）实际缴纳时

　　借：应交税费——应交城市维护建设税

　　　　　　　　——应交教育费附加

　　　　贷：银行存款

4. 所得税费用的核算

　　（1）计算当期应交所得税

　　借：所得税费用——当期所得税费用

　　　　贷：应交税费——应交所得税

　　（2）实际缴纳时

　　借：应交税费——应交所得税

　　　　贷：银行存款

3.6.4　分录处理案例解析

【案例3-9】甲公司为增值税一般纳税人，适用的增值税税率为13%，3月发生的有关增值税的业务如下。

1. 购入原材料一批，买价10 000元，增值税为1 300元，运费300元，运费增值税为27元，原材料已入库，货款用银行存款支付；已收到增值税专用发票，经税务机关认证可以抵扣。

2. 购入不需要安装的机器设备一台，买价500 000元，增值税为65 000元，运费1 000元，运费增值税为90元，货款用银行存款支付；已收到增值税专用发票，经税务机关认证可以抵扣。

3. 从小规模纳税人处购入免税农产品一批，作为原材料入库，增值税专用发票注明的买价为30 000元，增值税为900元，用银行存款支付，已收到增值税专用发票，经税务机关认证可以抵扣。

4. 赊购原材料一批，买价20 000元，增值税为2 600元，原材料已入库，货款用银行存款支付;已收到增值税专用发票,尚未经税务机关认证。

5. 2日,销售开心豆100件,不含税的价款为36 000元,增值税税率为13%,款项收到,存入银行;该批产品成本为27 000元。

6. 3日,用一批原材料对外投资,原材料的账面价值为130 000元,投资双方协商的不含税价值为150 000元。

7. 5日,采用分期收款方式销售开心果2 000件,不含税的价款为100 000元,增值税税率为13%,合同约定于4月10日和5月10日分别收取价款500 00元;增值税条例规定,增值税纳税义务的发生时点为合同约定的收款日期,该批产品成本为70 000元。

【解析】编制的会计分录如下。

1. 借:原材料   10 300
     应交税费——应交增值税(进项税额)   1 327
   贷:银行存款   11 627

2. 借:固定资产   501 000
     应交税费——应交增值税(进项税额)   65 090
   贷:银行存款   566 090

3. 借:原材料   27 300
     应交税费——应交增值税(进项税额)   2 700
   贷:银行存款   30 000

4. 借:原材料   20 000
     应交税费——待认证进项税额   2 600
   贷:银行存款   22 600

待税务机关认证以后:

借:应交税费——应交增值税(进项税额)   2 600
   贷:应交税费——待认证进项税额   2 600

5. 借:银行存款   40 680
   贷:主营业务收入   36 000
     应交税费——应交增值税(销项税额)   4 680

借：主营业务成本　27 000

　　贷：库存商品　27 000

6. 借：长期股权投资　169 500

　　贷：其他业务收入　150 000

　　　　应交税费——应交增值税（销项税额）　19 500

借：其他业务成本　130 000

　　贷：原材料　130 000

7.（1）3月5日

借：应收账款　113 000

　　贷：主营业务收入　100 000

　　　　应交税费——待转销项税额　13 000

借：主营业务成本　70 000

　　贷：库存商品　70 000

（2）4月10日

借：银行存款　56 500

　　贷：应收账款　56 500

借：应交税费——待转销项税额　6 500

　　贷：应交税费——应交增值税（销项税额）　6 500

（3）5月10日

借：银行存款　56 500

　　贷：应收账款　56 500

借：应交税费——待转销项税额　6 500

　　贷：应交税费——应交增值税（销项税额）　6 500

【案例3-10】甲公司发生的增值税进项税额转出业务如下。

1. 由于管理不善，毁损产成品一批，实际成本10 000元，所耗购进货物及应税劳务的进项税额为1 300元。

2. 一栋生产用房改用于集体福利，原值为200 000元（增值税进项税额已经全部抵扣），累计折旧为13 000元，净值为187 000元。

【解析】编制的会计分录如下。

1. 借：待处理财产损溢　11 300
　　　贷：库存商品　10 000
　　　　　应交税费——应交增值税（进项税额转出）　1 300

2. 借：固定资产　187 000
　　　贷：应交税费——应交增值税（进项税额转出）　187 000

【案例3-11】甲公司于7月1日确认应收持有债权投资利息300 000元。该债券为保本收益债券，于上年2月1日按照面值购入（当日发行），3年期，票面利率为4.24%，每半年付息一次。

【解析】编制的会计分录如下。

借：应收利息　318 000
　　贷：应交税费——应交增值税（销项税额）　18 000
　　　　投资收益　300 000

【案例3-12】甲公司5月发生的有关预交增值税的业务如下。

1. 31日，预收售房款1 650 000元。
2. 预交增值税30 000元。

【解析】编制的会计分录如下。

1. 借：银行存款　1 650 000
　　　贷：预收账款　1 650 000

2. 借：应交税费——预交增值税　30 000
　　　贷：银行存款　30 000

【案例3-13】甲公司销售应税消费品一批，不含增值税的价款为60 000元，增值税销项税额为7 800元，实行从价定率的办法计算消费税为6 000元，款项收到，存入银行。

【解析】编制的会计分录如下。

借：银行存款　67 800
　　贷：主营业务收入　60 000
　　　　应交税费——应交增值税（销项税）　7 800

借：税金及附加 6 000

 贷：应交税费——应交消费税 6 000

【案例3-14】甲公司发生的有关委托加工应税消费品的业务如下。

1. 发出原材料一批，实际成本30 000元，加工应税消费品。

2. 收回加工完成的应税消费品，作为原材料入库，用银行存款实际支付不含税的加工费20 000元，增值税为2 600元（经税务机关认证可以抵扣）；支付受托方代扣代缴消费税9 000元，共计53 200元。

【解析】编制的会计分录如下。

1. 借：委托加工物资 30 000

 贷：原材料 30 000

2.（1）如果收回的应税消费品用于连续生产应税消费品

支付加工费、增值税和消费税：

借：委托加工物资 20 000

  应交税费——应交增值税（进项税额） 2 600

    ——应交消费税 9 000

 贷：银行存款 31 600

原材料验收入库：

借：原材料 50 000

 贷：委托加工物资 50 000

生产应税消费品，领用委托加工收回的原材料50 000元，负担职工薪酬20 000元，负担制造费用2 000元：

借：生产成本 72 000

 贷：原材料 50 000

  应付职工薪酬 20 000

  制造费用 2 000

产品全部完工，验收入库：

借：库存商品 72 000

 贷：生产成本 72 000

产品全部对外销售，不含增值税的价款为100 000元，增值税销项税额为13 000元，消费税税率为20%，款项已存入银行：

借：银行存款　113 000

　　贷：主营业务收入　100 000

　　　　应交税费——应交增值税（销项税额）　13 000

借：主营业务成本　72 000

　　贷：库存商品　72 000

借：税金及附加　20 000

　　贷：应交税费——应交消费税　20 000

（2）如果收回的应税消费品直接出售

支付加工费、增值税和消费税：

借：委托加工物资　29 000

　　应交税费——应交增值税（进项税额）　2 600

　　贷：银行存款　31 600

原材料验收入库：

借：原材料　59 000

　　贷：委托加工物资　59 000

该批原材料全部对外销售，不含增值税的价款为70 000元，增值税销项税额为9 100元，款项已存入银行：

借：银行存款　79 100

　　贷：其他业务收入　70 000

　　　　应交税费——应交增值税（销项税额）　9 100

借：其他业务成本　59 000

　　贷：原材料　59 000

3.6.5 相关知识补充

1. 不得抵扣的进项税额

①用于简易计税项目、免征增值税项目、集体福利或者个人消费的购进货物、加工修理修配劳务、服务、无形资产或不动产。

②非正常损失的购进货物，以及相关的加工修理修配劳务和交通运输服务。

③非正常损失的在产品、产成品所耗用的购进货物（不包括固定资产）、加工修理修配劳务和交通运输服务。

④非正常损失的不动产，以及该不动产所耗用的购进货物、设计服务和建筑服务。

⑤非正常损失的不动产在建工程所耗用的购进货物、设计服务和建筑服务。新建、改建、扩建、修缮、装饰不动产，均属于不动产在建工程。

⑥购进的旅客运输服务、贷款服务、餐饮服务、居民日常服务和娱乐服务。

⑦财政部和国家税务总局规定的其他情形。

2. 视同销售行为

视同销售行为主要包括如下几点：

①将自产或委托加工的货物用于免征增值税项目；

②将自产或委托加工的货物用于集体福利或个人消费；

③将自产、委托加工或购买的货物及无形资产、不动产用于投资、提供给其他单位或个体经营者；

④将自产、委托加工或购买的货物分配给股东或投资者；

⑤将自产、委托加工或购买的货物及无形资产、不动产无偿赠予他人。

⑥向其他单位或者个人无偿提供服务。

3. 当月应交增值税税额的计算

应交增值税=销项税额−(进项税额−进项税额转出−出口退税)−销项税额抵减−出口抵减内销产品应纳税额

4. 视同销售应交消费税

企业将自产的应税消费品用于本企业生产非应税消费品、在建工程、管理部门、非生产机构、提供劳务,以及用于馈赠、赞助、集资、广告、样品、职工福利、奖励等方面,均应视同销售,计算缴纳消费税。

5. 城市维护建设税与教育费附加的计算

按照现行法规的有关规定,城市维护建设税与教育费附加均应根据应交增值税与消费税之和的一定比例计算缴纳。

3.7 应付利息

3.7.1 定义与核算

1. 定义

应付利息是指企业按借款或债券金额及其存续期限和规定的利率,按期计提并支付的利息。

2. 核算

为了反映应付利息的计提与支付,企业应设置"应付利息"科目进行核算。该科目核算企业分期付息方式下借款或债券利息的计提与支付。借方登记支付的利息,贷方登记计提的利息,期末余额通常在贷方,代表企业尚未支付的利息。

3.7.2 明细科目设置

为了详细反映企业应偿还利息的情况,企业可按债权人进行明细核算(见表3-7)。

表3-7 应付利息 明细科目设置

科目编号	总账科目	明细科目
	一级科目	二级科目
2231	应付利息	
223101	应付利息	××单位

3.7.3 业务处理示范

1. 计提利息时

借:财务费用
　　在建工程/研发支出——资本化支出等
　贷:应付利息

2. 偿还利息时

借:应付利息
　贷:银行存款

3.7.4 分录处理案例解析

【案例3-15】甲公司于2023年1月1日向银行借入一笔生产经营用短期借款,共计100 000元,期限为9个月,年利率为6%。根据与银行签署的借款协议,该项借款的本金到期后一次归还,利息分月预提,按季支付。

【解析】编制的会计分录如下。

1. 1月1日借入短期借款时

借:银行存款　100 000

贷：短期借款　100 000

2. 1月末，计提利息时

借：财务费用　500

贷：应付利息　500

本月应计提的利息金额=100 000×6%÷12=500（元）

2月末计提利息费用的处理与1月相同。

3. 3月末支付第一季度银行借款利息时

借：应付利息　1 000

　　财务费用　500

　　贷：银行存款　1 500

第二、第三季度的会计处理同上。

4. 10月1日偿还银行借款本金时

借：短期借款　100 000

　　贷：银行存款　100 000

【案例3-16】甲公司于2019年1月1日发行总面值为800 000元、票面利率为5%、5年期、分期付息的债券，于每年1月1日付息，用于补偿流动资金，收到扣除相关交易费用后的价款835 617元。该公司发行债券采用实际利率法确定利息费用和利息调整摊销。根据插值法计算确定的实际利率为4%。2024年1月1日，乙公司偿还债券面值及最后一期利息。

【解析】编制的相关会计分录如下。

1. 2019年1月1日

借：银行存款　835 617

　　贷：应付债券——利息调整　35 617

　　　　　　　——债券面值　800 000

2. 计提利息费用和利息调整

（1）2019年12月31日

借：财务费用　33 424.68

　　应付债券——利息调整　6 575.32

贷：应付利息 40 000

2020年1月1日：

借：应付利息 40 000

　　贷：银行存款 40 000

（2）2020年12月31日

借：财务费用 33 161.67

　　应付债券——利息调整 6 838.33

　　贷：应付利息 40 000

2021年1月1日：

借：应付利息 40 000

　　贷：银行存款 40 000

（3）2021年12月31日

借：财务费用 32 888.13

　　应付债券——利息调整 7 111.87

　　贷：应付利息 40 000

2022年1月1日：

借：应付利息 40 000

　　贷：银行存款 40 000

（4）2022年12月31日

借：财务费用 32 603.66

　　应付债券——利息调整 7 396.34

　　贷：应付利息 40 000

2023年1月1日：

借：应付利息 40 000

　　贷：银行存款 40 000

（5）2023年12月31日

借：财务费用 32 307.81

　　应付债券——利息调整 7 692.19

贷：应付利息　40 000

3. 2024年1月1日

　　借：应付利息　40 000

　　　　应付债券——债券面值　800 000

　　　贷：银行存款　840 000

3.7.5　相关知识补充

1. 利息费用的确认

　　企业进行利息费用确认时，要确定是将每期发生的利息费用资本化并计入相关资产成本还是费用化计入当期损益。根据我国会计准则的规定，借款费用确认的基本原则是：企业发生的借款费用，可直接归属于符合资本化条件的资产购建或者生产的，应当予以资本化，计入相关资产成本；其他借款费用，应当在发生时根据其发生额，计入当期损益。

　　符合资本化条件的资产，是指需要经过相当长时间（一年及以上）的购建或者生产活动才能达到预定可使用或者可销售状态的固定资产、投资性房地产和存货等资产。存货主要包括房地产开发企业开发的用于对外出售的房地产开发产品、企业制造的用于对外出售的大型机械设备等。

2. 资本化的条件

　　利息费用资本化的条件分为开始资本化的时点、暂停资本化的期间和停止资本化的时点。

　　（1）开始资本化的时点

　　我国企业会计准则规定，借款费用允许资本化必须同时满足以下三个条件：

　　①资产支出已经发生，指企业为购建或者生产符合资本化条件的资产，已经用现金、转移非现金资产或承担带息债务的形式支付实际发生的各项支出。

　　②借款费用已经发生，指企业已经发生了因购建或者生产符合资本化条件的资产而专门借入款项的借款费用或者所占用的一般借款的借款费用。

　　③为使资产达到预定可使用或者可销售状态所必要的购建或者生产活动已

经开始。

(2) 暂停资本化的期间

我国现行企业会计准则规定：符合资本化条件的资产在购建或者生产过程中发生非正常中断，且中断时间连续超过3个月的，应当暂停借款费用的资本化。其中，非正常中断是指由于企业管理决策上的原因或者其他不可预见的原因等所导致的中断。在中断期间所发生的借款费用应当确认为费用，计入当期损益，直至资产的购建或者生产活动重新开始。如果中断是使所购建或者生产的符合资本化条件的资产达到预定可使用或者可销售状态所必要的程序，则借款费用的资本化应当继续进行。

(3) 停止资本化的时点

当所购建或者生产符合资本化条件的资产达到预定可使用或者可销售状态时，应当停止其借款费用的资本化，以后发生的借款费用计入当期损益。达到预定可使用或者可销售状态，是指资产已经达到购买方、建造方或者生产方预先设想的可以使用或者可以销售的状态。

3.8 应付股利

3.8.1 定义与核算

1. 定义

应付股利是指企业经董事会、股东大会或类似机构决议确定分配的现金股利或利润。

2. 核算

为了反映应付股利的增减变动情况，企业应设置"应付股利"科目进行核算。该科目借方登记已支付的现金股利或利润，贷方登记已宣告但尚未发放的现金股利或利润，期末余额通常在贷方，代表企业尚未支付的现金股利或利润。

3.8.2 明细科目设置

为了详细反映企业支付股利的对象,企业应当按照投资者进行明细核算(见表3-8)。

表3-8 应付股利 明细科目设置

科目编号	总账科目	明细科目
	一级科目	二级科目
2232	应付股利	
223201	应付股利	××单位

3.8.3 业务处理示范

企业应根据董事会、股东大会或类似机构通过的利润分配方案,支付现金股利或利润:

借:利润分配——未分配利润
　　贷:应付股利——××单位

企业实际支付现金股利或利润:

借:应付股利——××单位
　　贷:银行存款/库存现金等

企业董事会、股东大会或类似机构通过的利润分配方案中拟分配的现金股利或利润,不作账务处理,但应在附注中披露。

3.8.4 分录处理案例解析

【案例3-17】某企业于某年1月3日宣告发放现金股利300 000元,并于1月13日支付。

【解析】编制的会计分录如下。

1. 1月3日

借：利润分配——未分配利润　300 000

　　贷：应付股利　300 000

2. 1月13日

借：应付股利　300 000

　　贷：银行存款　300 000

3.8.5　相关知识补充

1. 应付股利的检查

对应付股利进行正确核算，可保障投资人的利益，也可确保企业资产的安全，还可以有效防止企业出现账外资金和资金体外循环的舞弊现象。

企业缴纳所得税后的利润应当按照以下顺序进行分配：

①弥补企业以前年度亏损；

②提取法定盈余公积金；

③向投资者分配利润。

2. 不作会计处理的应付股利业务

企业分配的股票股利，不通过本科目核算。

3.9　其他应付款

3.9.1　定义与核算

1. 定义

其他应付款是指除了应付票据、应付账款、预收账款、应付职工薪酬等的应付、暂收其他单位和个人的款项，如应付租入包装物租金、存入保证金、企业代职工缴纳的社会保险费和住房公积金等。

2. 核算

为了反映其他应付款的增减变动，企业应设置"其他应付款"科目进行核算。该科目贷方登记发生的各种应付、暂收款项，借方登记偿还或转销的各种应付暂收款项，月末如有余额通常在贷方，表示企业应付、暂收的结存现金。

3.9.2 明细科目设置

为了详细反映其他应收款的增减变动情况，企业可以按各种应收及暂付款项的具体项目进行明细核算（见表3-9）。

表3-9 其他应付款 明细科目设置

科目编号	总账科目	明细科目	
	一级科目	二级科目	三级科目
2241	其他应付款		
224101	其他应付款	应付租入包装物租金	
224102	其他应付款	存入保证金	
22410201	其他应付款	存入保证金	××单位（或个人）

3.9.3 业务处理示范

1. 企业发生的各种应收及暂付款项

借：管理费用/应付职工薪酬等
　　贷：其他应付款

2. 实际支付应收及暂付款项

借：其他应付款
　　贷：银行存款

3. 附有售后回购条件的商品销售

（1）销售商品实际收到款项时

借：银行存款

　贷：其他应付款

（2）回购价格与原销售价格之间的差额，应在售后回购期间内按期计提利息费用

借：财务费用

　贷：其他应付款

（3）按照合同约定购回该项商品时

借：其他应付款

　贷：银行存款

3.9.4　分录处理案例解析

【案例3-18】甲公司某月发生的经济业务如下。

1. 以经营租赁方式租入生产用设备一台，按合同规定，每月租金于次月底支付，本月应付租金3 000元。

2. 2023年1月31日，甲公司采用支票结算方式销售商品10件，不含增值税的价款为100 000元，增值税为13 000元，该批商品实际成本为60 000元。销售合同规定，该企业在6月30日将该批商品购回，购回价格为150 000元，增值税为19 500元。

【解析】编制的会计分录如下。

1. 借：制造费用　3 000

　　贷：其他应付款——应付租金　3 000

实际支付租金时：

借：其他应付款——应付租金　3 000

　贷：银行存款　3 000

2. 2023年1月31日销售商品时

借：银行存款　　113 000

　　贷：应交税费——应交增值税（销项税）　13 000

　　　　其他应付款　100 000

借：发出商品　60 000

　　贷：库存商品　60 000

2月至6月每月计提利息费用：

借：财务费用　10 000

　　贷：其他应付款　10 000

2023年6月30日回购商品时：

借：其他应付款　150 000

　　　应交税费——应交增值税（进项税）　19 500

　　贷：银行存款　169 500

借：库存商品　60 000

　　贷：发出商品　60 000

3.9.5　相关知识补充

"其他应付款"科目属于负债类科目，对于要列入"其他应付款"科目的事项要分析其经济实质，严格区分收入和债务的界限，明确核算范围。单位收入是指单位在开展业务活动时取得的业务收入和从事其他活动取得的非偿还性资金，以及从财政和主管部门取得的补助经费，而负债是指单位所承担的能以货币计量、需要以资产或劳务偿还的债务。凡是单位从事其他活动取得的资金及财政和主管部门拨入资金不需要单位分期归还的就应该在收入科目中核算，凡是外单位投入资金需要单位按期归还的，就在负债科目中核算。

3.10 递延收益

3.10.1 定义与核算

1. 定义

递延收益是指尚待确认的收入或收益。

2. 核算

企业应设置"递延收益"科目核算企业根据政府补助准则确认的应在以后期间计入当期损益的政府补助金额，并按照政府补助的种类进行明细核算。

值得说明的是，企业在当期损益中确认的政府补助，在"其他收益"科目核算，而不在本科目核算。

3.10.2 业务处理示范

1. 企业收到与资产相关的政府补助

（1）收到补助时

借：其他应收款/银行存款/×× 资产等
　　贷：递延收益

（2）在相关资产使用寿命内分配递延收益时

借：递延收益
　　贷：其他收益

（3）处置该资产时

借：递延收益
　　贷：资产处置收益/营业外收入

2. 企业收到与收益相关的政府补助

（1）收到补助时

借：其他应收款/银行存款等

贷：递延收益

（2）在以后期间确认相关费用时，按应予以补偿的金额

借：递延收益

 贷：营业外收入

（3）用于补偿已发生的相关费用或损失的

借：递延收益

 贷：营业外收入/管理费用

3. 返还政府补助时，按应返还的金额

借：递延收益/营业外支出

 贷：银行存款/其他应付款等

3.10.3 分录处理案例解析

【案例3-19】某粮食企业按照相关规定和有关主管部门每季度下达的轮换计划出售陈粮，同时购入新粮，为弥补该企业发生的轮换费用，财政部门按照轮换计划中规定的轮换量支付该企业0.1元/斤的轮换补贴。该企业根据下达的轮换计划需要在2023年10月至2023年12月轮换储备粮1 200万斤（每月转换储备粮量相同），款项于2023年12月收到。

【解析】编制的会计分录如下。

1. 2023年10月

借：其他应收款 1 200 000

 贷：递延收益 1 200 000

借：递延收益 400 000

 贷：营业外收入——政府补贴利得 400 000

2. 2023年11月

借：递延收益 400 000

 贷：营业外收入——政府补贴利得 400 000

3. 2023年12月

借：递延收益　400 000

　　贷：营业外收入——政府补贴利得　400 000

借：银行存款　1 200 000

　　贷：其他应收款　1 200 000

【案例3-20】甲企业于2015年1月1日收到政府3 000 000元财政拨款，用于购买1台科研设备。企业于1月29日购入该无须安装的设备并交付使用，购买价款3 600 000元（假设不考虑相关税费）。该设备使用寿命10年，按直线法计提折旧，无残值。8年后的2月1日出售该设备，收到价款800 000元。

【解析】编制的会计分录如下。

1. 2015年1月收到财政拨款

借：银行存款　3 000 000

　　贷：递延收益　3 000 000

2. 2015年1月29日购入该设备

借：固定资产　3 600 000

　　贷：银行存款　3 600 000

3. 2015年2月起每月末计提折旧并分摊递延收益

借：研发支出　30 000

　　贷：累计折旧　30 000

借：递延收益　25 000

　　贷：营业外收入——政府补助利得　25 000

4. 2023年（8年后）2月1日出售该设备，同时转销该递延收益余额

借：固定资产清理　720 000

　　累计折旧　2 880 000

　　贷：固定资产　3 600 000

借：银行存款　800 000

　　贷：固定资产清理　720 000

　　　　营业外收入　80 000

借：递延收益　600 000
　　贷：营业外收入——政府补助利得　600 000

3.10.4　相关知识补充

企业在进行递延收益处理的时候，应特别注意与此相关的所得税问题。企业取得国家财政性补贴和其他补贴收入，除国务院、财政部和国家税务总局规定不计入损益者外，应一律并入实际收到该补贴收入年度的应纳税所得额。根据该规定，按照新企业会计准则的核算要求，企业在以后期间收到政府补助金额，在年度所得税汇总清算时，符合递延所得税负债的确认条件时应确认一项递延所得税负债，符合递延所得税资产确认条件时需要确定一项递延所得税资产。

3.11　长期借款

3.11.1　定义与核算

1. 定义

长期借款是指企业向金融机构或其他单位借入的偿还期限在一年以上（不包含一年）或超过一年的一个营业周期的借款。

2. 核算

为了反映各种长期借款，企业应设置"长期借款"科目来核算各种长期借款的借入、应计利息、归还和期末情况。该科目贷方登记借入的款项及计提的应付利息；借方登记还本付息的数额。期末余额通常在贷方，表示尚未偿还的长期借款本息数额。

3.11.2 明细科目设置

长期借款科目下应设置"本金"和"应计利息"二级科目进行明细核算，也可按贷款单位进行明细核算（见表3-10）。

表3-10 长期借款 明细科目设置

科目编号	总账科目	明细科目
	一级科目	二级科目
2501	长期借款	
250101	长期借款	本金
250102	长期借款	应计利息
250103	长期借款	××银行

3.11.3 业务处理示范

1. 借入长期借款时

借：银行存款
　　贷：长期借款——本金

2. 确认利息

（1）分期付息

借：财务费用/在建工程等
　　贷：应付利息

（2）到期一次付息

借：财务费用/在建工程等
　　贷：长期借款——应计利息

3. 支付本金或利息时

借：长期借款——本金
　　　　　　——应计利息

应付利息
　　贷：银行存款

3.11.4　分录处理案例解析

【案例3-21】某公司于2021年1月1日向银行借款1 000 000元，期限3年，用于建造一幢厂房，年利率为6%，单利计息，到期一次还本付息。该厂房第2年年末完工并投入使用。

【解析】编制的会计分录如下。

1. 2021年1月1日

借：银行存款　1 000 000
　　贷：长期借款——本金　1 000 000

2. 2021年12月31日

应计利息=1 000 000×6%=60 000（元）

借：在建工程　60 000
　　贷：长期借款——应计利息　60 000

3. 2023年12月31日

借：财务费用　60 000
　　贷：长期借款——应计利息　60 000

归还本息时：

借：长期借款——本金　1 000 000
　　　　　　——应计利息　180 000
　　贷：银行存款　1 180 000

3.11.5　相关知识补充

1. 长期借款借款费用的处理

借款费用发生时，处理方法有两种：一是于发生时直接计入当期费用；二

续表

是予以资本化。具体来说：

第一，为购建固定资产而发生的，予以资本化，计入所建造的固定资产价值；

第二，为建造固定资产而发生的长期借款费用，在固定资产交付使用并办理了竣工决算后所发生的，直接计入当期损益；

第三，与固定资产或无形资产无关的，如为例行生产而筹集的长期借款筹资成本，作为财务费用，直接计入当期损益；

第四，为投资而发生的借款费用，直接计入当期损益；

第五，在筹建期间发生的长期借款费用（除为购建固定资产而发生的借款费用外），计入开办费；

第六，在清算期间发生的长期借款费用，计入清算损益；

第七，长期外币借款所发生的外币折合差价，按照外币业务核算的有关办法，按期计算汇兑损益，计入在建工程或当期损益。

2. 长期借款利息的入账时间

借款利息可以分期支付，也可在借款到期还本时一起偿付，具体应视贷款合同的规定进行。会计上，对应计入购建固定资产成本的借款利息，一般在年末和资产交付使用并办理竣工决算时计提入账；如果年内分期支付利息，也可按付息期进行账务处理。除此之外的借款利息，应按月预提，计入当期损益。

3.12 应付债券

3.12.1 定义与核算

1. 定义

应付债券是指企业为筹集资金而对外发行的期限在一年以上的长期借款性

质的书面证明，约定在一定期限内还本付息的一种书面承诺。

2. 核算

企业应设置"应付债券"科目核算应付债券的增减变动。

3.12.2 明细科目设置

"应付债券"科目下应设置"债券面值""利息调整""应计利息"等明细科目，核算应付债券发行、计提利息、还本付息等情况（见表3-11）。

表3-11 应付债券 明细科目设置

科目编号	总账科目	明细科目
	一级科目	二级科目
2502	应付债券	
250201	应付债券	债券面值
250202	应付债券	利息调整
250203	应付债券	应计利息

3.12.3 业务处理示范

1. 出售

（1）在发行日出售

借：银行存款
　　应付债券——利息调整（差额）
　贷：应付债券——债券面值
　　　　　　——利息调整（差额）

（2）在发行日后出售（包含发行日至出售日的利息）

借：银行存款
　　应付债券——利息调整（差额）
　贷：应付债券——债券面值

　　　　——应计利息（到期一次还本付息）
　　应付利息（分期付息）
　　应付债券——利息调整（差额）

2. 利息费用的确定及利息调整摊销

借：财务费用
　　应付债券——利息调整（差额）
贷：银行存款
　　应付债券——利息调整（差额）

3. 到期偿还

借：应付债券——面值
　　　　　　——应计利息
贷：银行存款

3.12.4　分录处理案例解析

【案例3-22】某公司于2019年1月1日发行总面值为800 000元、票面利率为5%、5年期、分期付息的债券，于每年12月31日付息，用于补偿流动资金，收到扣除相关交易费用后的价款835 617元。该公司发行债券采用实际利率法确定利息费用和利息调整摊销。根据插值法计算确定的实际利率为4%。2024年1月1日，偿还债券面值。

【解析】编制的会计分录如下。

1. 2019年1月1日

借：银行存款　835 617
　　贷：应付债券——利息调整　35 617
　　　　　　　　——债券面值　800 000

2. 2019年12月31日

借：财务费用　33 424.68
　　应付债券——利息调整　6 575.32

续表

  贷：银行存款　40 000

3. 2020年12月31日

  借：财务费用　33 161.67

    应付债券——利息调整　6 838.33

  贷：银行存款　40 000

4. 2021年12月31日

  借：财务费用　32 888.13

    应付债券——利息调整　7 111.87

  贷：银行存款　40 000

5. 2022年12月31日

  借：财务费用　32 603.66

    应付债券——利息调整　7 396.34

  贷：银行存款　40 000

6. 2023年12月31日

  借：财务费用　32 304.86

    应付债券——利息调整　7 695.14

  贷：银行存款　40 000

7. 2024年1月1日

  借：应付债券——面值　800 000

  贷：银行存款　800 000

3.12.5　相关知识补充

应付债券与债权投资的关系见表3-12。

表3-12 应付债券与债权投资的关系

异同之处		应付债券	债权投资
相同	债券计算价格的方法相同	面值及票面利息的现值	
	利息调整的确认方法相同	发行价格扣除利息与票面金额的差额	
	实际利率的计算方法相同	PV（面值+票面利息）=初始入账价值时的折现率	
	实际利息的计算方法相同	实际利率法	
	债券利息调整的摊销方法相同	实际利率法（票面利息与实际利息的差额）	
不同	入账价值确认的会计要素不同	货币资金增加，应付债券增加	货币资金减少，债权投资增加
	实际利息确认的会计要素不同	利息费用（资本化和费用化）	投资收益
	到期的会计处理不同	银行存款和应付债券均减少	增加银行存款，减少债权投资

3.13 长期应付款

3.13.1 定义与核算

1. 定义

长期应付款是指企业除长期借款和应付债券外的各种长期应付款项，如应付融资租入固定资产的租赁费。

2. 核算

为了核算各种长期应付款，企业应设置"长期应付款"科目进行核算。

3.13.2 明细科目设置

该科目可按长期应付款的种类设置明细科目进行核算（见表3-13）。

表3-13　长期应付款　明细科目设置

科目编号	总账科目	明细科目
	一级科目	二级科目
2701	长期应付款	
270101	长期应付款	融资租入固定资产应付款

3.13.3 业务处理示范

1. 取得

借：固定资产（现值）
　　应交税费——应交增值税（进项税额）
　　未确认融资费用
　贷：长期应付款
　　　银行存款（运杂费等）

2. 未确认费用的摊销

借：长期应付款
　　应交税费——应交增值税（进项税额）
　贷：银行存款
借：财务费用
　贷：未确认融资费用

3. 计提折旧费用

借：管理费用/制造费用等

　　贷：累计折旧

3.13.4　分录处理案例解析

【案例3-23】某公司2020年12月31日购入一批计算机，从2021年开始，每年年末支付租金400 000元（不含增值税），增值税税率为13%，3年付清。假设实际利率为10%，购入时该批计算机现值为995 500元。

【解析】编制的会计分录如下。

1. 2020年12月31日

借：固定资产　995 500

　　未确认融资费用　204 500

　　贷：长期应付款　1 200 000

2. 2021年12月31日

借：长期应付款　400 000

　　应交税费——应交增值税（进项税额）　52 000

　　贷：银行存款　452 000

借：财务费用　99 550

　　贷：未确认融资费用　99 550

3. 2022年12月31日

借：长期应付款　400 000

　　应交税费——应交增值税（进项税额）　52 000

　　贷：银行存款　452 000

借：财务费用　69 505

　　贷：未确认融资费用　69 505

4. 2023年12月31日

借：长期应付款　400 000

应交税费——应交增值税（进项税额）　52 000
　　贷：银行存款　452 000
　借：财务费用　35 445
　　贷：未确认融资费用　35 445

3.13.5　相关知识补充

未确认融资费用=长期应付款期初账面价值×实际利率
　　　　　　　=（长期应付款余额-未确认租赁费用余额）×实际利率

长期应付款核算的主要内容如下：

①补偿贸易引进设备应付款。

补偿贸易是从国外引进设备，再用该设备生产的产品归还设备价款。国家为了鼓励企业开展补偿贸易，规定开展补偿贸易的企业，补偿期内免交引进设备所生产的产品的流转税。实际上补偿贸易是以生产的产品归还设备价款，因此，一般情况下，设备的引进和偿还设备价款没有现金的流入和流出。在会计核算时，一方面，引进设备的资产价值及相应的负债，作为本企业的资产和负债，在资产负债表中，分别包括在"固定资产"和"长期应付款"项目中；另一方面，用产品归还设备价款时，视同产品销售，作为销售收入处理。

②融资租入固定资产应付款。

融资租入的固定资产，租赁在有效期内，虽然资产的所有权尚未归租入方所有，但租赁资产上的所有权风险及相应的融资作为一项资产和负债，纳入资产负债表。融资租入的固定资产应该视同租入方固定资产进行管理，在"固定资产"科目中核算，同时，融资租入的固定资产的融资租入费，形成了一笔长期负债，在"长期应付款"科目中核算。

③延期付款形成应付款。

企业购入有关资产超过正常信用条件延期支付价款、实质上具有融资性质的，应按购买价款的现值，借记"固定资产""在建工程""无形资产""研发支出"等科目；按应支付的金额，贷记"长期应付款"科目；按其差额，借记"未确认融资费用"科目。

3.14 未确认融资费用

3.14.1 定义与核算

1. 定义

未确认融资费用是指融资租入资产（如固定资产、无形资产）或长期借款所发生的应在租赁期内各个期间进行分摊的未实现的融资费用。

2. 核算

为了核算未确认融资费用的产生及摊销，企业应设置"未确认融资费用"科目进行核算。

3.14.2 业务处理示范

未确认融资费用的摊销：

借：长期应付款
　　应交税费——应交增值税（进项税额）
　贷：银行存款
借：财务费用
　贷：未确认融资费用

3.14.3 分录处理案例解析

【案例3-24】某公司2020年12月31日购入一批产品，从2021年开始，每年年末支付租金200 000元（不含增值税），增值税税率为13%，3年付清。假设实际利率为8%，购入时该批产品现值为515 420元。

【解析】编制的会计分录如下。

1. 2020年12月31日

借：固定资产　515 420
　　未确认融资费用　84 580
　贷：长期应付款　600 000

2. 2021年12月31日

借：长期应付款　200 000
　　应交税费——应交增值税（进项税额）　26 000
　贷：银行存款　226 000

借：财务费用　41 234
　贷：未确认融资费用　41 234

3. 2022年12月31日

借：长期应付款　200 000
　　应交税费——应交增值税（进项税额）　26 000
　贷：银行存款　226 000

借：财务费用　28 532
　贷：未确认融资费用　28 532

4. 2023年12月31日

借：长期应付款　200 000
　　应交税费——应交增值税（进项税额）　26 000
　贷：银行存款　226 000

借：财务费用　14 814
　贷：未确认融资费用　14 814

3.14.4　相关知识补充

《企业会计准则——租赁》对融资租赁业务的承租人会计处理规定如下：在租赁开始日，承租人通常应当将租赁开始日租赁资产原账面价值与最低租赁付款额的现值两者中较低者作为租入资产的入账价值，将最低租赁付款额作为长期应付款的入账价值，并将两者的差额记为未确认融资费用。未确认融资费用应在租赁期内各个期间进行分摊。承租人可以采用实际利率法分摊，采用此法的关键是未确认融资费用分摊率的确定。

①租赁资产按最低租赁付款额的现值作为入账价值时，应将最低租赁付款额折为现值时的折现率确定为未确认融资费用的分摊率；

②租赁资产按租赁资产原账面价值作为入账价值时，应将最低租赁付款额的现值等于租赁资产原账面价值时的折现率作为未确认融资费用的分摊率；

③租赁资产按最低租赁付款额作为入账价值时，不存在未确认融资费用，故无须进行分摊。

3.15 预计负债

3.15.1 定义与核算

1. 定义

预计负债是指企业因或有事项引发的义务而确认的负债。

2. 核算

为了反映预计负债的增减变动情况，企业应设置"预计负债"科目进行核算。该科目借方登记增加的预计负债，借方登记减少的预计负债，期末如有余额通常在贷方。

3.15.2 明细科目设置

为了详细反映预计负债的情况，企业可以按具体事项设置明细科目进行核算（见表3-14）。

表3-14　预计负债　明细科目设置

科目编号	总账科目	明细科目
	一级科目	二级科目
2801	预计负债	
280101	预计负债	对外提供担保
280102	预计负债	未决诉讼
280103	预计负债	产品质量保证
280104	预计负债	重组义务
280105	预计负债	亏损性合同

3.15.3　业务处理示范

1. 产品质量保证

（1）企业首次确认未来预计发生的保修费用时

借：销售费用

　　贷：预计负债（最佳估计数）

（2）企业实际发生保修费用时，应冲减预计负债

借：预计负债

　　贷：银行存款/生产成本/应付职工薪酬等

（3）以后期间确认未来预计发生的保修费用时

借：销售费用

　　贷：预计负债（最佳估计数-预计负债余额）

2. 未决诉讼和未决仲裁

（1）如果企业预计案件判决的结果很可能是企业败诉

借：营业外支出

　　贷：预计负债

（2）如果企业基本确定赔偿的金额能够全部或部分由第三方补偿

借：其他应收款

贷：营业外支出

　（3）企业预计支付的诉讼费属于日常生产经营中的正常支出

借：管理费用

　　贷：预计负债

3. 亏损合同

（1）确认亏损合同产生的预计负债

借：营业外支出

　　贷：预计负债

（2）产品生产完成后或终止合同

借：预计负债

　　贷：库存商品/银行存款等

3.15.4　分录处理案例解析

【案例3-25】一帆公司承诺销售产品的保修期为2年，该企业发生的经济业务如下。

1. 2022年12月31日，根据销售的商品和以往经验判断，预计很可能发生的保修费用为20 000元。

2. 2023年，实际发生保修费用6 000元，均为职工薪酬支出。

3. 2023年12月31日，根据销售的商品和以往经验判断，预计很可能发生的保修费用为18 000元。

【解析】编制的会计分录如下。

1. 借：销售费用　20 000

　　　贷：预计负债　20 000

2. 借：预计负债　6 000

　　　贷：应付职工薪酬　6 000

3. 借：销售费用　4 000

　　　贷：预计负债　4 000

【案例3-26】一帆公司2023年8月向甲公司销售一批产品，因产品存在一定的质量问题，导致甲公司发生经济损失。由于双方对赔偿金额未达成一致，甲公司于2023年10月提起诉讼，请求一帆公司赔偿80 000元。一帆公司在应诉过程中，发现所售产品确实存在较大的质量问题，但质量问题是由于乙公司为其提供的零部件不合格所致。2023年12月31日，一帆公司预计败诉的可能性为70%，最可能赔偿的金额为50 000元，且基本确定可以获得乙公司赔偿20 000元。假定甲公司预计支付诉讼费1 000元。

【解析】编制的会计分录如下。

1. 确认预计赔偿的损失及支付的诉讼费

借：管理费用　1 000

　　营业外支出　50 000

　　贷：预计负债　51 000

2. 确认能够获得的补偿

借：其他应收款　20 000

　　贷：营业外支出　20 000

【案例3-27】一帆公司于2023年2月5日与甲公司签订了一批产品的销售合同。双方约定该公司在2023年9月1日向甲公司销售100件产品，合同单价为1 200元。一帆公司签订合同时，估计产品的单位成本为900元。合同规定如果一帆公司未能按时交货，须向甲公司支付合同价款10%的违约金。一帆公司5月25日组织生产产品时原材料价格大幅上涨，预计单位成本会上升至1 300元。

【解析】编制的会计分录如下。

原材料价格上涨导致生产产品的成本超过合同单价，因此该销售合同变为亏损合同。

一帆公司执行合同的总亏损金额为：100×100=10 000（元）

一帆公司不能按期交货支付的违约金为：1 200×100×10%=12 000（元）

由此应确认预计负债为10 000元

1. 确认亏损合同产生的预计负债

借：营业外支出　10 000

贷：预计负债——亏损合同　10 000
　2. 产品生产完成后，将已确认的预计负债冲减产品成本
借：预计负债　10 000
　　贷：库存商品　10 000

3.15.5　相关知识补充

最佳估计数的确定主要分两种情况。

第一，所需支出存在一个连续范围，且该范围内各种结果发生的可能性相同时——上下限金额的平均数。

例，×公司于某年7月面临一桩诉讼案，最终判决结果很可能对该公司不利。据专业人士估计，赔偿金额可能介于800 000元至1 200 000元。则×公司应于年末确认预计负债1 000 000元。

第二，所需支出不存在一个连续范围。

①或有事项涉及单个项目——最可能发生的金额。

例，×公司涉及一桩诉讼案，据专业人士判断，胜诉的可能性为40%，败诉的可能性为60%，如果败诉，将赔偿800 000元。则×公司应于年末确认预计负债800 000元。

②或有事项涉及多个项目——各种可能发生额及其发生概率计算确定。

例，×公司对其产品提供一年的质量保证，某年销售D产品5 000 000元。根据以往的销售经验，发生较小质量问题的概率为8%，产生50 000元的修理费用；发生较大质量问题的概率为2%，产生150 000元的修理费用。则产品质量保证的最佳估计数为8%×50 000+2%×150 000=7 000（元）。

亏损合同中预计负债的计量应当按履行该合同的成本与未能履行该合同而发生的补偿或处罚两者中的较低者确定。

企业基本确定赔偿的金额能够全部或部分由第三方补偿，则作为资产单独确认，但确认的金额不得超过已确认预计负债的金额。

3.16 递延所得税负债

3.16.1 定义与核算

1. 定义

递延所得税负债是指根据应纳税暂时性差异计算的未来期间应付所得税的金额。

2. 核算

为了反映递延所得税负债的增减变动,企业应设置"递延所得税负债"科目进行核算。

3.16.2 业务处理示范

1. 递延所得税负债期末余额>期初余额,按其差额

借:所得税费用——递延所得税费用
　　其他综合收益(不涉及损益项目时)
　　贷:递延所得税负债

2. 递延所得税负债期末余额<期初余额,按其差额

借:递延所得税负债
　　贷:所得税费用——递延所得税
　　　　其他综合收益(不涉及损益项目时)

3.16.3 分录处理案例解析

【案例3-28】甲公司2023年12月1日购入股票,实际支付价款为20 000元(假定未发生交易费用),确认为交易性金融资产;12月31日,该股票的公允价值为23 000元,确认公允价值变动收益3 000元。

【解析】编制的会计分录如下。

借：交易性金融资产——公允价值变动　3 000
　　贷：公允价值变动损益　3 000

3.16.4　相关知识补充

不确认递延所得税负债的情况主要有三种。

①商誉的初始确认中不确认递延所得税负债。非同一控制下的企业合并中，因企业合并成本大于合并中取得的被购买方可辨认净资产公允价值的差额，按照会计准则规定应确认为商誉，但按照税法规定其计税基础为0，两者之间的差额形成应纳税暂时性差异，准则中规定对其不确认为一项递延所得税负债，否则会增加商誉的价值。

②除企业合并外的其他交易中，如果交易发生时既不影响会计利润也不影响应纳税所得额，则由资产、负债的初始确认所产生的递延所得税负债不予确认。

③与联营企业、合营企业的投资相关的应纳税暂时性差异产生的递延所得税负债，在同时满足以下两个条件时不予确认：投资企业能够控制暂时性差异转回的时间；该暂时性差异在可预见的未来很可能不会转回。

第 4 章 所有者权益类会计科目

4.1 实收资本

4.1.1 定义与核算

1. 定义

实收资本,是指企业在设立时向工商行政管理部门登记注册的资本总额,也就是全部出资者设定的出资额之和。

2. 核算

为了反映实收资本的增减变动,企业应设置"实收资本"科目进行核算。该科目借方登记实收资本的减少,贷方登记实收资本的增加,期末余额在贷方。

4.1.2 明细科目设置

为了详细反映实收资本的情况,企业应按股东设置明细科目进行核算(见表4-1)。

表4-1 实收资本 明细科目设置

科目编号	总账科目	明细科目
	一级科目	二级科目
4001	实收资本	
400101	实收资本	××股东

4.1.3 业务处理示范

1. 接受货币投资

借：银行存款
　　贷：实收资本——××股东
　　　　资本公积——资本溢价

2. 接受实物投资

借：原材料/固定资产等
　　应交税费——应交增值税（进项税额）
　　贷：实收资本——××股东
　　　　资本公积——资本溢价

3. 接受无形资产投资

借：无形资产
　　应交税费——应交增值税（进项税额）
　　贷：实收资本——××股东
　　　　资本公积——资本溢价

4. 接受股权投资

借：长期股权投资/交易性金融资产/其他权益工具投资等
　　应交税费——应交增值税（进项税额）
　　贷：实收资本——××股东
　　　　资本公积——资本溢价

4.1.4 分录处理案例解析

【案例4-1】甲有限责任公司由张三、李四、王五三位股东出资建立。2023年，张三、李四各出货币资金1 000 000元，王五投入原材料一批，作为注册资本的出资，不含增值税的评估价为1 000 000元（不考虑相关税费）。

【解析】编制的会计分录如下。

借：银行存款　2 000 000
　　原材料　1 000 000
　贷：实收资本——张三　1 000 000
　　　　　　——李四　1 000 000
　　　　　　——王五　1 000 000

4.1.5　相关知识补充

1. 实收资本的分类

①按投资主体分，分为国家资本、集体资本、法人资本、个人资本、外商资本等。

②按投资形式分，分为货币资金、实物、无形资产等。

2. 实收资本减少的原因

①资本过剩。

②企业发生重大亏损，需要减少实收资本。企业因资本过剩而减资，一般要发还股款。

③企业发展到一定时期，资本结构须发生改变，通过股票回购的方式，来减少企业实收资本，达到调节资本结构的目的。

4.2　资本公积

4.2.1　定义与核算

1. 定义

资本公积是指所有者投入的未确认为实收资本（或股本）的其他资本，主要包括资本或股本溢价，以及实行股权激励等形成的归属于所有者的资本。

2. 核算

为了反映资本公积的增减变动，企业应设置"资本公积"科目进行核算。该科目借方登记资本公积的减少，贷方登记资本公积的增加，期末余额在贷方。

4.2.2 明细科目设置

为了详细反映资本公积的情况，企业可以设置"资本（股本）溢价"和"其他资本公积"科目进行明细核算（见表4-2）。其中，资本（股本）溢价核算所有者投入资产的公允价值超过其在注册资本中享有份额的差额。其他资本公积核算企业实行股权激励等形成的归属于所有者的资本。

表4-2　资本公积　明细科目设置

科目编号	总账科目	明细科目
	一级科目	二级科目
4002	资本公积	
400201	资本公积	资本（股本）溢价
400202	资本公积	其他资本公积

4.2.3 业务处理示范

1. 接受投资者投入资本所形成的资本公积

借：银行存款（原材料、固定资产等）
　　贷：实收资本——××股东
　　　　资本公积——资本溢价

2. 资本溢价转增资本时

借：资本公积——资本溢价
　　贷：实收资本

4.2.4 分录处理案例解析

【案例4-2】甲有限责任公司由张三、李四两位股东于2020年各出资1 000 000元建立。2023年发生的经济业务如下：

1. 2023年，该公司的留存收益为300 000元，所有者权益总额为2 300 000元，每位股东享有的权益为1 150 000元。5月，投资者王五希望加入，实际出资1 150 000元，占有1/3的股份，即在注册资本中占有的份额为1 000 000元。投资者王五投资后，该公司的注册资本为3 000 000元。

2. 6月，收到赵六投入的原材料一批，作为注册资本的出资，不含增值税的评估价为1 100 000元，增值税为143 000元，在注册资本中占有的份额为1 000 000元。

【解析】编制的会计分录如下。

1. 借：银行存款　1 150 000
　　贷：实收资本——王五　1 000 000
　　　　资本公积——资本溢价　150 000

2. 借：原材料　1 100 000
　　　应交税费——应交增值税（进项税额）143 000
　　贷：实收资本　1 000 000
　　　　资本公积——资本溢价　243 000

4.2.5 相关知识补充

1. 资本公积与实收资本的区别

①从来源和性质看。实收资本（或股本）是指投资者按照企业章程或合同、协议的约定，实际投入企业并依法进行注册的资本，它体现了企业所有者对企业的基本产权关系；资本公积是投资者的出资中超出其在注册资本中所占份额的部分，以及直接计入所有者权益的利得和损失，它不直接表明所有者对企业的基本产权关系。

②从用途看。实收资本（或股本）的构成比例是确定所有者参与企业财务经营决策的基础，也是企业进行利润分配或股利分配的依据，同时还是企业清算时确定所有者对净资产的要求权的依据；资本公积的用途主要是用来转增资本（或股本）。资本公积不体现各所有者的占有比例，也不能作为所有者参与企业财务经营决策或进行利润分配（或股利分配）的依据。

2. 资本公积的用处

《中华人民共和国公司法》等法律规定，资本公积的用途主要是转增资本，即增加实收资本（或股本）。虽然资本公积转增资本并不能导致所有者权益总额的增加，但资本公积转增资本，一方面，可以改变企业投入资本结构，体现企业稳健、持续发展的潜力；另一方面，对股份有限公司而言，它会增加投资者持有的股份，从而增加公司股票的流通量，进而激活股价，提高股票的交易量和资本的流动性。此外，对于债权人来说，实收资本是所有者权益最本质的体现，是其考虑投资风险的重要影响因素。所以，将资本公积转增资本不仅可以更好地反映投资者的权益，也会影响债权人的信贷决策。

4.3 盈余公积

4.3.1 定义与核算

1. 定义

盈余公积是指企业按照规定从当期净利润中提取的各种积累资金。公司制企业的盈余公积包括法定盈余公积和任意盈余公积。

2. 核算

为了核算盈余公积的提取和使用等增减变动情况，企业应设置"盈余公积"科目进行核算。该科目贷方登记盈余公积的增加，借方登记盈余公积的减少，期末余额通常在贷方。

4.3.2 明细科目设置

盈余公积科目应当分别设置"法定盈余公积"和"任意盈余公积"两个二级科目进行明细核算（见表4-3）。

表4-3 盈余公积 明细科目设置

科目编号	总账科目	明细科目
	一级科目	二级科目
4101	盈余公积	
410101	盈余公积	法定盈余公积
410102	盈余公积	任意盈余公积

4.3.3 业务处理示范

1. 企业按规定提取盈余公积

借：利润分配——提取法定盈余公积

　　　　——提取任意盈余公积

贷：盈余公积——法定盈余公积

　　　　——任意盈余公积

2. 用盈余公积弥补亏损

借：盈余公积——法定盈余公积

　　　　——任意盈余公积

贷：利润分配——盈余公积补亏

3. 用盈余公积转增资本

借：盈余公积——法定盈余公积

　　　　——任意盈余公积

贷：实收资本（股本）

　　资本公积——资本（股本）溢价

4. 用盈余公积派送新股

借：盈余公积——法定盈余公积
　　　　　　——任意盈余公积
　贷：实收资本（股本）
　　　资本公积——资本（股本）溢价

4.3.4　分录处理案例解析

【案例4-3】甲公司2022年年初未分配利润358 000元，法定盈余公积100 000元，任意盈余公积200 000元，当年实现税后利润为1 000 000元，公司股东大会决定按10%提取法定盈余公积，按5%提取任意盈余公积，分派现金股利300 000元。

甲公司现有股东情况如下：张三占50%，李四占30%，王五占20%。2023年5月，经公司股东大会决议，以任意盈余公积150 000元转增资本，并已办妥转增手续。2023年甲公司亏损120 000元。

【解析】编制的会计分录如下。

1. 2022年分配利润

借：本年利润　1 000 000
　贷：利润分配——未分配利润　1 000 000
借：利润分配——提取法定盈余公积　100 000
　　　　　　——提取任意盈余公积　50 000
　　　　　　——应付现金股利　300 000
　贷：盈余公积——法定盈余公积　100 000
　　　　　　——任意盈余公积　50 000
　　　应付股利　300 000
借：利润分配——未分配利润　450 000
　贷：利润分配——提取法定盈余公积　100 000
　　　　　　——提取任意盈余公积　50 000

　　　　　　——应付现金股利　300 000

2. 用任意盈余公积转增资本

借：盈余公积——任意盈余公积　150 000
　　贷：股本——张三　75 000
　　　　　　——李四　45 000
　　　　　　——王五　30 000

3. 2023年年末利润亏损

借：利润分配——未分配利润　120 000
　　贷：本年利润　120 000

4.3.5　相关知识补充

盈余公积是按当期净利润的一定比例提取，而不考虑以前年度实现的未分配利润。

当法定盈余公积的余额达到注册资本的50%时，可以不再提取。

4.4　本年利润

4.4.1　定义与核算

1. 定义

本年利润是指企业某个会计年度的净利润或净亏损。

2. 核算

为了反映企业当期实现的净利润或发生的净亏损，企业应设置"本年利润"科目进行核算。该科目贷方登记转入的各项收入与收益，借方登记转入的各项成本、费用和支出；期末余额在贷方表示企业当期累计实现的利润，期末余额在借方表示企业当期累计发生的亏损。

4.4.2 明细科目设置

为了使"本年利润"科目能准确、及时地提供当期利润额,通常将损益类科目作为其二级科目进行明细核算(见表4-4)。

表4-4 本年利润 明细科目设置

科目编号	总账科目	明细科目
	一级科目	二级科目
4103	本年利润	
410301	本年利润	主营业务收入
410302	本年利润	其他业务收入
410303	本年利润	公允价值变动损益
410304	本年利润	投资收益
410305	本年利润	其他收益
410306	本年利润	营业外收入
410307	本年利润	主营业务成本
410308	本年利润	其他业务成本
410309	本年利润	税金及附加
410310	本年利润	销售费用
410311	本年利润	管理费用
410312	本年利润	财务费用
410313	本年利润	资产减值损失
410314	本年利润	信用减值损失
410315	本年利润	营业外支出
410316	本年利润	所得税费用
410317	本年利润	以前年度损益调整

4.4.3 业务处理示范

1. 结转收入、收益

借：主营业务收入

　　其他业务收入

　　营业外收入

　贷：本年利润

2. 结转成本、费用和支出

借：本年利润

　　贷：主营业务成本

　　　　税金及附加

　　　　其他业务支出

　　　　销售费用

　　　　管理费用

　　　　财务费用

　　　　营业外支出

　　　　所得税费用

3. 结转投资收益或公允价值变动损益

（1）若是净收益时

借：投资收益

　　公允价值变动损益

　贷：本年利润

（2）若是净损失时

借：本年利润

　贷：投资收益

　　　公允价值变动损益

4. 年末结转本年利润

（1）盈利时

借：本年利润

　　贷：利润分配——未分配利润

（2）亏损时

借：利润分配——未分配利润

　　贷：本年利润

4.4.4　分录处理案例解析

【案例4-4】2023年12月末，甲公司科目余额如下："主营业务收入"贷方余额为1 200 000元，"投资收益"贷方余额为60 000元，"主营业务成本"借方余额为800 000元，假设无其他的收入和支出，所得税税率为25%，假设无其他税前扣除项目。

【解析】编制的会计分录如下。

1. 结转主营业务收入和投资收益

借：主营业务收入　1 200 000

　　投资收益　60 000

　　贷：本年利润　1 260 000

2. 结转主营业务成本

借：本年利润　800 000

　　贷：主营业务成本　800 000

3. 计算应缴纳所得税

借：所得税费用　115 000

　　贷：应交税费——应交所得税　115 000

4. 结转所得税费用时

借：本年利润　115 000

　　贷：所得税费用　115 000

5. 将本年实现的净利润转入"利润分配"科目

借：本年利润　345 000
　　贷：利润分配——未分配利润　345 000

4.4.5　相关知识补充

"本年利润"属于所有者权益类科目。"本年利润"科目核算企业当期实现的净利润（或发生的净亏损）。企业期（月）末结转利润时，应将各损益类科目的金额转入本科目，结平各损益类科目。结转后本科目的贷方余额为当期实现的净利润；借方余额为当期发生的净亏损。年度终了，应将本年收入和支出相抵后结出的本年实现的净利润，转入"利润分配"科目，结转后本科目应无余额。

4.5　利润分配

4.5.1　定义与核算

1. 定义

利润分配是指企业按照国家规定的政策和比例，将已实现的净利润在企业和投资者之间进行的分配。

2. 核算

为了反映利润分配的增减变动，企业应设置"利润分配"科目进行核算。该科目核算企业利润的分配（或亏损的弥补）和历年分配（或弥补）后的余额，借方登记按规定进行分配的利润，贷方登记本年利润的结转及用盈余公积弥补的亏损等。

4.5.2 明细科目设置

企业可以设置"提取法定盈余公积""提取任意盈余公积""应付现金股利或利润""转作股本的股利""盈余公积补亏""未分配利润"等科目进行明细核算（见表4-5）。

表4-5 利润分配 明细科目设置

科目编号	总账科目	明细科目
	一级科目	二级科目
4104	利润分配	
410401	利润分配	提取法定盈余公积
410402	利润分配	提取任意盈余公积
410403	利润分配	应付现金股利或利润
410404	利润分配	转作股本的股利
410405	利润分配	盈余公积补亏
410406	利润分配	未分配利润

4.5.3 业务处理示范

1. 企业持续盈利、未发生亏损时

（1）企业按规定提取盈余公积

借：利润分配——提取法定盈余公积
　　　　　　——提取任意盈余公积
贷：盈余公积——法定盈余公积
　　　　　　——任意盈余公积

（2）经股东大会或类似机构决议，分配给股东或投资者的现金股利或利润

借：利润分配——应付现金股利或利润
　贷：应付股利

（3）经股东大会或类似机构决议，分配给股东的股票股利，办理增资手

续后

借：利润分配——转作股本的股利

贷：股本

资本公积——股本溢价

（4）年末终了

借：利润分配——未分配利润

贷：利润分配——提取法定盈余公积

——提取任意盈余公积

——应付现金股利或利润

——转作股本的股利

2. 企业以前年度盈利、本年度发生亏损时

如果企业以前年度持续盈利、本年度发生亏损，企业在进行利润分配前，要首先弥补企业本年度发生的亏损。

若本年度年初有未分配的利润，则先用年初的未分配利润弥补本年度发生的亏损。如果年初未分配利润仍不足弥补亏损的，则企业发生的亏损可以在以后5年内用税前利润弥补。若5年内用税前利润仍不足弥补亏损的，则从第6年开始只能用税后利润弥补。如果税后利润仍不足弥补亏损的，则可以用企业发生亏损前累计提取的盈余公积来弥补。

用盈余公积弥补亏损时：

借：盈余公积——法定盈余公积

——任意盈余公积

贷：利润分配——盈余公积补亏

4.5.4 分录处理案例解析

【案例4-5】甲公司2023年发生如下经济业务。

1. 年初未分配利润为110 000元，本年实现净利润100 000元，经股东大会批准决定，按10%提取法定盈余公积，按5%提取任意盈余公积，按60%发放现金股利，假如不考虑其他因素。

2. 经股东大会批准，用以前年度提取的法定盈余公积，弥补本年度发生的亏损28 000元，假定不考虑其他因素。

【解析】编制的会计分录如下。

1.（1）结转本年利润时

借：本年利润　100 000

　　贷：利润分配——未分配利润　100 000

（2）提取盈余公积、发放现金股利时

借：利润分配——提取法定盈余公积　10 000

　　　　　　——提取任意盈余公积　5 000

　　　　　　——应付现金股利　60 000

　　贷：盈余公积——法定盈余公积　10 000

　　　　　　　　——任意盈余公积　5 000

　　　　应付股利　60 000

（3）将"利润分配"科目所属其他明细科目的余额转入"未分配利润"明细科目

借：利润分配——未分配利润　75 000

　　贷：利润分配——提取法定盈余公积　10 000

　　　　　　　　——提取任意盈余公积　5 000

　　　　　　　　——应付现金股利　60 000

2. 借：盈余公积——法定盈余公积　28 000

　　贷：利润分配——盈余公积补亏　28 000

4.5.5　相关知识补充

企业缴纳所得税后的利润应当按照以下顺序进行分配：

①弥补企业以前年度亏损；

②提取法定盈余公积金；

③提取公益金；

④向投资者分配利润，以前年度未分配的利润可以并入本年度一起向投资者分配。

4.6　库存股

4.6.1　定义与核算

1. 定义

库存股是指公司已发行但由于各种原因又回到公司手中，为公司所持有的股票。主要包括经批准减资而回购的股票、为奖励职工而回购的股票，以及因日后还要再出售而回购的股票。

2. 核算

为了反映库存股的回购和处置情况，企业应设置"库存股"科目进行核算。该科目借方登记库存股的增加，贷方登记库存股的减少，期末如有余额通常在借方。

4.6.2　业务处理示范

1. 经批准减资而回购的股票

（1）回购股票

借：库存股——减资库存股
　　贷：银行存款

（2）注销股票

借：股本
　　资本公积——股本溢价
　　盈余公积

利润分配——未分配利润

　　贷：库存股——减资库存股

　　　　资本公积——股本溢价

说明：库存股实际成本大于股票面值的差额，首先应冲减资本公积（股本溢价）；资本公积不足冲减的，则应冲减留存收益。库存股实际成本小于股票面值的差额，应增加资本公积（股本溢价）。

2. 为奖励职工而回购的股票

（1）回购股票

借：库存股

　　贷：银行存款

（2）奖励本公司职工时

借：银行存款

　　资本公积——其他资本公积（股票期权的公允价值）

　　资本公积——股本溢价（差额）

　　贷：库存股

　　　　资本公积——股本溢价（差额）

3. 因日后还要再出售而回购的股票

（1）回购股票

借：库存股

　　贷：银行存款

（2）出售时

借：银行存款

　　资本公积——股本溢价

　　盈余公积

　　利润分配——未分配利润

　　贷：库存股

　　　　资本公积——股本溢价

4.6.3 分录处理案例解析

【案例4-6】甲股份有限公司发生的经济业务如下。

1. 2023年，经批准回购本公司面值为1元的普通股股票200 000股，减少股本；回购股票的实际价款为230 000元。假定该公司的资本公积（股本溢价）账面余额为500 000元。

2. 2021年1月1日实行一项股权激励计划，可行权日为2023年12月31日，行权价格为5元/股。至2023年12月31日，该公司因股权激励累计确认的资本公积（权益结算的股份支付）为800 000元，可行权数量为90 000股。假定该公司于2022年12月31日回购本公司股票90 000股，每股价格为18元，实际支付价款1 620 000元。2024年1月1日，股权激励对象全部行权，该公司收取行权价款450 000元，以回购的库存股向行权的股权激励对象发放股票。假定该公司"资本公积——股本溢价"账面余额为1 000 000元。

3. 2023年2月15日回购本公司股票10 000股，每股价格为2.80元。6月15日，将其全部出售，每股价格为3元。

【解析】编制的会计分录如下。

1.（1）回购股票

借：库存股　230 000
　　贷：银行存款　230 000

（2）注销股票

借：股本——普通股　200 000
　　资本公积——股本溢价　30 000
　　贷：库存股　230 000

2.（1）2023年12月31日，回购股票

借：库存股　1 620 000
　　贷：银行存款　1 620 000

（2）2024年1月1日，发放股票

借：银行存款　450 000

　　　　　资本公积——其他资本公积　800 000

　　　　　　　　——股本溢价　370 000

　　贷：库存股　1 620 000

3.（1）2023年2月15日，回购股票

借：库存股　28 000

　　贷：银行存款　28 000

（2）2023年6月15日，出售股票

借：银行存款　30 000

　　贷：库存股　28 000

　　　　资本公积——股本溢价　2 000

4.6.4　相关知识补充

现实中，出于减资目的回购库存股的事项极少发生，因此，冲减股本的可能性也极小。由于股份公司的股本溢价大多数额较大，在库存股处置时，处置价格低于回购价格的差额大多小于股本溢价，因此，冲减留存收益的可能性也极小。按照我国企业会计准则的规定，在所有者权益项目中，"库存股"项目排列在"资本公积"项目之后。

4.7　其他综合收益

4.7.1　定义与核算

1. 定义

其他综合收益主要指直接计入所有者权益的利得或损失。主要包括以公允价值计量且其变动计入其他综合收益的金融资产公允价值变动、长期股权投资采用权益法核算时被投资单位所有者权益其他变动、债权投资重分类为其他债

权投资公允价值变动、非投资性房地产转换为投资性房地产转换日公允价值高于账面价值差额等形成的利得或损失等。

2. 核算

为了反映其他综合收益的增减变动，企业应设置"其他综合收益"科目进行核算。

4.7.2 业务处理示范

1. 以公允价值计量且其变动计入其他综合收益的金融资产公允价值变动

（1）公允价值上升

借：其他债权投资——公允价值变动
　　其他权益工具投资——公允价值变动
　贷：其他综合收益

（2）公允价值下降

借：其他综合收益
　贷：其他债权投资——公允价值变动
　　　其他权益工具投资——公允价值变动

2. 长期股权投资采用权益法核算时被投资单位所有者权益其他变动

借/贷：长期股权投资——其他权益变动
　贷/借：其他综合收益

3. 债权投资重分类为其他债权投资公允价值变动

借：其他债权投资
　贷：债权投资
借/贷：其他债权投资——公允价值变动
　贷/借：其他综合收益

4. 非投资性房地产转换为投资性房地产转换日公允价值高于账面价值

借：投资性房地产

贷：固定资产/无形资产/存货等
　　其他综合收益

4.7.3　分录处理案例解析

【案例4-7】甲公司2023年发生如下经济业务。

1. 12月31日，持有一项其他债权投资，发生减值30 000元。

2. 房屋的原始价值为50 000 000元，累计折旧为20 000 000元，计提的减值准备为5 000 000元。该公司对投资性房地产采用公允价值模式进行后续计量。12月31日，甲公司将其出租，当日该房屋的公允价值为32 000 000元。

【解析】编制的会计分录如下。

1. 借：信用减值损失　30 000
　　　贷：其他综合收益——金融资产减值准备　30 000
2. 借：投资性房地产——成本　32 000 000
　　　　累计折旧　20 000 000
　　　　固定资产减值准备　5 000 000
　　　贷：固定资产　50 000 000
　　　　其他综合收益　7 000 000

4.7.4　相关知识补充

企业在编制利润表时，应当在利润表"每股收益"项目下增列"其他综合收益"项目和"综合收益总额"项目。企业在编制合并利润表时，除应当按照上述做法进行调整外，还应当在"综合收益总额"项目下单独列示"归属于母公司所有者的综合收益总额"项目和"归属于少数股东的综合收益总额"项目。除利润表和合并利润表的列报需要作上述调整外，企业还应当在财务报表附注中详细披露其他综合收益各项目及其所得税影响，以及原计入其他综合收益、当期转入损益的金额等信息。

第 5 章 成本类会计科目

5.1 生产成本

5.1.1 定义与核算

1. 定义

生产成本是指企业生产各种产品（包括产成品、自制半成品、自制材料、自制工具、自制设备等）和对外提供劳务所发生的各项生产费用。

2. 核算

生产成本的发生与结转，通过"生产成本"科目进行核算。借方登记企业实际发生的生产成本，贷方登记已完工结转的生产成本；期末余额通常在借方，反映尚未完工的在产品的生产成本。

5.1.2 明细科目设置

为了详细反映生产成本的发生，企业可以按基本生产成本和辅助生产成本进行明细核算，并对基本生产成本按产品名称设置三级明细科目进行核算，对辅助生产成本按车间名称设置三级明细科目进行核算（见表5-1）。

表5-1 生产成本 明细科目设置

科目编号	总账科目	明细科目	
	一级科目	二级科目	三级科目
5001	生产成本		
500101	生产成本	基本生产成本	
50010101	生产成本	基本生产成本	××产品
500102	生产成本	辅助生产成本	
50010201	生产成本	辅助生产成本	××车间

5.1.3 业务处理示范

1. 企业发生的各项直接生产成本

借：生产成本——基本生产成本/辅助生产成本
　　贷：原材料、库存现金、银行存款、应付职工薪酬等

2. 各生产车间应负担的制造费用

借：生产成本——基本生产成本/辅助生产成本
　　贷：制造费用

3. 辅助生产车间为基本生产车间、企业管理部门和其他部门提供的劳务和产品，期（月）末按照一定的分配标准分配给各受益对象

借：生产成本——基本生产成本、管理费用、销售费用、其他业务成本、
　　在建工程等
　　贷：生产成本——辅助生产成本

4. 企业已经生产完成并已验收入库的产成品及入库的自制半成品，应于期（月）末核算

借：库存商品
　　贷：生产成本——基本生产成本

5.1.4 分录处理案例解析

【案例5-1】甲公司12月末发生材料费用和人工费用的汇总信息见表5-2。

表5-2 发出材料及人工费用汇总表

单位：元

用途		项目金额		合计
		材料费用	人工费用	
生产产品	甲产品	55 000	10 000	65 000
	乙产品	58 000	11 000	69 000
辅助生产车间	供水车间	8 000	6 600	14 600
	供电车间	9 600	8 300	17 900
合计		130 600	35 900	166 500

【解析】编制的会计分录如下。

借：生产成本——基本生产成本——甲产品　65 000

　　　　　　　　　　　　　　——乙产品　69 000

　　　　——辅助生产成本——供水车间　14 600

　　　　　　　　　　　　——供电车间　17 900

贷：原材料　130 600

　　应付职工薪酬　35 900

5.1.5 相关知识补充

生产成本包括各项直接支出和制造费用。其中，直接支出包括直接材料（原材料、辅助材料、备品备件、燃料及动力等）、直接工资（生产人员的工资、补贴等）、其他直接支出（福利费等）；制造费用是指企业内的分厂、车间为组织和管理生产所发生的各项费用，包括分厂、车间管理人员工资、折旧费、维修费及其他制造费用（办公费、差旅费、劳保费等）。

5.2 制造费用

5.2.1 定义与核算

1. 定义

制造费用是企业生产车间为生产产品和提供劳务而发生的各项间接费用,包括工资和福利费、折旧费、修理费、办公费、水电费、机物料消耗、劳动保护费、季节性和修理期间的停工损失等。

2. 核算

为了反映制造费用的增减变动,企业应设置"制造费用"科目进行核算。该科目借方登记实际发生的制造费用,贷方登记分配结转的制造费用。若企业并非季节性生产企业,期末结转后无余额。

5.2.2 明细科目设置

为了详细反映制造费用的变动情况,企业应按制造费用的内容设置明细科目进行核算,如工资、职工福利费、折旧费等(见表5-3)。

表5-3 制造费用 明细科目设置

科目编号	总账科目	明细科目
	一级科目	二级科目
5101	制造费用	
510101	制造费用	工资
510102	制造费用	职工福利费
510103	制造费用	折旧费
510104	制造费用	机物料消耗
510105	制造费用	办公费
510106	制造费用	低值易耗品摊销

续表

科目编号	总账科目	明细科目
	一级科目	二级科目
510107	制造费用	保险费
510108	制造费用	租赁费
510109	制造费用	差旅费
510110	制造费用	水电费
510111	制造费用	劳动保护费

5.2.3 业务处理示范

1. 企业生产车间发生的各项间接费用

借：制造费用
　　贷：原材料、库存现金、银行存款、应付职工薪酬、累计折旧等

2. 各生产车间及各产品应负担的制造费用

借：生产成本——基本生产成本——××产品
　　　　　　——辅助生产成本
　　贷：制造费用

5.2.4 分录处理案例解析

【案例5-2】甲公司生产车间于2023年12月发生的有关制造费用的业务如下。

1. 生产车间消耗材料的实际成本10 000元，生产车间使用的固定资产计提折旧5 000元。

2. 月末，将制造费用分配给甲产品和乙产品，甲产品承担制造费用8 000元，乙产品承担制造费用7 000元。

【解析】编制的会计分录如下。

1. 借：制造费用　15 000
    贷：原材料　10 000
       累计折旧　5 000
2. 借：生产成本——基本生产成本——甲产品　8 000
                           ——乙产品　7 000
    贷：制造费用　15 000

5.2.5　相关知识补充

制造费用包括间接用于产品生产的费用（如机物料消耗费用、车间生产用固定资产的折旧费和修理费等、车间生产用的照明费和劳动保护费等）；直接用于产品生产但管理上不要求或不便于单独核算，因而没有单独设置成本项目进行核算的费用（如生产工具的摊销费、设计制图费、试验费及生产工艺用的动力费等）；车间用于组织和管理生产的费用（如车间管理人员的工资及福利费、车间管理用的固定资产折旧费、修理费、车间管理用的水电费等）。

5.3　劳务成本

5.3.1　定义与核算

1. 定义

劳务成本是指企业提供劳务作业而发生的成本。

2. 核算

为了反映劳务成本的增减变动，企业应设置"劳务成本"科目进行核算。

5.3.2 明细科目设置

劳务成本可以根据劳务对象设置明细科目进行核算，也可以根据劳务性质设置明细科目进行核算（见表5-4）。

表5-4 劳务成本 明细科目设置

科目编号	总账科目	明细科目
	一级科目	二级科目
5201	劳务成本	
520101	劳务成本	××单位
520102	劳务成本	加工费
520103	劳务成本	试验费

5.3.3 业务处理示范

1. 企业实际发生劳务成本时

借：劳务成本
　　贷：原材料/应付职工薪酬等

2. 确认劳务收入时

借：银行存款
　　贷：主营业务收入

3. 结转相关劳务成本时

借：主营业务成本
　　贷：劳务成本

5.3.4 分录处理案例解析

【案例5-3】2023年11月1日，甲公司与乙公司签订一项劳务合同，不含增值税的总收入为3 200 000元，适用的增值税税率为6%，完工日为2024年4月30

日，合同签订日预收25%的保证金，其余劳务款于完工时结算。该公司预计该项劳务的总成本为2 500 000元。2023年11月1日，甲公司收取保证金848 000元；2023年11月，甲公司实际发生劳务成本280 000元（假定全部为职工薪酬），月末专业测量师测算的完工程度为10%。

【解析】编制的会计分录如下。

1. 2023年11月1日收取保证金

借：银行存款　848 000

　　贷：预收账款　848 000

2. 2023年11月30日，确认劳务成本、劳务收入，结转劳务成本

借：劳务成本　280 000

　　贷：应付职工薪酬　280 000

确认劳务收入=3 200 000×10%=320 000（元）

收取增值税=320 000×6%=19 200（元）

借：预收账款　339 200

　　贷：主营业务收入　320 000

　　　　应交税费——应交增值税（销项税额）　19 200

结转劳务成本=250 000×10%=250 000（元）

借：主营业务成本　250 000

　　贷：劳务成本　250 000

5.3.5　相关知识补充

某一期间提供劳务时收入和成本的确定方法——产出法或投入法。

各期确认的营业收入=预计总收入×履约进度-前期累计确认营业收入

各期结转的营业成本=预计总成本×履约进度-前期累计结转营业成本

5.4 研发支出

5.4.1 定义与核算

1. 定义

研发支出是指在研究与开发过程中所使用资产的折旧、消耗的原材料、直接参与开发人员的工资及福利费、开发过程中发生的租金，以及借款费用等。

2. 核算

为了反映研发支出的增减变动，企业应设置"研发支出"科目进行核算。

5.4.2 明细科目设置

"研发支出"科目应分别设置"费用化支出"与"资本化支出"科目进行明细核算（见表5-5）。

表5-5 研发支出 明细科目设置

科目编号	总账科目	明细科目
	一级科目	二级科目
5301	研发支出	
530101	研发支出	费用化支出
530102	研发支出	资本化支出

5.4.3 业务处理示范

1. 企业自行研发无形资产发生的研发支出

借：研发支出——费用化支出（研究阶段支出及开发阶段不满足资本化条件的支出）

　　　　　——资本化支出（满足资本化条件的支出）

贷：原材料/银行存款/应付职工薪酬等

2. 以其他方式取得的正在进行的研究开发项目

借：研发支出——资本化支出（满足资本化条件的支出）

　　贷：银行存款等

3. 研究开发项目达到预定用途形成无形资产的

借：无形资产

　　贷：研发支出——资本化支出

5.4.4 分录处理案例解析

【案例5-4】甲公司自行开发一项专利技术，研究阶段发生的支出为100 000元，开发阶段发生的支出为400 000元（其中符合资本化条件的支出300 000元），支付增值税30 000元；开发成功后发生注册登记10 000元，增值税600元，均以银行存款支付。

【解析】编制的会计分录如下。

1. 发生各项支出

借：研发支出——费用化支出　200 000
　　　　　　　——资本化支出　300 000
　　应交税费——应交增值税（进项税额）　30 000
　　贷：银行存款　530 000

2. 期末结算费用化支出

借：研发费用　200 000
　　贷：研发支出——费用化支出　200 000

3. 登记注册后

借：无形资产——专利权　310 000
　　应交税费——应交增值税（进项税额）　600
　　贷：研发支出——资本化支出　300 000
　　　　银行存款　10 600

5.4.5 相关知识补充

研发支出予以资本化的条件，应同时满足：

①完成该无形资产以使其能够使用或出售在技术上具有可行性；

②具有完成该无形资产并使用或出售的意图；

③无形资产产生经济利益的方式，包括能够证明运用该无形资产生产的产品存在市场或无形资产自身存在市场，无形资产将在内部使用的，应证明其有用性；

④有足够的技术、财务资源和其他资源支持，以完成该无形资产的开发，并有能力使用或出售该无形资产；

⑤归属于该无形资产开发阶段的支出能够可靠地计量。

第 6 章 损益类会计科目

6.1 主营业务收入

6.1.1 定义与核算

1. 定义

主营业务收入指企业从事某种主要生产、经营活动所取得的营业收入。

2. 核算

企业应设置"主营业务收入"科目核算主营业务收入的增减变动情况,并根据业务种类进行明细核算。该科目贷方登记增加额,借方登记销售折让、退回金额,期末将余额转入"本年利润"科目。

6.1.2 明细科目设置

主营业务收入可以按照销售商品的种类设置明细科目进行核算(见表6-1)。

表6-1 主营业务收入 明细科目设置

科目编号	总账科目	明细科目
	一级科目	二级科目
6001	主营业务收入	
600101	主营业务收入	××商品

6.1.3 业务处理示范

1. 一般业务

借：银行存款（应收票据、应收账款等）

 贷：主营业务收入

   应交税费——应交增值税（销项税额）

2. 特殊业务

（1）商品销售后经济利益不能流入企业

借：发出商品（或应收退货成本）

 贷：库存商品

如果企业已经开具增值税专用发票：

借：应收账款

 贷：应交税费——应交增值税（销项税额）

（2）附有退货条件的商品销售

借：银行存款（应收账款等）

 贷：应交税费——应交增值税（销项税额）

   主营业务收入（不会退货）

   预计负债（可能退货）

结转已销商品成本时，根据可能退货商品确认的价值：

借：应收退货成本

  主营业务成本

 贷：库存商品

企业收到退回的货款及商品时：

借：预计负债

  应交税费——应交增值税（销项税额抵减）

 贷：主营业务收入

   银行存款

借：库存商品

贷：应收退货成本

企业如果无法合理确定退货的可能性，则应全部确认为发出商品，于退货期满时确认营业收入。

（3）需要安装和检验的商品销售

①需要负责安装、调试，且安装、调试的结果经购货单位检验合格后购货合同才能生效——商品安装调试工作完成以前不应确认收入。

②商品的安装程序比较简单或检验是交货必须进行的程序，根据以往的经验，客户不会拒收商品——满足收入确认的其他条件情况下，可以在发出商品时确认收入。

（4）以旧换新的商品销售

借：银行存款
　　原材料（旧商品公允价值）
　贷：主营业务收入
　　　应交税费———应交增值税（销项税额）

借：主营业务成本
　贷：库存商品

（5）短期分期收款商品销售

发出商品时：

借：应收账款
　贷：主营业务收入
　　　应交税费——待转销项税额

借：主营业务成本
　贷：库存商品

每期收款时：

借：银行存款
　贷：应收账款

借：应交税费——待转销项税额
　贷：应交税费——应交增值税（销项税额）

（6）具有重大融资性质的分期收款商品销售

借：长期应收款

　　贷：应交税费——待转销项税额

　　　　主营业务收入（分期收款总额的现值）

　　　　未实现融资收益（差额）

收款时：

借：银行存款

　　贷：长期应收款

借：应交税费——待转销项税额

　　贷：应交税费——应交增值税（销项税额）

确认利息收入：

借：未实现融资收益

　　贷：财务费用

（7）附有售后回购条件的商品销售

借：银行存款

　　贷：其他应付款

　　　　应交税费——应交增值税（销项税）

借：发出商品

　　贷：库存商品

回购价格>销售价格的差额——在回购期内分期平均确认为利息支出：

借：财务费用

　　贷：其他应付款

回购商品时：

借：其他应付款

　　　应交税费——应交增值税（进项税额）

　　贷：银行存款

借：库存商品

　　贷：发出商品

（8）附有现金折扣的商品销售

销售时点：

借：应收账款

   贷：主营业务收入（扣除最大现金折扣额）

       应交税费——应交增值税（销项税额）

借：主营业务成本

   贷：库存商品

如折扣额有变化时：

借：应收账款

   贷：主营业务收入

收取货款时：

借：银行存款

   贷：应收账款

6.1.4　分录处理案例解析

【案例6-1】甲公司2023年发生的经济业务如下。

1. 1月30日，甲公司售给丁公司一批商品，增值税发票上的售价为80 000元，增值税10 400元，成本50 000元；2月5日，货到后买方发现商品质量不合格，要求在价格上给予5%的折让。

2. 1月30日，甲公司销售A商品200件，价款为200 000元，增值税销项税额为26 000元，款项收到存入银行，规定15天内可以无条件退货，已开具增值税专用发票，客户已取得该商品的控制权；该批商品总成本为160 000元。甲公司根据以往经验，估计退货率为5%，不会发生价值减损。2月5日，购货方退回商品8件，其余商品未退货，甲公司收到销售退回证明单，开具红字增值税专用发票，退回价款8 000元，增值税1 040元。

3. 1月31日，甲公司采用支票结算方式销售C商品10件，不含增值税的价款为500 000元，增值税65 000元，该批商品实际成本为450 000元。销售合同规定，该企业在6月30日将该批商品购回，购回价格为520 000元，增值税67 600元。

4. 8月20日，甲公司与乙公司签订合同，当日采用赊销方式销售D产品30件，价款30 000元，增值税3 900元，现金折扣（按照不含增值税的价款计算）的条件为2/30，1/60，n/90，甲公司估计乙公司能够在9月20日之前付款，商品成本22 000元；当日开具了增值税专用发票，乙公司收到商品。

5. 12月18日，甲公司销售B商品50件，价款为30 000元，增值税销项税额为3 900元，总成本为21 000元；甲公司已经开具增值税专用发票，并收取全部价款。甲公司在销售B商品的同时，收购旧商品50件，收购价款为1 500元（为其公允价值），直接抵扣B商品的销售价款，实际收到价款32 400元。收购的旧商品作为原材料验收入库。

【解析】编制的会计分录如下。

1.（1）1月30日

借：应收账款——丁公司　90 400

　　贷：主营业务收入　80 000

　　　　应交税费——应交增值税（销项税额）　10 400

借：主营业务成本　50 000

　　贷：库存商品　50 000

（2）2月5日

借：主营业务收入　4 000

　　　应交税费——应交增值税（销项税额）520

　　贷：应收账款——丁公司　4 520

（3）实际收到款项时

借：银行存款　85 880

　　贷：应收账款——丁公司　85 880

2.（1）1月30日

确认主营业务收入：200 000×95%=190 000（元）

确认预计负债：200 000×5%=10 000（元）

借：银行存款　226 000

　　贷：主营业务收入　190 000

　　　　预计负债　10 000

　　　　应交税费——应交增值税（销项税额）26 000

确认主营业务成本：160 000×95%=152 000（元）

确认应收退货成本：160 000×5%=8 000（元）

借：主营业务成本　152 000

　　应收退货成本　8 000

　　贷：库存商品　160 000

（2）2月5日

确认主营业务收入：10 000-8 000=2 000（元）

借：预计负债　10 000

　　应交税费——应交增值税（销项税额抵减）1 040

　　贷：主营业务收入　2 000

　　　　银行存款　9 040

转回库存商品：8000×80%=6 400（元）

确认主营业务成本：8000-6400=1 600（元）

借：主营业务成本　1 600

　　库存商品　6 400

　　贷：应收退货成本　8 000

3.（1）1月31日

借：银行存款　565 000

　　贷：应交税费——应交增值税（销项税额）　65 000

　　　　其他应付款　500 000

借：发出商品　450 000

　　贷：库存商品　450 000

（2）2月至6月各月月末计提利息费用

借：财务费用　4 000

贷：其他应付款　4 000

（3）6月30日

借：其他应付款　520 000

　　应交税费——应交增值税（进项税额）　67 600

　　贷：银行存款　587 600

借：库存商品　450 000

　　贷：发出商品　450 000

4.（1）8月20日

借：应收账款　33 300

　　贷：主营业务收入　29 400

　　　　应交税费——应交增值税（销项税额）　3 900

借：主营业务成本　22 000

　　贷：库存商品　22 000

（2）9月30日，乙公司尚未支付货款；经与乙公司沟通，估计10月20日前支付货款

借：应收账款　300

　　贷：主营业务收入　300

（3）10月19日，甲公司收到乙公司支付的全部货款

借：银行存款　33 600

　　贷：应收账款　33 600

5. 借：银行存款　32 400

　　　原材料　1 500

　　贷：主营业务收入　30 000

　　　　应交税费——应交增值税（销项税额）　3 900

借：主营业务成本　21 000

　　贷：库存商品　21 000

6.1.5 相关知识补充

1. 营业收入的确认条件

当企业与客户之间的合同同时满足下列条件时，企业应当在客户取得相关商品控制权时确认营业收入：

①合同各方已批准该合同并承诺将履行各自义务；

②该合同明确了合同各方与所销售商品或提供服务等相关的权利和义务；

③该合同有明确的与所销售商品或提供服务等相关的支付条款；

④该合同具有商业实质，即履行该合同将改变企业未来现金流量的风险、时间分布或金额；

⑤企业因向客户销售商品或提供服务等而有权取得的对价很可能收回。

2. 营业收入的确认时间

（1）在某一时段内分期确认营业收入

①客户在企业履约的同时即取得并消耗企业履约所带来的经济利益；

②客户能够控制企业履约过程中在建的商品或服务等；

③在企业履约过程中所产出的商品或服务等具有不可替代用途，且该企业在整个合同期间内有权就累计至今已完成的履约部分收取款项。

（2）在某一时点确认营业收入

企业应当在客户取得相关商品或服务等控制权的时点确认收入，考虑下列迹象：

①企业就该商品或服务等享有现时收款权利，即客户就该商品或服务负有现时付款义务；

②企业已将该商品或服务等的法定所有权转移给客户，即客户已拥有该商品等的法定所有权；

③企业已将该商品实物转移给客户，即客户已占有该商品实物；

④企业已将该商品等所有权上的主要风险和报酬转移给客户，即客户已取得该商品或服务等所有权上的主要风险和报酬；

⑤客户已接受该商品或服务等；
⑥其他表明客户已取得商品或服务等控制权的迹象。

6.2 其他业务收入

6.2.1 定义与核算

1. 定义

其他业务收入是指企业除商品销售外的其他销售及其他业务所取得的收入。它包括材料销售、技术转让、代购代销、固定资产出租、包装物出租、运输等非工业性劳务收入。

2. 核算

企业应设置"其他业务收入"科目核算其他业务收入的增减变动，并根据业务种类进行明细核算。该科目贷方登记增加额，借方登记减少额，期末将余额转入"本年利润"科目。

6.2.2 明细科目设置

其他业务收入可以按照其他业务的种类设置明细科目进行核算（见表6-2）。

表6-2 其他业务收入 明细科目设置

科目编号	总账科目	明细科目	
	一级科目	二级科目	三级科目
6051	其他业务收入		
605101	其他业务收入	原材料	
60510101	其他业务收入	原材料	××材料
605102	其他业务收入	包装物出租	

6.2.3 业务处理示范

1. 企业销售原材料

借：银行存款/应收账款

  贷：其他业务收入

    应交税费——应交增值税（销项税额）

借：其他业务成本

  贷：原材料等

如果是原材料采用计划成本核算的企业，还应分摊材料成本差异。

2. 收到出租包装物的租金

借：库存现金/银行存款等

  贷：其他业务收入

    应交税费——应交增值税（销项税额）

对于逾期未退包装物没收的押金：

借：其他应付款

  贷：其他业务收入

    应交税费——应交增值税（销项税额）

3. 企业采取收取手续费的方式代销商品，取得的手续费收入

借：应付账款——×× 委托代销单位

  贷：其他业务收入

    应交税费——应交增值税（销项税额）

6.2.4 分录处理案例解析

【案例6-2】丁公司发生的经济业务如下。

1. 将一批生产用的A材料售让给甲公司，增值税专用发票列明材料价款10 000元，增值税1 300元，成本6 000元，材料已经发出，同时收到甲公司开出并承兑的商业汇票。

2. 原租给乙工厂的一批包装物，到期不能收回，该批包装物押金8 000元，应收而未收的租金200元、增值税税额为26元，逾期未退还的包装物押金为7 774元，按规定应缴纳增值税1 011元。

【解析】编制的会计分录如下。

1. 借：应收票据——甲公司　11 300
　　贷：其他业务收入——A材料　10 000
　　　　应交税费——应交增值税（销项税额）　1 300

　借：其他业务成本　6 000
　　贷：原材料　6 000

2. 借：其他应付款——存入保证金——乙工厂　8 000
　　贷：其他业务收入——甲公司　200
　　　　营业外收入　6 763
　　　　应交税费——应交增值税（销项税额）　1 037

6.2.5　相关知识补充

其他业务收入核算的是与企业经营有直接关系的非主营业务的收入，是企业日常经营过程中所取得的收入，属于收入；而营业外收入核算的是与企业经营无直接关系的收入，包括利得和部分资产处理收入净额，如捐赠收入、罚款收入等，属于利得。

6.3　公允价值变动损益

6.3.1　定义与核算

1. 定义

公允价值变动损益是指交易性金融资产和以公允价值计量的投资性房地产等因公允价值变动形成的损益。

2. 核算

为了反映交易性金融资产因公允价值变动而发生的收益或损失，企业应设置"公允价值变动损益"科目进行核算。该科目贷方登记公允价值的上升，借方登记公允价值的下降，期末该科目余额结转到"本年利润"科目，所以该科目期末无余额。

6.3.2 明细科目设置

公允价值变动损益科目可以按相关资产的种类设置明细科目进行核算（见表6-3）。

表6-3 公允价值变动损益 明细科目设置

科目编号	总账科目	明细科目
	一级科目	二级科目
6101	公允价值变动损益	
610101	公允价值变动损益	交易性金融资产

6.3.3 业务处理示范

1. 有关资产的公允价值高于其账面价值时

借：有关资产科目
　　贷：公允价值变动损益

2. 有关资产的公允价值低于其账面价值时

借：公允价值变动损益
　　贷：有关资产科目

6.3.4 分录处理案例解析

【案例6-3】甲公司的投资性房地产采用公允价值模式计量，12月末有如下两项资产账面价值与公允价值不一致：交易性金融资产的账面价值为60 000元，公允价值为55 000元；投资性房地产账面价值为100 000元，公允价值为113 000元。

【解析】编制的会计分录如下。

借：公允价值变动损益　5 000
　　贷：交易性金融资产——公允价值变动　5 000
借：投资性房地产——公允价值变动　13 000
　　贷：公允价值变动损益　13 000

6.3.5　相关知识补充

公允价值变动损益和投资收益的区别如下。

一般而言，除了权益法核算的长期股权投资，投资收益都是已经实现了的损益。而公允价值变动损益只是账面上的损益，并不是实际的损益。如花费1 000元购买股票，年末市价1 200元，确认了200元的公允价值变动损益，但第二年股票市价降到900元，那么第一年涨的200元实际就没有了。如果第一年年末按1 200元卖出，那么这200元就变成实际的收入，第二年市价下跌也没有影响。

6.4　投资收益

6.4.1　定义与核算

1. 定义

投资收益是指企业从事各项对外投资活动取得的收益，即投资业务取得的收入大于其成本的差额。如果投资业务取得的收入小于其成本，则称为投资损失。投资收益大于投资损失的差额为投资净收益；反之则为投资净损失。

2. 核算

为了反映因投资而发生的收益或损失,企业应设置"投资收益"科目进行核算。该科目贷方登记投资收益的增加,借方登记因投资而发生的损失及投资过程中发生的手续费等,期末该科目余额结转到"本年利润"科目,所以该科目期末无余额。

6.4.2 明细科目设置

投资收益科目通常按收益的种类设置明细科目进行核算(见表6-4)。

表6-4 投资收益 明细科目设置

科目编号	总账科目	明细科目
	一级科目	二级科目
6111	投资收益	
611101	投资收益	股票收益
611102	投资收益	股权收益
611103	投资收益	理财收益
611104	投资收益	其他收益

6.4.3 业务处理示范

1. 购买交易性金融资产过程中发生的手续费

借:投资收益
　　应交税费——应交增值税(进项税额)
　　贷:其他货币资金等

2. 将各项投资出售

借:其他货币资金等
　　应交税费——应交增值税(进项税额)
　　投资收益(差额)

贷：交易性金融资产/债权投资/其他债权投资等

　　投资收益（差额）

3. 将持有期间公允价值变动、其他综合收益等结转到本科目

借/贷：投资收益

　贷/借：公允价值变动损益

借/贷：投资收益

　贷/借：其他综合收益

6.4.4　分录处理案例解析

【案例6-4】甲公司2024年7月发生的投资业务如下。

1. 3日，用银行存款10 000元购入股票，初始确认为交易性金融资产，不考虑相关税费。

2. 31日，将前述购入的股票全部出售，收取价款10 500元。

3. 结转当月国库券利息收入1 000元。

【解析】编制的会计分录如下。

1. 借：交易性金融资产　10 000

　　贷：其他货币资金　10 000

2. 借：其他货币资金　10 500

　　贷：交易性金融资产　10 000

　　　投资收益　500

3. 借：债权投资　1 000

　　贷：投资收益　1 000

6.4.5　相关知识补充

当期损益和投资收益的区别如下。

投资收益核算各项对外投资活动取得的收益，当期损益即企业在一定时期进行生产经营活动所取得的财务成果，表现为利润或亏损。当期损益包括投资收益。

处置投资时，对损益的影响是当期的，对投资收益的影响可能还包含当期以前的。

6.5 资产处置损益

6.5.1 定义与核算

1. 定义

资产处置损益主要是指处置固定资产、在建工程及无形资产等产生的损益。

2. 核算

为了反映处置固定资产、在建工程及无形资产等发生的收益或损失，企业应设置"资产处置损益"科目进行核算。该科目贷方登记因处置相关资产而产生的净收益，借方登记因处置相关资产而产生的净损失，期末该科目余额结转到"本年利润"科目，所以该科目期末无余额。

6.5.2 明细科目设置

资产处置损益可以按处置资产的种类设置明细科目进行核算，如处置固定资产损益、处置无形资产损益（见表6-5）等。

表6-5 资产处置损益 明细科目设置

科目编号	总账科目	明细科目
	一级科目	二级科目
6115	资产处置损益	
611501	资产处置损益	处置固定资产损益
611502	资产处置损益	处置无形资产损益

6.5.3 业务处理示范

1. 企业发生资产处置收益时

借：相关科目
　　贷：资产处置损益

2. 企业发生资产处置损失时

借：资产处置损益
　　贷：相关科目

6.5.4 分录处理案例解析

【案例6-5】甲公司8月出售生产线一条，原始价值为90 000元，已计提折旧额72 000元，已计提减值准备8 000元。取得收入20 000元，增值税为2 600元。

【解析】编制的会计分录如下。

1. 结转固定资产账面价值

借：固定资产清理　10 000
　　累计折旧　72 000
　　固定资产减值准备　8 000
　　贷：固定资产　90 000

2. 取得出售收入

借：银行存款　22 600
　　贷：固定资产清理　20 000
　　　　应交税费——应交增值税（销项税额）　2 600

3. 结转固定资产出售净收益

借：固定资产清理　10 000
　　贷：资产处置损益　10 000

6.6 营业外收入

6.6.1 定义与核算

1. 定义

营业外收入是指企业在营业利润以外取得的收入,主要包括接受捐赠收入、赔款收入等。

2. 核算

为了反映企业营业外收入的增减变动,企业应设置"营业外收入"科目进行核算。该科目借方登记减少,贷方登记增加,期末将本期发生的营业外收入转入"本年利润"科目,所以期末该科目无余额。

6.6.2 明细科目设置

营业外收入可以按业务内容设置明细科目进行核算,如接受捐赠收入、赔款收入等(见表6-6)。

表6-6 营业外收入 明细科目设置

科目编号	总账科目	明细科目
	一级科目	二级科目
6301	营业外收入	
630101	营业外收入	接受捐赠收入
630102	营业外收入	赔款收入

6.6.3 业务处理示范

企业取得各项营业外收入时:

借:有关科目

  贷:营业外收入

6.6.4 分录处理案例解析

【案例6-6】甲公司2024年8月因客户违约取得赔款收入2 300元。

【解析】编制的会计分录如下。

借：银行存款　2 300
　　贷：营业外收入——赔款收入　2 300

6.7 主营业务成本

6.7.1 定义与核算

1. 定义

主营业务成本是指企业因销售商品、提供劳务等经营性活动所发生的成本。

2. 核算

为了反映企业主营业务成本的增减变动，企业应设置"主营业务成本"科目进行核算。该科目借方登记增加，贷方登记减少，期末将本期发生的主营业务成本转入"本年利润"科目，所以期末该科目无余额。

6.7.2 明细科目设置

主营业务成本可以按照销售商品的种类设置明细科目进行核算（见表6-7）。

表6-7　主营业务成本　明细科目设置

科目编号	总账科目	明细科目
	一级科目	二级科目
6401	主营业务成本	
640101	主营业务成本	××商品

6.7.3　业务处理示范

1. 销售商品时或采用一次加权平均法结转商品成本的企业，结转成本时

借：主营业务成本
　　贷：库存商品/劳务成本等

采用计划成本或售价核算库存商品的，平时的营业成本按计划成本或售价结转，月末，还应结转本月销售商品应分摊的产品成本差异或商品进销差价。

2. 以库存商品进行非货币性资产交换或债务重组，按该用于交换或抵债的库存商品的账面余额

借：主营业务成本
　　存货跌价准备
　　贷：库存商品

3. 本期发生的销售退回

借：库存商品
　　贷：主营业务成本

6.7.4　分录处理案例解析

【案例6-7】2023年1月5日，丁公司售给甲公司一批商品，增值税发票上的售价为80 000元，增值税10 400元，成本50 000元，已计提存货跌价准备8 000元，款项尚未收到。

【解析】编制的会计分录如下。

借：应收账款——甲公司　90 400
　　贷：主营业务收入　80 000
　　　　应交税费——应交增值税（销项税额）　10 400
借：主营业务成本　42 000
　　存货跌价准备　8 000
　　贷：库存商品　50 000

6.7.5　相关知识补充

生产成本是生产过程中归集的成本,完工转入产成品,包括直接支出和制造费用。其中直接支出包括直接材料、直接人工和其他直接支出,制造费用包括产品生产成本中除直接材料和直接人工外一切生产成本。生产成本和制造费用均属于成本类科目。

主营业务成本是销售过程中与利润有关的成本,且必须是已销售的产品或已提供的劳务的成本。主营业务成本属于损益类科目。

6.8　其他业务成本

6.8.1　定义与核算

1. 定义

其他业务成本是指企业确认的除主营业务活动外的其他日常经营活动所发生的支出。其他业务成本包括销售材料成本、出租固定资产的折旧额、出租无形资产的摊销额、出租包装物成本或摊销额等。

2. 核算

为了反映企业其他业务成本的增减变动,企业应设置"其他业务成本"科目进行核算。该科目借方登记增加,贷方登记减少,期末将本期发生的其他业务成本转入"本年利润"科目,所以期末该科目无余额。

6.8.2　明细科目设置

其他业务成本通常按照业务种类设置明细科目进行核算,如销售材料成本、出租包装物成本等(见表6-8)。

表6-8　其他业务成本　明细科目设置

科目编号	总账科目	明细科目	
	一级科目	二级科目	三级科目
6402	其他业务成本		
640201	其他业务成本	材料	
64020101	其他业务成本	材料	××材料
640202	其他业务成本	包装物	
64020201	其他业务成本	包装物	××包装物

6.8.3　业务处理示范

企业发生的其他业务成本：

借：其他业务成本
　　贷：原材料/周转材料/累计折旧/累计摊销/银行存款/投资性房地产累计折旧（摊销）

6.8.4　分录处理案例解析

【案例6-8】丁公司2023年发生的经济业务如下。

1. 将一批生产用的A材料出售给甲公司，增值税专用发票列明材料价款8 000元，增值税1 040元，成本5 000元，材料已经发出，款项已存入银行。

2. 2023年12月31日，购入一栋房屋，以银行存款支付全部购买价格6 000 000元，并与甲公司签订租赁合同。该公司将购入的房屋确认为投资性房地产并采用成本模式进行后续计量。预计该房屋可使用20年，净残值为0，采用年限平均法计提折旧。

要求：编制2024年1月31日确认折旧的会计分录。

【解析】编制的会计分录如下。

1. 借：银行存款　9 040

　　　　贷：其他业务收入——A材料　8 000
　　　　　　应交税费——应交增值税（销项税额）　1 040
　　借：其他业务成本　5 000
　　　　贷：原材料　5 000
2. 借：其他业务成本　25 000
　　　贷：投资性房地产累计折旧（摊销）　25 000

6.9　税金及附加

6.9.1　定义与核算

1. 定义

税金及附加是指应由营业收入补偿的各种税金及附加费，主要包括消费税、城市维护建设税、教育费附加、房产税、土地使用税、车船税、印花税等。

2. 核算

为了反映由营业收入补偿的各种税金及附加费的增减变动，企业应设置"税金及附加"科目进行核算。该科目借方登记企业实际发生的各项税金及附加费，贷方登记已结转的税金及附加费，期末结转"本年利润"后无余额。

6.9.2　明细科目设置

为了详细反映税金及附加费的内容，企业可以按具体税种名称对税金及附加费进行明细核算（见表6-9）。

表6-9 税金及附加 明细科目设置

科目编号	总账科目	明细科目
	一级科目	二级科目
6403	税金及附加	
640301	税金及附加	消费税
640302	税金及附加	城市维护建设税
640303	税金及附加	教育费附加
640304	税金及附加	印花税
640305	税金及附加	环境保护税
640306	税金及附加	土地增值税
640307	税金及附加	房产税
640308	税金及附加	车船税
640309	税金及附加	土地使用税
640310	税金及附加	车辆购置税

6.9.3 业务处理示范

1. 企业发生的消费税、城市维护建设税、教育费附加、房产税、土地使用税、车船税

借：税金及附加

　　贷：应交税费——应交消费税、城市维护建设税、教育费附加、房产税、土地使用税、车船税

2. 企业应缴纳的印花税

借：税金及附加

　　贷：银行存款

3. 期末，将税金及附加转入本年利润

借：本年利润

　　贷：税金及附加

6.9.4 分录处理案例解析

【案例6-9】光明企业为小规模纳税人，5月销售产品的含税收入为31 800元（均为应纳消费税收入），增值税税率为6%，假定本月该企业应交城市维护建设税税率为7%，教育费附加税率为3%。

【解析】编制的会计分录如下。

1. 确认收入

借：银行存款　31 800

　　贷：主营业务收入　30 000

　　　　应交税费——应交增值税　1 800

2. 提取应交消费税、城市维护建设税和教育费附加时

借：税金及附加　3 180

　　贷：应交税费——应交消费税　3 000

　　　　　　　——应交城市维护建设税　126

　　　　　　　——教育费附加　54

3. 交纳消费税、城市维护建设税和教育费附加时

借：应交税费——应交消费税　3 000

　　　　　　——应交城市维护建设税　126

　　　　　　——教育费附加　54

　　贷：银行存款　3 180

4. 购买印花税票100元

借：税金及附加　100

　　贷：银行存款　100

5. 期末将税金及附加金额转入本年利润科目

借：本年利润　3 280

　　贷：税金及附加　3 280

6.9.5 相关知识补充

城市维护建设税、教育费附加均按企业应交纳的增值税和消费税的一定比例计算征收，二者均与两税同时交纳。

6.10 销售费用

6.10.1 定义与核算

1. 定义

销售费用是指企业在销售商品和材料、提供劳务的过程中发生的各项费用。

2. 核算

为了反映销售费用的增减变动，企业应设置"销售费用"科目进行核算。该科目借方登记企业实际发生的各项销售费用，贷方登记已结转的销售费用，期末结转"本年利润"后无余额。

6.10.2 明细科目设置

为了详细反映销售费用的内容，企业可以按具体项目对销售费用进行明细核算，如广告费、展览费、办公费等（见表6-10）。

表6-10 销售费用 明细科目设置

科目编号	总账科目	明细科目
	一级科目	二级科目
6601	销售费用	
660101	销售费用	工资
660102	销售费用	福利费

续表

科目编号	总账科目	明细科目
	一级科目	二级科目
660103	销售费用	广告费
660104	销售费用	展览费
660105	销售费用	办公费
660106	销售费用	保险费
660107	销售费用	包装费
660108	销售费用	运输费

6.10.3　业务处理示范

1. 发生销售费用

借：销售费用——××

　　应交税费——应交增值税（进项税额）

　贷：银行存款等

2. 期末，将销售费用转入本年利润

借：本年利润

　贷：销售费用

6.10.4　分录处理案例解析

【案例6-10】甲公司于2023年8月发生的费用支出业务如下。

1. 为销售产品，发生广告费2 800元。

2. 应支付外地办事处销售人员的工资8 800元。

3. 期末将销售费用余额转入本年利润科目。

【解析】编制的会计分录如下。

1. 借：销售费用　2 800

    贷：银行存款　2 800
2. 借：销售费用　8 800
    贷：应付职工薪酬　8 800
3. 借：本年利润　11 600
    贷：销售费用　11 600

6.10.5　相关知识补充

销售费用可分为变动性销售费用和固定性销售费用。变动性销售费用是指企业在销售产品过程中发生的与销售量成正比例变化的各项经费，如委托代销手续费（代理商佣金）、包装费、运输费、装卸费等。固定性销售费用是指企业在销售产品的过程中不随产品销售量的变化而变化的各项费用，这些费用是相对固定的。固定性销售费用又可分为约束性固定销售费用和酌量性固定销售费用。约束性固定销售费用具体包括租赁费、销售人员的工资、办公费、折旧费等；酌量性固定销售费用具体包括销售促销费、销售人员的培训费等。

6.11　管理费用

6.11.1　定义与核算

1. 定义

管理费用是指企业为组织和管理生产经营活动所发生的各种费用。

2. 核算

为了反映管理费用的增减变动，企业应设置"管理费用"科目进行核算。该科目借方登记企业实际发生的各项管理费用，贷方登记已结转的管理费用，期末结转"本年利润"后无余额。

6.11.2 明细科目设置

为了详细反映管理费用的内容，企业可以按具体项目对管理费用进行明细核算，如折旧费、业务招待费、办公费等（见表6-11）。

表6-11 管理费用 明细科目设置

科目编号	总账科目	明细科目
	一级科目	二级科目
6602	管理费用	
660201	管理费用	工资
660202	管理费用	福利费
660203	管理费用	折旧费
660204	管理费用	业务招待费
660205	管理费用	低值易耗品摊销
660206	管理费用	无形资产摊销
660207	管理费用	办公费
660208	管理费用	运输费

6.11.3 业务处理示范

1. 发生管理费用

借：管理费用
　　应交税费——应交增值税（进项税额）
　贷：银行存款等

2. 期末，将管理费用转入本年利润

借：本年利润
　贷：管理费用

6.11.4 分录处理案例解析

【案例6-11】甲公司于2023年8月发生的费用支出业务如下。

1. 15日,用现金800元购买办公用品,增值税为48元。
2. 月末,计提办公用房的折旧费10 000元。
3. 用银行存款支付业务招待费6 200元。
4. 管理部门人员工资为30 000元。
5. 期末将管理费用余额转入本年利润科目。

【解析】编制的会计分录如下。

1. 借:管理费用　800
      应交税费——应交增值税(进项税额)　48
      贷:库存现金　848

2. 借:管理费用　10 000
      贷:累计折旧　10 000

3. 借:管理费用　6 200
      贷:银行存款　6 200

4. 借:管理费用　30 000
      贷:应付职工薪酬　30 000

5. 借:本年利润　47 000
      贷:管理费用　47 000

6.12 财务费用

6.12.1 定义与核算

1. 定义

财务费用是指企业为筹集生产经营活动所需资金等而发生的筹资费用,包括利息支出（减利息收入）、汇兑损益（汇兑损失减汇兑收益）及相关的手续费、企业发生的现金折扣或收到的现金折扣等。

2. 核算

为了反映财务费用的增减变动，企业应设置"财务费用"科目进行核算。借方登记利息支出、银行手续费及汇兑损失等，贷方登记利息收入、汇兑收益等，期末应将本科目余额转入"本年利润"科目，结转后无余额。

6.12.2 明细科目设置

企业可以设置"利息收入""利息支出""手续费""汇兑损失"等科目进行明细核算（见表6-12）。

表6-12 财务费用 明细科目设置

科目编号	总账科目	明细科目
	一级科目	二级科目
6603	财务费用	
660301	财务费用	利息收入
660302	财务费用	利息支出
660303	财务费用	手续费
660304	财务费用	汇兑损失

6.12.3 业务处理示范

1. 计提利息费用

借：财务费用——利息费用（手续费等）
　贷：应付利息
　　　长期借款——应计利息

2. 收到利息

借：银行存款
　　贷：财务费用——利息收入

3. 期末，将财务费用转入本年利润

借：本年利润
　　贷：财务费用

6.12.4　分录处理案例解析

【案例6-12】甲公司于2023年12月发生的与财务费用相关的业务如下。

1. 22日，收到银行存款利息4 500元，办理银行汇款手续费20元。

2. 31日，计提长期借款利息10 000元，该长期借款利息为一次到期还本付息。

3. 31日，将财务费用金额转入本年利润科目。

【解析】编制的会计分录如下。

1. 借：银行存款　4 500
　　贷：财务费用——利息收入　4 500

借：财务费用——手续费　20
　　贷：银行存款　20

2. 借：财务费用　10 000
　　贷：长期借款——应计利息　10 000

3. 借：本年利润　5 520
　　贷：财务费用　5 520

6.12.5　相关知识补充

企业发生的借款利息费用有资本化和费用化两种情况，借款满足资本化条件的，应予以资本化并计入相关资产成本；不满足资本化条件的，应予以费用

化计入财务费用。部分典型的财务费用分配如下:

企业筹建期间发生的利息支出,应计入开办费;与购建固定资产或者无形资产有关的,在资产尚未交付使用或者虽已交付使用但尚未办理竣工决算之前的利息支出,计入购建资产的价值;清算期间发生的利息支出,计入清算损益。

经营期间发生的手续费、工本费等不能计入财务费用,而应计入管理费用下的办公费。

6.13 资产减值损失

6.13.1 定义与核算

1. 定义

资产减值损失是指企业存货、长期股权投资、固定资产、在建工程、工程物资、无形资产等发生减值而确认的减值损失。

2. 核算

为了反映资产减值损失的增减变动,企业应设置"资产减值损失"科目进行核算。借方登记各项资产确认的资产减值损失,贷方登记相关资产价值恢复的金额,期末应将本科目余额转入"本年利润"科目,结转后无余额。

6.13.2 明细科目设置

企业可以按相关资产名称进行明细核算,如计提存货跌价准备、计提固定资产减值准备等(见表6-13)。

表6-13 资产减值损失 明细科目设置

科目编号	总账科目	明细科目
	一级科目	二级科目
6701	资产减值损失	
670101	资产减值损失	计提存货跌价准备
670102	资产减值损失	计提固定资产减值准备
670103	资产减值损失	计提无形资产减值准备

6.13.3 业务处理示范

1. 确认的资产减值损失

借：资产减值损失——计提存货跌价准备/计提××资产减值准备

　　贷：存货跌价准备/长期股权投资减值准备/固定资产减值准备/在建工程减值准备/工程物资减值准备/无形资产减值准备等

2. 计提存货跌价准备后，存货价值又得以恢复

借：存货跌价准备

　　贷：资产减值损失——计提存货跌价准备

6.13.4 分录处理案例解析

【案例6-13】甲公司发生的有关资产减值损失的业务如下。

1. 某年12月末固定资产账面价值为300 000元，可收回金额为290 000元；存货账面价值为130 000元，可变现净值为125 000元；持有乙公司一项股权，账面价值为1 000 000元，可收回金额为1 290 000元。以前均未发生减值。

2. 上年存货账面价值为130 000元，可变现净值为125 000元，已计提存货跌价准备5 000元，本期末该批存货可变现净值为132 000元。

【解析】编制的会计分录如下。

1. 借：资产减值损失——计提固定资产减值准备　10 000

　　　　　　　　——计提存货跌价准备　5 000
　　　贷：固定资产减值准备　10 000
　　　　　　存货跌价准备　5 000
　2. 借：存货跌价准备　2 000
　　　贷：资产减值损失——计提存货跌价准备　2 000

6.13.5　相关知识补充

　　按照我国会计准则的规定，企业对已计提的长期股权投资减值准备、固定资产减值准备、在建工程减值准备、工程物资减值准备、无形资产减值准备，日后如果相关资产价值得以恢复，则已计提的减值准备不得转回。

　　对存货已计提跌价准备后，价值又得以恢复的，已计提的存货跌价准备可以转回，但转回的金额不得超过已确认的存货跌价准备金额。

6.14　信用减值损失

6.14.1　定义与核算

1. 定义

　　信用减值损失是指金融资产中的应收款项、债权投资、其他债权投资等资产价值下跌发生的损失。

2. 核算

　　为了反映信用减值损失的增减变动，企业应设置"信用减值损失"科目进行核算。借方登记金融资产因价值下跌而确认的减值损失，贷方登记相关资产价值恢复的金额，期末应将本科目余额转入"本年利润"科目，结转后无余额。

6.14.2 明细科目设置

企业可以按金融资产名称进行明细核算,如计提应收款项坏账准备、计提债权投资减值准备等(见表6-14)。

表6-14 信用减值损失 明细科目设置

科目编号	总账科目	明细科目
	一级科目	二级科目
6702	信用减值损失	
670201	信用减值损失	计提应收款项坏账准备
670202	信用减值损失	计提债权投资减值准备

6.14.3 业务处理示范

1. 确认金融资产的减值损失

借:信用减值损失——计提应收款项坏账准备
　　　　　　　　——计提债权投资减值准备
　　　　　　　　——计提其他债权投资减值准备
　贷:坏账准备
　　　债权投资减值准备
　　　其他综合收益——计提其他债权投资减值准备

2. 已确认金融资产减值损失后,价值又得以恢复

借:坏账准备
　　债权投资减值准备
　　其他综合收益——计提其他债权投资减值准备
　贷:信用减值损失——计提应收款项坏账准备
　　　　　　　　——计提债权投资减值准备
　　　　　　　　——计提其他债权投资减值准备

6.14.4 分录处理案例解析

【案例6-14】甲公司某年12月应收账款余额为300 000元,按2%计提坏账准备。年初坏账准备余额为2 000元。

【解析】编制的会计分录如下。

12月末应计提的坏账准备金额=300 000×2%-2 000=4 000(元)

借:信用减值损失——计提应收账款坏账准备　4 000
　　贷:坏账准备　4 000

6.14.5 相关知识补充

1. 信用减值准备和资产减值准备的区别

(1)核算对象不同

信用价值损失主要核算金融资产的减值损失,如应收款项类科目(应收账款、应收票据、其他应收款、长期应收款、预付账款)、债权投资、其他债权投资等金融资产;资产减值损失主要核算存货、固定资产、无形资产、生产性生物资产、投资性房地产(成本模式)、长期股权投资(对子公司、联营企业或合营企业的投资,即以成本法核算的长期股权投资)、商誉等。

(2)转回不同

信用减值损失核算金融工具的减值,当后期减值因素好转及消失时,可以在计提范围转回已经计提的减值;资产减值损失核算的资产减值,一经计提,不得转回。

2. 金融资产的减值迹象

当对金融资产预期未来现金流量具有不利影响的一项或多项以下事件发生时,该金融资产成为已发生信用减值的金融资产:

①发行方或债务人发生重大财务困难;

②债务人违反合同,如偿付利息、本金违约或逾期等;

③债权人出于与债务人财务困难有关的经济或合同考虑,给予债务人在任

何其他情况下都不会做出的让步；

④债务人很可能破产或进行其他财务重组；

⑤发行方或债务人财务困难导致该金融资产的活跃市场消失；

⑥以大幅折扣购买或源生一项金融资产，该折扣反映了发生信用损失的事实。

6.15 营业外支出

6.15.1 定义与核算

1. 定义

营业外支出是指企业在营业利润以外发生的支出，包括固定资产盘亏、毁损、报废等的净损失，以及非常损失、对外捐赠支出、赔偿金和违约金支出等。

2. 核算

为了反映企业营业外收入的增减变动，企业应设置"营业外支出"科目进行核算。该科目借方登记增加，贷方登记减少，期末将本期发生的营业外支出转入"本年利润"科目，所以期末该科目无余额。

6.15.2 明细科目设置

企业可以按业务内容设置明细科目进行核算，如捐赠支出、赔偿支出等（见表6-15）。

表6-15 营业外支出 明细科目设置

科目编号	总账科目	明细科目
	一级科目	二级科目
6711	营业外支出	
671101	营业外支出	捐赠支出
671102	营业外支出	赔偿支出
671103	营业外支出	非常损失

6.15.3 业务处理示范

企业取得各项营业外支出时：
借：营业外支出
　　贷：有关科目

6.15.4 分录处理案例解析

【案例6-15】甲公司2023年8月以银行存款对外进行非公益捐赠8 600元。
【解析】编制的会计分录如下。
借：营业外支出　　8 600
　　贷：银行存款　　8 600

6.16 所得税费用

6.16.1 定义与核算

1. 定义

所得税费用是指企业经营利润应交纳的所得税，包括当期应交所得税费用及递延所得税费用。

2. 核算

为了反映所得税费用增减变动，企业应设置"所得税费用"科目进行核算。该科目借方登记增加，贷方登记减少，期末将余额转入"本年利润"科目，所以期末该科目无余额。

6.16.2 明细科目设置

企业可以设置"当期所得税费用"和"递延所得税费用"科目明细核算（见表6-16）。

表6-16 所得税费用 明细科目设置

科目编号	总账科目	明细科目
	一级科目	二级科目
6801	所得税费用	
680101	所得税费用	当期所得税费用
680102	所得税费用	递延所得税费用

6.16.3 业务处理示范

1. 计算当期应交所得税

借：所得税费用——当期所得税费用
  贷：应交税费——应交所得税

2. 确认当期涉及损益的递延所得税费用

（1）递延所得税资产

①递延所得税资产期末余额>期初余额，按其差额：

借：递延所得税资产
  贷：所得税费用——递延所得税费用

②递延所得税资产期末余额<期初余额，按其差额：

借：所得税费用——递延所得税费用
  贷：递延所得税资产

（2）递延所得税负债

①递延所得税负债期末余额>期初余额，按其差额：

借：所得税费用——递延所得税费用
  其他综合收益（不涉及损益项目时）

贷：递延所得税负债

②递延所得税负债期末余额<期初余额，按其差额：

借：递延所得税负债

　　贷：所得税费用——递延所得税

　　　　其他综合收益（不涉及损益项目时）

6.16.4　分录处理案例解析

【案例6-16】甲公司2023年12月会计利润及相关项目的业务如下。

会计税前利润42 600元，国债利息收入1 500元，非公益性捐赠支出1 000元，资产减值损失1 400元，信用减值损失1 000元，公允价值变动收益5 000元。

【解析】编制的会计分录如下。

应交所得税=（42 600−1 500+1 000+1 400+1 000−5 000）×25%=9 875（元）

借：所得税费用——当期所得税费用　9 875

　　贷：应交税费——应交所得税　9 875

6.16.5　相关知识补充

所得税费用=当期所得税费用+递延所得税费用

其中：

当期所得税费用=应纳税所得额×适用税率

　　　　　　　=利润总额+纳税调整增加额−纳税调整减少额−弥补以前年度亏损

纳税调整是指会计核算与税法核算不一致时需要进行的调整。

例如，①企业购买国债取得的利息收入，在会计核算中作为投资收益计入了会计税前利润，而所得税法规定国债利息收入免征所得税，不计入应纳税所得额。企业应从会计税前利润中扣除上述差异，计算应纳税所得额。

②超过所得税法规定的业务招待费标准的支出等，在会计核算中作为费用抵减了会计税前利润，但所得税法不允许将其在税前扣除。企业应在会计税前利润的基础上，补加上述差异，计算应纳税所得额。

③企业确认的公允价值变动损益等，在会计核算中已经调整了税前会计利润，但企业所得税法规定不计入应纳税所得额。企业应在会计税前利润的基础上调整上述差异，计算应纳税所得额。

6.17 以前年度损益调整

6.17.1 定义与核算

1. 定义

以前年度损益调整是指企业本年度发生的调整以前年度损益的事项，包括企业在年度资产负债表至财务报告批准报出日之间发生的需要调整的报告年度损益事项，以及本年度发生的以前年度重大会计差错。

2. 核算

企业应设置"以前年度损益调整"科目核算企业本年度发生的调整以前年度损益的事项。借方登记企业以前年度多计收入、少计费用而调整本年度损益的数额；贷方登记企业以前年度少计收入、多计费用而调整本年度损益的数额。期末企业应将该科目的余额转入"本年利润"科目，结转后该科目应无余额。

6.17.2 明细科目设置

企业应按损益项目设置明细科目进行明细核算，反映调整的具体项目，如营业收入、营业成本、税金及附加、销售费用、管理费用等（见表6-17）。

表6-17 所得税费用 明细科目设置

科目编号	总账科目	明细科目
	一级科目	二级科目
6901	以前年度损益调整	
690101	以前年度损益调整	营业收入
690102	以前年度损益调整	营业成本
690103	以前年度损益调整	税金及附加
690104	以前年度损益调整	销售费用
690105	以前年度损益调整	管理费用
690106	以前年度损益调整	财务费用
690107	以前年度损益调整	资产减值损失
690108	以前年度损益调整	信用减值损失
690109	以前年度损益调整	投资收益
690110	以前年度损益调整	营业外收入
690111	以前年度损益调整	营业外支出
690112	以前年度损益调整	所得税费用

6.17.3 业务处理示范

1. 以前年度多计收入、少计费用

（1）调整损益项目

借：以前年度损益调整——××项目

　　贷：相关科目

（2）将"以前年度损益调整"科目的余额转入"利润分配"科目

借：利润分配——未分配利润

　　贷：以前年度损益调整——××项目

（3）调整法定盈余公积

借：盈余公积——法定盈余公积

贷：利润分配——未分配利润

2. 以前年度少计收入、多计费用

（1）调整损益项目

借：相关科目

　　贷：以前年度损益调整——××项目

（2）将"以前年度损益调整"科目的余额转入"利润分配"科目

借：以前年度损益调整——××项目

　　贷：利润分配——未分配利润

（3）调整法定盈余公积

借：利润分配——未分配利润

　　贷：盈余公积——法定盈余公积

6.17.4　分录处理案例解析

【案例6-17】甲公司于2023年10月31日因销售产品的质量问题被乙公司告上法院，至2023年12月31日法院尚未判决。甲公司根据最可能的赔偿金额确认营业外支出和预计负债400 000元，并确认递延所得税资产100 000元。2024年4月25日，法院判决甲公司应赔偿乙公司360 000元。当日，甲公司的年度财务报告尚未批准报出，但已经完成所得税汇算清缴。适用的所得税税率为25%，按照净利润的10%提取法定盈余公积。

【解析】编制的会计分录如下。

1. 调整应赔偿金额

借：预计负债——未决诉讼　400 000

　　贷：以前年度损益调整——营业外支出　40 000

　　　　其他应付款　360 000

2. 调整递延所得税资产

借：以前年度损益调整——所得税费用　10 000

　　贷：递延所得税资产　10 000

3. 将"以前年度损益调整"科目的余额转入"利润分配"科目

借：以前年度损益调整——营业外支出　40 000

　　贷：以前年度损益调整——所得税费用　10 000

　　　　利润分配——未分配利润　30 000

4. 调整法定盈余公积

借：利润分配——未分配利润　3000

　　贷：盈余公积——法定盈余公积　3000

【案例6-18】甲公司于2023年12月28日向乙公司销售一批产品，不含增值税的价款为200 000元，增值税为26 000元，至2023年12月31日尚未收到货款，并按照2%计提坏账准备4 680元；该批产品的成本为160 000元。2024年1月3日，甲公司收到乙公司通知，该批产品存在质量问题，要求退货。甲公司对该批产品进行检验后，承认存在质量问题，同意退货。2024年1月5日，甲公司收到乙公司退回的该批产品，验收入库，并收到乙公司退回的增值税专用发票。当日，甲公司的年度财务报告尚未批准报出，且未进行所得税汇算清缴。适用的所得税税率为25%，按照净利润的10%提取法定盈余公积。

【解析】编制的会计分录如下。

1. 冲减产品销售收入

借：以前年度损益调整——营业收入　200 000

　　应交税费——应交增值税（销项税额）　26 000

　　贷：应收账款　226 000

2. 退回的产品验收入库

借：库存商品　160 000

　　贷：以前年度损益调整——营业成本　160 000

3. 冲减计提的坏账准备

借：坏账准备　4 680

　　贷：以前年度损益调整——信用减值损失　4 680

4. 调整应交所得税

借：应交税费——应交所得税　10 000

贷：以前年度损益调整——所得税费用　10 000

5. 调整递延所得税资产

借：以前年度损益调整——所得税费用　1 170

贷：递延所得税资产　1 170

6. 将"以前年度损益调整"科目的余额转入"利润分配"科目

借：利润分配——未分配利润　26 490

　　以前年度损益调整——营业成本　160 000

　　　　　　　　　　——所得税费用　8 830

　　　　　　　　　　——信用减值损失　4 680

贷：以前年度损益调整——营业收入　200 000

7. 调整法定盈余公积

借：盈余公积——法定盈余公积　2 649

贷：利润分配——未分配利润　2 649

6.17.5　相关知识补充

在会计实务中，一般只有企业"自查"中发现的以前年度损益调整事项，才按上述程序处理。如果是在税务稽查或审计检查中发现的以前年度损益调整事项，可能就不按此程序处理了。因为税务或审计人员为了防止税源流失、保护国家利益不受侵害，通常会要求企业立即进行纳税调整，而非并入期末所得税计算，此时会计处理程序就应作相应调整。

第7章 财务报表

7.1 财务报表概述

7.1.1 财务报表的概念与分类

1. 概念

财务报表是指企业对外提供的反映企业某一特定日期的财务状况和某一会计期间的经营成果、现金流量等会计信息的文件。

2. 分类

①财务报表按编报期间的不同，可以分为中期财务报表和年度财务报表。中期财务报表是以短于一个完整会计年度的报告期间为基础的财务报表，包括月报、季报和半年报等。年度财务报表是企业年度终了后对外提供的财务报表。

②按编报主体的不同，可以分为个别财务报表和合并财务报表。个别财务报表是由企业在自身会计核算的基础上对账簿记录进行加工而编制的财务报表，主要用以反映企业自身的财务状况、经营成果和现金流量情况。合并财务报表是以母公司和子公司组成的企业集团为会计主体，根据母公司和所属子公司的财务报表，由母公司编制的综合反映企业集团财务状况、经营成果及现金流量情况的财务报表。

7.1.2 财务报表编制原则

1. 内容真实可靠

财务报表提供的信息是不同会计信息使用者同时得到并进行决策所需的信息，对使用者作出决策具有重要影响，所以，真实可靠是财务报表信息的重要质量要求。

2. 信息具有相关性

财务报表的编制从内容、指标体系设置及项目分类等方面都应考虑信息使用者的决策需要。只有这样，信息使用者才能获取自己所需要的信息。

3. 坚持重要性原则

财务报表的编制是在大量的交易或其他事项的基础上，按其性质或功能汇总归类形成财务报表的项目，对项目单独列报还是合并列报，应根据重要性原则来判断。

7.2 资产负债表

7.2.1 资产负债表的概念

资产负债表是反映企业在资产负债表日全部资产、负债和所有者权益情况的报表。它是揭示企业在一定时点财务状况的静态报表。

7.2.2 资产负债表的格式

资产负债表的格式有报告式资产负债表和账户式资产负债表。

1. 报告式资产负债表

报告式资产负债表是指资产、负债、股东权益项目采用垂直分列的形式编制，依据：等式"资产=权益"或等式"资产-负债=股东权益"。格式见表7-1。

表7-1 报告式资产负债表

"资产=权益"式	"资产-负债=股东权益"式
资产	资产
.	.
.	.
.	.
.	.
资产合计	资产合计
权益	
负债	
.	负债
.	.
.	.
.	.
.	.
.	.
负债合计	.
股东权益	负债合计
.	
.	股东权益
.	.
.	.
.	.
股东权益合计	.
权益合计	股东权益合计

2. 账户式资产负债表

账户式资产负债表是指按T形账户的格式设计资产负债表，将资产列在报表左方（借方），负债及股东权益列在报表右方（贷方），遵循"资产=负债+所有者权益"等式，资产负债表左方和右方平衡。

根据财务报表列报准则的规定，我国现行资产负债表采用账户式的格式，即左侧列报资产，一般按资产的流动性大小排列；右侧列报负债和所有者权益，一般按要求清偿时间的先后顺序排列。账户式资产负债表中的资产各项目的合计等于负债和所有者权益各项目的合计。账户式资产负债表格式见表7-2。

表7-2 账户式资产负债表

会企01表

编制单位：××公司　　　××××年××月××日　　　单位：元

资产	期末余额	上年末余额	负债和所有者权益（或股东权益）	期末余额	上年末余额
流动资产：			流动负债：		
货币资金			短期借款		
交易性金融资产			应付票据		
应收票据			应付账款		
应收账款			预收账款		
预付账款			合同负债		
其他应收款			应付职工薪酬		
存货			应交税费		
合同资产			其他应付款		
持有待售资产			一年内到期的非流动负债		
一年内到期的非流动资产			其他流动负债		
其他流动资产			流动负债合计		
流动资产合计			非流动负债：		
非流动资产：			长期借款		
债权投资			应付债券		
其他债权投资			其中：优先股		
长期应收款			永续债		
长期股权投资			租赁负债		
其他权益工具投资			长期应付款		
投资性房地产			预计负债		

续表

资产	期末余额	上年末余额	负债和所有者权益（或股东权益）	期末余额	上年末余额
固定资产			递延收益		
在建工程			递延所得税负债		
生产性生物资产			其他非流动负债		
油气资产			非流动负债合计		
使用权资产			负债合计		
无形资产			所有者权益（或股东权益）：		
开发支出			实收资本（股本）		
商誉			其他权益工具		
长期待摊费用			其中：优先股		
递延所得税资产			永续债		
其他非流动资产			资本公积		
非流动资产合计			减：库存股		
			其他综合收益		
			专项储备		
			盈余公积		
			未分配利润		
			所有者权益（或股东权益）合计		
资产总计			负债和所有者权益（或股东权益）总计		

7.2.3 资产负债表的编制方法

① "货币资金"，反映企业库存现金、银行结算户存款、外埠存款、银行汇票存款、银行本票存款、信用卡存款等的合计数。本项目应根据"库存现金""银行存款""其他货币资金"科目期末余额的合计数填列。

② "交易性金融资产"，反映企业资产负债表日分类为以公允价值计量且其变动计入当期损益的金融资产，以及企业持有的指定为以公允价值计量且其

变动计入当期损益的金融资产的期末账面价值。本项目应根据"交易性金融资产"科目的相关明细科目期末余额分析填列。

③"应收票据"，反映资产负债表日以摊余成本计量、企业因销售商品或提供服务等收到的商业汇票。本项目应根据"应收票据"科目的期末余额，减去"坏账准备"科目中相关坏账准备期末余额后的金额分析填列。

④"应收账款"，反映资产负债表日以摊余成本计量、企业因销售商品提供服务等经营活动应收取的款项。本项目应根据"应收账款"科目的期末余额减去"坏账准备"科目中相关坏账准备期末余额后的金额分析填列。

⑤"预付账款"，反映企业按照购货合同规定预付给供应单位的款项。本项目应根据"预付账款"和"应付账款"科目所属各明细科目的期末借方余额计数，减去"坏账准备"科目中有关预付款项计提的坏账准备期末余额后的金额填列。

⑥"其他应收款"，反映企业除应收票据、应收账款、预付账款等经营活动以外的其他各种应收、暂付的款项。本项目应根据"其他应收款""应收股利""应收利息"科目的期末余额分析填列。

⑦"存货"，反映企业期末在库、在途和在加工中的各种存货的成本或可变现净值。本项目应根据"材料采购""原材料""低值易耗品""库存商品""原材料""委托加工物资""低值易耗品""库存商品""周转材料""生产成本""材料成本差异"等科目的期末余额合计，减去"存货跌价准备"科目期末余额后的金额填列。

⑧"合同资产"，反映企业已向客户转让商品而有权收取对价的权利的价值。本项目应根据"合同资产"科目及相关明细科目的期末余额填列。

同一合同下的合同资产和合同负债应以净额列示，其中净额为借方余额的，应当按其流动性在"合同资产"或"其他非流动资产"项目中填列，已计提减值准备的，还应减去"合同资产减值准备"科目中相关的期末余额。

⑨"持有待售资产"，反映企业划分为持有待售的非流动资产及划分为持有待售的处置组中的资产的期末账面价值。本项目应按单独设置的"持有待售资产"科目的期末余额填列，或根据非流动资产类科目的余额分析计算填列。

⑩"一年内到期的非流动资产",反映预计自资产负债表日起一年内变现非流动资产项目金额。本项目应根据有关科目的期末余额分析填列。

⑪"其他流动资产",反映企业除货币资金、交易性金融资产、应收票据、应收账款、存货等流动资产以外的其他流动资产。本项目应根据有关科目的期末余额填列。

⑫"债权投资",反映资产负债表日企业以摊余成本计量的长期债权投资的账面价值。本项目应根据"债权投资"科目的相关明细科目期末余额,减去"债权投资减值准备"科目中相关减值准备的期末余额后的金额分析填列。

⑬"其他债权投资",反映资产负债表日企业分类为以公允价值计量且其变动计入其他综合收益的长期债权投资的期末账面价值。本项目应根据"其他债权投资"科目的相关明细科目期末余额分析填列。自资产负债表日起一年内到期的长期债权投资的期末账面价值,在"一年内到期的非流动资产"项目反映。企业购入的以公允价值计量且其变动计入其他综合收益的一年内到期的债权投资的期末账面价值,在"其他流动资产"项目反映。

⑭"长期应收款",反映企业融资租赁产生的应收款项、采用递延方式具有融资性质的销售商品和提供服务等产生的长期应收款项等。本项目应根据"长期应收款"科目的期末余额,减去相应的"未实现融资收益"和"坏账准备"科目所属相关明细科目期末余额后的金额填列。

⑮"长期股权投资",反映企业持有的对子公司、联营企业和合营企业的长期股权投资。本项目应根据"长期股权投资"科目的期末余额,减去"长期股权投资减值准备"科目期末余额后的金额填列。

⑯"其他权益工具投资",反映资产负债表日企业指定为以公允价值计量且其变动计入其他综合收益的非交易性权益工具投资的期末账面价值。本项目应根据"其他权益工具投资"科目的期末余额填列。

⑰"投资性房地产",反映企业持有的投资性房地产。企业采用成本模式计量投资性房地产的,期末应根据"投资性房地产"科目的期末余额,减去"投资性房地产累计折旧"(或摊销)和"投资性房地产减值准备"科目期末余额后的金额填列。采用公允价值模式计量投资性房地产的,应根据"投资性

房地产"科目的期末余额填列。

⑱"固定资产",反映企业资产负债表日固定资产的账面价值和企业尚未清理完毕的资产清理净损益。本项目应根据"固定资产"科目的期末余额,减去"累计折旧"和"固定资产减值准备"科目期末余额后的金额,以及"固定资产清理"科目的期末余额填列。

⑲"在建工程",反映资产负债表日企业尚未达预定可使用状态的在建工程的期末账面价值和企业为在建工程准备的各种物资的账面价值。本项目应根据"在建工程"科目的期末余额,减去"在建工程减值准备"科目的期末余额后的金额,以及"工程物资"科目的期末余额,减去"工程物资减值准备"科目的期末余额后的金额填列。

⑳"生产性生物资产",反映企业持有的生产性生物资产。本项目应根据"生产性生物资产"科目的期末余额,减去"生产性生物资产累计折旧"和"生产性生物资产减值准备"科目期末余额后的金额填列。

㉑"油气资产",反映企业持有的矿区权益和油气井及相关设施的原价减去累计折耗和累计减值准备后的净额。本项目应根据"油气资产"科目的期末余额,减去"累计折耗"科目期末余额和相应减值准备后的金额填列。

㉒"使用权资产",反映资产负债表日承租人企业持有的使用权资产的期末账面价值。本项目应根据"使用权资产"科目的期末余额,减去"使用权资产累计折旧"和"使用权资产减值准备"科目的期末余额后的金额填列。

㉓"无形资产",反映企业持有的无形资产的账面价值。本项目应根据"无形资产"科目的期末余额,减去"累计摊销"和"无形资产减值准备"科目期末余额后的金额填列。

㉔"开发支出",反映企业开发无形资产过程中能够资本化形成无形资产成本的支出。本项目应根据"研发支出"科目中所属的"资本化支出"明细科目的期末余额分析填列。

㉕"商誉",反映企业合并中形成的商誉的价值。本项目应根据"商誉"科目的期末余额,减去应减值准备后的金额填列。

㉖"长期待摊费用",反映企业已经发生但应由本期和以后各期负担的分

摊期限在一年以上的各项费用。长期待摊费用中在一年内（含一年）摊销的部分，在资产负债表"一年内到期的非流动资产"项目填列。本项目应根据"长期待摊费用"科目的期末余额，减去将于一年内（含一年）摊销的数额后的金额填列。

㉗"递延所得税资产"，反映企业确认的可抵扣暂时性差异产生的递延所得税资产。本项目应按"递延所得税资产"科目的期末余额填列。

㉘"其他非流动资产"，反映企业除长期股权投资、固定资产、在建工程、工程物资、无形资产等资产以外的其他非流动资产。本项目应据有关科目的期末余额填列。

㉙"短期借款"，反映企业向银行或其他金融机构借入的期限在一年以下（含一年）的各种借款。本项目应根据"短期借款"科目的期末余额填列。

㉚"应付票据"，反映资产负债表日以摊余成本计量的，企业因购买材料、商品和接受服务等而开出、承兑的商业汇票。本项目应按"应付票据"科目的期末余额填列。

㉛"应付账款"，反映资产负债表日以摊余成本计量的，企业因购买材料、商品和接受服务等经营活动应支付的款项。本项目应按"应付账款"和"预付账款"科目所属的相关明细科目的期末贷方余额合计数填列。

㉜"预收账款"，反映企业按照购货合同规定预收购货方的款项。本项目应按"预收账款"和"应收账款"科目所属各明细科目的期末贷方余额合计数填列。

㉝"合同负债"，反映企业已收或应收客户对价而应向客户转让商品的义务的价值。本项目应按"合同负债"科目的期末余额及相关明细科目的期末余额填列。

㉞"应付职工薪酬"，反映企业根据有关规定应付给职工的工资、职工福利、社会保险费、住房公积金、工会经费、职工教育经费、非货币性福利、辞退福利等各种薪酬。本项目应按"应付职工薪酬"科目相关明细科目的期末余额填列。

㉟"应交税费"，反映企业按照税法规定计算应交纳的各种税费，包括增

值税、消费税、所得税、资源税、土地增值税、城市维护建设税、房产税、城镇土地使用税、车船税、教育费附加等。本项目应按"应交税费"科目的期末贷方余额填列。如果"应交税费"科目期末为借方余额，应以"-"填列。

㊱"其他应付款"，反映企业除应付票据、应付账款、预收账款、应付职工薪酬、应交税费等经营活动以外的其他各项应付、暂收的款项。本项目应根据"其他应付款""应付股利""应付利息"科目的期末余额合计数填列。

㊲"一年内到期的非流动负债"，反映企业非流动负债中将于资产负债表日后一年内到期部分的金额，如将于一年内偿还的长期借款。本项目应根据有关科目的期末余额填列。

㊳"其他流动负债"，反映企业除短期借款、应付票据、应付账款、应付职工薪酬、应交税费等流动负债以外的其他流动负债。本项目应根据有关科目的期末余额填列。

㊴"长期借款"，反映企业向银行或其他金融机构借入的期限在一年以上（不含一年）的各项借款。本项目应按"长期借款"科目的期末余额填列。

㊵"应付债券"，反映企业为筹集长期资金而发行的债券本金和利息。本项目应按"应付债券"科目的期末余额填列。

㊶"租赁负债"，反映资产负债表日承租人企业尚未支付的租赁付款额的期末账面价值。本项目应按"租赁负债"科目的期末余额填列。

㊷"长期应付款"，反映资产负债表日企业除长期借款和应付债券以外的其他各种长期应付款项的期末账面价值。本项目应根据"长期应付款"科目的期末余额，减去相关的"未确认融资费用"科目期末余额后的金额以及"专项应付款"科目的期末金额填列。

㊸"预计负债"，反映企业确认的对外提供担保、未决诉讼、产品质量保证、重组义务、亏损性合同等预计负债。本项目应按"预计负债"科目的期末余额填列。

㊹"递延收益"，反映企业应当在以后期间计入当期损益的政府补助。本项目应根据"递延收益"科目余额填列。

㊺"递延所得税负债"，反映企业确认的应纳税暂时性差异产生的所得税

负债。本项目应按"递延所得税负债"科目的期末余额填列。

㊻"其他非流动负债",反映企业除长期借款、应付债券等负债以外的其他非流动负债。本项目应根据有关科目的期末余额减去将于一年内(含一年)到期偿还数后的余额填列。

㊼"实收资本(股本)",反映企业各投资者实际投入的资本(股本)总额。本项目应根据"实收资本(股本)"科目的期末余额填列。

㊽"其他权益工具",反映资产负债表日企业发行在外的除普通股以外分类为权益工具的金融工具的期末账面价值。本项目应根据分类为权益工具的相关科目余额填列,对于优先股和永续债,还应在"其他权益工具"项目下的"优先股"和"永续债"分别填列。

㊾"资本公积",反映企业资本公积的期末余额。本项目应按"资本公积"科目的期末余额填列。

㊿"库存股",反映企业持有的尚未转让或注销的本公司股份金额。本项目应按"库存股"科目的期末余额填列。

㉑"其他综合收益",是指企业根据企业会计准则规定未在当期损益中确认的各项利得和损失。本项目应根据"其他综合收益"科目的期末余额填列。

㉒"专项储备",反映高危行业企业按国家规定提取的安全生产费的期末账面价值。本项目应按"专项储备"科目的期末余额填列。

㉓"盈余公积",反映企业盈余公积的期末余额。本项目应按"盈余公积"科目的期末余额填列。

㉔"未分配利润",反映企业尚未分配的利润。本项目应根据"本年利润"和"利润分配"科目的余额计算填列。未弥补的亏损在本项目内以"-"号填列。

7.3 利润表

7.3.1 利润表的概念

利润表又称损益表,是反映企业在一定会计期间的经营成果的财务报表。

7.3.2 利润表的格式

目前通行的利润表格式有单步式利润表和多步式利润表。

①单步式利润表将当期所有的收入列在一起,将所有的费用列在一起,两者相减得出当期净损益。格式见表7-3。

表7-3　单步式利润表

××××年度　　　　　　　　　　　　单位:元

项目	本期金额	上期金额
一、收入		
营业收入		
其他收益		
投资收益		
公允价值变动收益		
资产处置收益		
营业外收入		
二、费用		
营业成本		
税金及附加		
销售费用		
管理费用		
研发费用		
财务费用		
资产减值损失		
信用减值损失		

续表

项目	本期金额	上期金额
营业外支出		
所得税费用		
三、净利润		

②多步式利润表将不同性质的收入和费用进行对比，便于信息使用者理解企业经营成果的不同来源。我国采用的是多步式利润表。格式见表7-4。

表7-4 多步式利润表

会企02表

编制单位：××公司　　　××××年度　　　单位：元

项目	本期金额	上期金额
一、营业收入		
减：营业成本		
税金及附加		
销售费用		
管理费用		
研发费用		
财务费用		
其中：利息费用		
利息收入		
加：其他收益		
投资收益（损失以"-"填列）		
其中：对联营企业和合营企业的投资收益		
以摊余成本计量的金融资产终止确认收益（损失以"-"填列）		
净敞口套期收益（损失以"-"填列）		
公允价值变动收益（损失以"-"填列）		
信用减值损失		
资产减值损失		

续表

项目	本期金额	上期金额
资产处置收益（损失以"-"填列）		
二、营业利润（亏损以"-"填列）		
加：营业外收入		
减：营业外支出		
三、利润总额（亏损总额以"-"填列）		
减：所得税费用		
四、净利润（净亏损以"-"填列）		
（一）持续经营净利润（净亏损以"-"填列）		
（二）终止经营净利润（净亏损以"-"填列）		
五、其他综合收益的税后净额		
（一）不能重分类进损益的其他综合收益		
1.重新计量设定受益计划变动额		
2.权益法下不能转损益的其他综合收益		
3.其他权益工具投资公允价值变动		
4.企业自身信用风险公允价值变动		
……		
（二）能重分类进损益的其他综合收益		
1.权益法下可转损益的其他综合收益		
2.其他债权投资公允价值变动		
3.金融资产重分类计入其他综合收益的金额		
4.其他债权投资信用减值准备		
5.现金流量套期准备		
6.外币财务报表折算金额		
……		
六、综合收益总额		
七、每股收益		

续表

项目	本期金额	上期金额
（一）基本每股收益		
（二）稀释每股收益		

7.3.3 利润表的编制方法

①"营业收入"，反映企业经营主要业务和其他业务所确认的收入总额。本项目应根据"主营业务收入"和"其他业务收入"科目的发生额分析填列。

②"营业成本"，反映企业经营主要业务和其他业务所发生的成本总额。本项目应根据"主营业务成本"和"其他业务成本"科目的发生额分析填列。

③"税金及附加"，反映企业经营业务应负担的消费税、城市维护建设税、资源税、土地增值税和教育费附加等。本项目应根据"税金及附加"科目的发生额分析填列。

④"销售费用"，反映企业在销售商品过程中发生的包装费、广告费等费用和为销售本企业商品而专设的销售机构的职工薪酬、业务费等经营费用。本项目应根据"销售费用"科目的发生额分析填列。

⑤"管理费用"，反映企业为组织和管理生产经营发生的管理费用。本项目应根据"管理费用"的发生额分析填列。

⑥"研发费用"，反映企业在研究与开发过程中发生的费用化支出，以及计入管理费用的自行开发无形资产的摊销。本项目应根据"管理费用"科目下的"研究费用"明细科目的发生额，以及"管理费用"科目下的"无形资产摊销"明细科目的发生额分析填列。

⑦"财务费用"下的"利息费用"科目，反映企业为筹集生产经营所需资金等而发生的予以费用化的利息支出。"利息收入"项目，反映企业按相关会计准则确认的应冲减财务费用的利息收入。"利息费用"和"利息收入"科目应根据"财务费用"科目的相关明细科目的发生额分析填列，两科目均以正数填列。

⑧"其他收益"，反映计入其他收益的政府补助以及其他与日常活动相关

且计入其他收益的项目。本项目应根据"其他收益"科目的发生额分析填列。

⑨"投资收益",反映企业以各种方式对外投资所取得的收益。本项目应根据"投资收益"科目的发生额分析填列。其中"以摊余成本计量的金融资产终止确认收益"项目,反映企业因转让等情形导致终止确认以摊余成本计量的金融资产而产生的利得或损失。

⑩"净敞口套期收益",反映净敞口套期下被套期项目累计公允价值变动转入当期损益的金额或现金流量套期储备转入当期损益的金额。本项目应根据"净敞口套期损益"科目的发生额分析填列。

⑪"公允价值变动收益",反映企业应当计入当期损益的资产或负债的公允价值变动收益。本项目应根据"公允价值变动损益"科目的发生额分析填列。

⑫"信用减值损失",反映企业计提的各项金融工具信用减值准备所确认的信用损失。本项目应根据"信用减值损失"科目的发生额分析填列。

⑬"资产减值损失",反映企业各项资产发生的减值损失。本项目应根据"资产减值损失"科目的发生额分析填列。

⑭"资产处置收益",反映企业出售划分为持有待售的非流动资产或处置组时确认的处置利得或损失,以及处置未划分为持有待售的固定资产、在建工程、生产性生物资产及无形资产而产生的处置利得或损失。本项目应根据"资产处置损益"科目的发生额分析填列。

⑮"营业外收入",反映企业发生的除营业利润以外的收益,主要包括与企业日常经营活动无关的政府补助、盘盈利得、捐赠利得等。本项目应根据"营业外收入"科目的发生额填列。

⑯"营业外支出",反映企业发生的除营业利润以外的支出,主要包括公益性捐赠支出、非常损失、盘亏损失、非流动资产毁损报废损失等。本项目应根据"营业外支出"科目的发生额分析填列。

⑰"所得税费用",反映企业应从当期利润总额中扣除的所得税费用。本项目应根据"所得税费用"科目的发生额分析填列。

⑱"其他综合收益的税后净额",反映企业根据企业会计准则规定未在当期损益中确认的各项利得和损失扣除所得税影响后的净额的合计数。

⑲ "综合收益总额",反映企业在某一期间除与所有者以其所有者身份进行的交易之外的其他交易或事项所引起的所有者权益变动。本项目反映净利润和其他综合收益税后净额的合计金额。

7.4 现金流量表

7.4.1 现金流量表的概念

现金流量表是反映企业一定会计期间内现金和现金等价物流入和流出的报表。

7.4.2 现金流量表的格式

现金流量表的格式见表7-5。

表7-5 现金流量表

会企03表

编制单位:××公司　　　××××年度　　　单位:元

项目	本期金额	上期金额
一、经营活动产生的现金流量		
销售商品、提供劳务收到的现金		
收到的税费返还		
收到其他与经营活动有关的现金		
经营活动现金流入小计		
购买商品、接受劳务支付的现金		
支付给职工以及为职工支付的现金		
支付的各项税费		
支付其他与经营活动有关的现金		
经营活动现金流出小计		
经营活动产生的现金流量净额		

续表

项目	本期金额	上期金额
二、投资活动产生的现金流量		
收回投资收到的现金		
取得投资收益收到的现金		
处置固定资产、无形资产和其他长期资产收回的现金净额		
处置子公司及其他营业单位收到的现金净额		
收到其他与投资活动有关的现金		
投资活动现金流入小计		
购建固定资产、无形资产和其他长期资产支付的现金		
投资支付的现金		
取得子公司及其他营业单位支付的现金净额		
支付其他与投资活动有关的现金		
投资活动现金流出小计		
投资活动产生的现金流量净额		
三、筹资活动产生的现金流量		
吸收投资收到的现金		
取得借款收到的现金		
收到其他与筹资活动有关的现金		
筹资活动现金流入小计		
偿还债务支付的现金		
分配股利、利润或偿付利息支付的现金		
支付其他与筹资活动有关的现金		
筹资活动现金流出小计		
筹资活动产生的现金流量净额		
四、汇率变动对现金及现金等价物的影响		
五、现金及现金等价物净增加额		
加：期初现金及现金等价物余额		
六、期末现金及现金等价物余额		

7.4.3 现金流量表的编制方法

①"销售商品、提供劳务收到的现金",反映企业销售商品、提供劳务实际收到的现金,包括销售收入和应向购买者收取的增值税销项税额,具体包括:本期销售商品、提供劳务收到的现金,以及前期销售商品、提供劳务本期收到的现金和本期预收的款项,减去本期销售本期退回的商品和前期销售本期退回的商品支付的现金、企业销售材料和代购代销业务收到的现金。

②"收到的税费返还",反映企业收到返还的各种税费,如收到退回的增值税、消费税、所得税、关税和教育费附加返还款等。

③"收到其他与经营活动有关的现金",反映企业除上述各项目外,收到的其他与经营活动有关的现金,如罚款收入、经营租赁固定资产收到的现金、流动资产损失中由个人赔偿的现金收入、除税费返还外的其他政府补助收入等。

④"购买商品、接受劳务支付的现金",反映企业购买材料、商品、接受服务实际支付的现金,包括支付的货款以及与货款一并支付的增值税进项税额,具体包括本期购买商品、接受服务支付的现金,以及本期支付前期购买商品、接受服务的未付款项和本期预付款项,减去本期发生的购货退回收到的现金。

⑤"支付给职工以及为职工支付的现金",反映企业实际支付给职工的现金以及为职工支付的现金,包括企业为获得职工提供的服务,本期实际给予的各种形式的报酬以及其他相关支出,如支付给职工的工资、奖金、各种津贴和补贴等,以及为职工支付的其他费用,不包括支付给在建工程人员的工资。

⑥"支付的各项税费",反映企业按规定支付的各项税费,包括本期发生并支付的税费,以及本期支付以前各期发生的税费和预缴的税金,如支付的教育费附加、印花税、房产税、土地增值税、车船税、增值税、所得税等,不包括本期退回的增值税、所得税。

⑦"支付其他与经营活动有关的现金",反映企业除上述各项目外,支付的其他与经营活动有关的现金,如罚款支出、支付的差旅费、业务招待费、保险费、经营租赁支付的现金等。

⑧"收回投资收到的现金",反映企业出售、转让或到期收回除现金等价物以外的交易性金融资产、债权投资、其他权益工具投资、长期股权投资、投资性房地产而收到的现金。

⑨"取得投资收益收到的现金",反映企业因股权投资而分得的现金股利,因债券投资而取得的现金利息收入。

⑩"处置固定资产、无形资产和其他长期资产收回的现金净额",反映企业出售固定资产、无形资产和其他长期资产所取得的现金,减去为处置这些资产而支付的有关费用后的净额。

⑪"处置子公司及其他营业单位收到的现金净额",反映企业处置子公司及其他营业单位所取得的现金,减去子公司或其他营业单位持有的现金和现金等价物以及相关处置费用后的净额。

⑫"收到其他与投资活动有关的现金",反映企业除上述各项目外,收到的其他与投资活动有关的现金。

⑬"购建固定资产、无形资产和其他长期资产支付的现金",反映企业购买或建造固定资产、取得无形资产和其他长期资产支付的现金,包括购买机器设备所支付的现金、建造工程支付的现金、支付在建工程人员的工资等。

⑭"投资支付的现金",反映企业进行权益性投资和债权性投资所支付的现金,包括企业取得除现金等价物以外的交易性金融资产、债权投资、其他债权投资、其他权益工具投资而支付的现金,以及支付的佣金、手续费等交易费用。

⑮"取得子公司及其他营业单位支付的现金净额",反映企业取得子公司及其他营业单位购买出价中以现金支付的部分,减去子公司或其他营业单位持有的现金和现金等价物后的净额。

⑯"吸收投资收到的现金",反映企业以发行股票、债券等方式筹集资金实际收到的款项净额。

⑰"取得借款收到的现金",反映企业借入各种短期、长期借款而收到的现金。

⑱"偿还债务支付的现金",反映企业以现金偿还债务的本金,包括归还

金融企业的借款本金、偿付企业到期的债券本金等。

⑲"分配股利、利润或偿付利息支付的现金",反映企业实际支付的现金股利、支付给其他投资单位的利润或用现金支付的借款利息、债券利息。

⑳"支付其他与筹资活动有关的现金",反映企业除上述各项目外,支付其他与筹资活动有关的现金。如以发行股票、债券等方式筹集资金而由企业支付的审计、咨询等费用,融资租赁所支付的现金,以分期付款方式购建固定资产以后各期支付的现金等。

7.5 所有者权益变动表

7.5.1 所有者权益变动表的概念

所有者权益变动表是反映所有者权益各组成部分当期增减变动情况的报表。

7.5.2 所有者权益变动表的格式

所有者权益变动表格式见表7-6。

表7-6 所有者权益变动表

会企04表

编制单位：××公司　　　　××××年度　　　　单位：元

项目	本年金额								上年金额							
	实收资本（股本）	其他权益工具	资本公积	减：库存股	其他综合收益	专项储备	盈余公积	未分配利润	所有者权益合计	实收资本（股本）	其他权益工具	资本公积	减：库存股	其他综合收益	专项储备	盈余公积	未分配利润	所有者权益合计
一、上年年末余额																	
加：会计政策变更																	
前期差错更正																	

续表

项目	本年金额								上年金额							
	实收资本（股本）	其他权益工具	资本公积	减：库存股	其他综合收益	专项储备	盈余公积	未分配利润	所有者权益合计	实收资本（股本）	其他权益工具	资本公积	减：库存股	其他综合收益	专项储备	盈余公积	未分配利润	所有者权益合计
其他																	
二、本年年初金额																	
三、本年增减变动金额（减少以"-"填列）																	
（一）综合收益总额																	
（二）所有者投入和减少资本																	
1.所有者投入的普通股																	
2.其他权益工具持有者投入资本																	
3.股份支付计入所有者权益金额																	
4.其他																	
（三）利润分配																	
1.提取盈余公积																	
2.对所有者的分配																	
3.其他																	
（四）所有者权益内部结转																	
1.资本公积转增资本（或股本）																	
2.盈余公积转增资本（或股本）																	
3.盈余公积弥补亏损																	
4.设定收益计划变动额结转留存收益																	
5.其他综合收益结转留存收益																	
6.其他																	
四、本年年末余额																	

7.5.3 所有者权益变动表部分项目的编制说明

① "综合收益总额"，反映企业在某一期间除与所有者以其所有者身份进

行的交易之外的其他交易或事项所有者权益变动，其金额为净利润和其他综合收益扣除所得税影响后的净额相加后的合计金额。

②"所有者投入和减少资本"，反映企业当年所有者投入的资本或减少的资本。其中，"所有者投入的普通股"，反映企业接受投资者投入形成的股本和股本溢价，并对应列在"实收资本"和"资本公积"；"其他权益工具持有者投入资本"，反映企业发行的除普通股以外分类为权益工具的金融工具的持有者投入的资本金额，本项目应根据金融工具类科目的相关明细科目的发生额分析填列。

③"利润分配"，反映当年对所有者（或股东）分配的利润（或股利）金额和按照规定提取的盈余公积金额，并对应列在"未分配利润"和"盈余公积"。

7.6　附注

7.6.1　财务报表附注的概念

附注是财务报表不可或缺的组成部分，是对在资产负债表、利润表、现金流量表和所有者权益变动表等报表中列示项目的文字描述或明细资料，以及对未能在这些报表中列示项目的说明等。

7.6.2　财务报表附注的形式

财务报表附注可采用旁注、附表和底注等形式。

①旁注。旁注是指在财务报表的有关项目旁直接用括号加注说明。旁注是最简单的报表注释方法。为了保持报表项目简明扼要、清晰明了，旁注只适用于个别需简单补充的信息项目。

②附表。附表是指为了保持财务报表简明易懂而另行编制一些反映其构成项目及年度内的增减来源与数额的表格。

③底注。底注也称脚注，是指在财务报表后面用一定文字和数字所作的补充说明。通常，每种报表都可以有一定的底注。

7.6.3　财务报表附注的内容

①企业的基本情况。本部分包括企业注册地、组织形式和总部地址；企业所处的行业、所提供的主要产品或服务、客户性质、销售策略、监管环境；母公司以及集团最终母公司的名称；财务报告的批准报出者和财务报告批准报出日等信息。

②财务报表的编制基础。本部分包括：会计年度、记账本位币、会计计量所运用的计量基础、现金和现金等价物的构成。

③遵循企业会计准则的声明。本部分应当明确说明编制的财务报表符合企业会计准则体系的要求，真实、完整地反映企业的财务状况、经营成果和现金流量等有关信息。

④重要会计政策和会计估计。本部分包括财务报表项目的计量基础和在运用会计政策过程中所作的重要判断等。

⑤会计政策和会计变更以及差错更正的说明。企业应当按照《企业会计准则第28号——会计政策、会计估计变更和差错更正》的规定，披露会计政策和会计估计变更以及会计差错更正的情况。

⑥报表重要项目的说明。企业应当按照资产负债表、利润表、现金流量表、所有者权益变动表及其项目列示的顺序，对报表重要项目采用文字和数字描述相结合的方式进行披露。

⑦或有和承诺事项、资产负债表日后非调整事项、关联方关系及其交易等需要说明的事项。

⑧有助于财务报表使用者评价企业管理资本的目标、政策及程序的信息。

⑨其他需要披露的说明。

7.7 分录处理与财务报表案例解析

7.7.1 案例说明

甲股份有限公司为一般纳税人，适用增值税税率为13%，所得税税率为25%；原材料采用计划成本进行核算。该公司2022年12月31日的资产负债表如表7-7所示。其中，"应收账款"科目的期末余额为4 000 000元，"坏账准备"科目的期末余额为9 000元。其他诸如存货、长期股权投资、固定资产、无形资产等资产都没有计提资产减值准备。

表7-7 资产负债表

会企01表

编制单位：甲股份有限公司　　2022年12月31日　　单位：元

资　产	金　额	负债和所有者权益（或股东权益）	金　额
流动资产：		流动负债：	
货币资金	14 063 000	短期借款	3 000 000
交易性金融资产	150 000	交易性金融负债	0
应收票据	2 460 000	应付票据	2 000 000
应收账款	3 991 000	应付账款	9 548 000
预付款项	1 000 000	预收款项	0
应收利息	0	应付职工薪酬	1 100 000
应收股利	0	应交税费	366 000
其他应收款	3 050 000	应付利息	0
存货	25 800 000	应付股利	0
一年内到期的非流动资产	0	其他应付款	500 000

续表

资　产	金　额	负债和所有者权益（或股东权益）	金　额
其他流动资产	0	一年内到期的非流动负债	0
流动资产合计	50 514 000	其他流动负债	10 000 000
非流动资产：		流动负债合计	26 514 000
可供出售金融资产	0	非流动负债：	
持有至到期投资	0	长期借款	6 000 000
长期应收款	0	应付债券	0
长期股权投资	2 500 000	长期应付款	0
投资性房地产	0	专项应付款	0
固定资产	8 000 000	预计负债	0
在建工程	15 000 000	递延所得税负债	0
工程物资	0	其他非流动负债	0
固定资产清理	0	非流动负债合计	6 000 000
生产性生物资产	0	负债合计	32 514 000
油气资产	0	所有者权益（或股东权益）：	
无形资产	6 000 000	实收资本（或股本）	50 000 000
开发支出	0	资本公积	0
商誉	0	减：库存股	0
长期待摊费用	0	盈余公积	1 000 000
递延所得税资产	0	未分配利润	500 000
其他非流动资产	2 000 000	所有者权益（或股东权益）合计	51 500 000
非流动资产合计	33 500 000		
资产总计	84 014 000	负债和所有者权益（或股东权益）总计	84 014 000

2023年，甲股份有限公司共发生如下经济业务。

1. 收到银行通知，用银行存款支付到期的商业承兑汇票1 000 000元。

2. 购入原材料一批，收到的增值税专用发票上注明的原材料价款为1 500 000元，增值税进项税额为195 000元，款项已通过银行转账支付，材料尚未验收入库。

3. 收到原材料一批，实际成本1 000 000元，计划成本950 000元，材料已验收入库，货款已于上月支付。

4. 用银行汇票支付材料采购价款，公司收到银行转来银行汇票多余款收账通知，通知上填写的多余款为2 260元，购入材料及运费998 000元，支付的增值税进项税额为129 740元，原材料已验收入库，该批原材料计划成本1 000 000元。

5. 销售产品一批，开出的增值税专用发票上注明价款为3 000 000元，增值税销项税额为390 000元，货款尚未收到。该批产品实际成本1 800 000元，产品已发出。

6. 将交易性金融资产（股票投资）出售取得价款165 000元，该投资的成本为130 000元，公允价值变动为增值20 000元，处置收益为15 000元。

7. 购入不需安装的设备一台，收到的增值税专用发票上注明的价款为854 700元，增值税进项税额为111 111元，支付包装费、运费10 000元。价款及包装费、运费均以银行存款支付，设备已交付使用。

8. 购入工程物资一批用于建造厂房，收到的增值税专用发票上注明的价款和增值税税额合计为1 500 000元，款项已通过银行转账支付。

9. 工程发生应付薪酬2 280 000元。

10. 一项工程完工交付生产使用，已办理竣工手续，固定资产价值为14 000 000元。

11. 基本生产车间一台机床报废，原价2 000 000元，已提折旧1 800 000元，清理费用5 000元，残值收入8 000元，均通过银行存款收支。该项固定资产已清理完毕。

12. 从银行借入3年期借款10 000 000元，款项已存入银行账户。

13. 销售产品一批，开出的增值税专用发票上注明的价款为7 000 000元，增值税销项税额为910 000元，款项已存入银行。销售产品的实际成本为4 200 000元。

14. 将要到期的一张面值为2 000 000元的无息银行承兑汇票（不含增值税），连同解讫通知和进账单交银行办理转账。收到银行盖章退回的进账单一联。款项银行已收妥。

15. 出售一台不需用设备，收到价款3 000 000元，该设备原价4 000 000元，已提折旧1 500 000元。该项设备已由购入单位运走，不考虑相关税费。

16. 通过公开交易取得交易性金融资产（股票投资），价款1 030 000元，交易费用20 000元，已用银行存款支付。

17. 支付工资5 000 000元，其中包括支付在建工程人员的工资2 000 000元。

18. 分配应支付的职工工资3 000 000元（不包括在建工程应负担的工资），其中生产人员薪酬2 750 000元，车间管理人员薪酬100 000元，行政管理部门人员工资150 000元。

19. 发生职工福利费420 000元（不包括在建工程应负担的福利费280 000元），其中生产工人福利费385 000元，车间管理人员福利费14 000元，行政管理部门福利费21 000元。

20. 基本生产车间领用原材料，计划成本为7 000 000元，领用低值易耗品，计划成本500 000元，采用一次转销法核算。

21. 结转基本生产车间领用原材料和低值易耗品应分摊的材料成本差异。材料成本差异率均为5%。

22. 对行政管理部门使用的无形资产进行摊销，金额为600 000元；以银行存款支付本年基本生产车间应负担的水电费900 000元。

23. 计提固定资产折旧1 000 000元，其中计入制造费用800 000元、计入管理费用200 000元。计提固定资产减值准备300 000元。

24. 收到应收账款510 000元，存入银行。计提应收账款坏账准备9 000元。

25. 用银行存款支付本期发生的产品展览费100 000元。

26. 计算并结转本期完工产品成本12 824 000元。期末没有在产品，本期生产的产品全部完工入库。

27. 广告费100 000元，已用银行存款支付。

28. 采用商业承兑汇票结算方式销售产品一批，开出的增值税专用发票上注明的价款为2 500 000元，增值税销项税额为325 000元，收到2 825 000元的商业承兑汇票一张，所售产品实际成本为1 500 000元。

29. 将上述2 825 000元的商业承兑汇票到银行办理贴现，贴现息为200 000元。

30. 本期产品销售应交纳的教育费附加为20 000元。

31. 用银行存款交纳增值税1 000 000元，教育费附加20 000元。

32. 本期在建工程应负担的长期借款利息费用2 000 000元，长期借款为分期付息。

33. 本期应计入损益的长期借款利息费用为100 000元，长期借款为分期付息。

34. 归还短期借款本金2 500 000元。

35. 支付长期借款利息2 100 000元。

36. 归还长期借款本金6 000 000元。

37. 上年度销售产品一批，开出的增值税专用发票上注明的价款为100 000元，增值税销项税额为13 000元，购货方开出商业承兑汇票。本期由于购货方发生财务困难，无法按合同规定偿还债务，经双方协议，甲股份公司同意购货方用产品抵偿该应收票据。用于抵债的产品市价为80 000元，适用的增值税税率为13%。

38. 持有的交易性金融资产2023年12月31日的公允价值为1 050 000元。

39. 结转本期产品销售成本1 800 000+4 200 000+1 500 000= 7 500 000（元）。

40. 假设本例中，除计提固定资产减值准备的300 000元造成固定资产账面价值与其计税基础存在差异外，不考虑其他项目的所得税影响。企业按照税法规定计算确定的应交所得税为948 650元，递延所得税资产为75 000元。

41. 将各收支科目结转本年利润。

42. 按照净利润的10%提取法定盈余公积。

43. 将利润分配各明细科目的余额转入"未分配利润"明细科目。

44. 用银行存款交纳当年应交所得税。

要求：编制甲股份有限公司2023年度经济业务的会计分录，并在此基础上编制资产负债表、利润表和现金流量表。

7.7.2　分录处理

1. 借：应付票据　1 000 000
    贷：银行存款　1 000 000

2. 借：材料采购　1 500 000
      应交税费——应交增值税（进项税额）　195 000
    贷：银行存款　1 695 000

3. 借：原材料　950 000
      材料成本差异　50 000
    贷：材料采购　1 000 000

4. 借：材料采购　998 000
      银行存款　2 260
      应交税费——应交增值税（进项税额）　129 740
    贷：其他货币资金　1 130 000

   借：原材料　1 000 000
    贷：材料采购　998 000
      材料成本差异　2 000

5. 借：应收账款　3 390 000
    贷：主营业务收入　3 000 000
      应交税费——应交增值税（销项税额）　390 000

6. 借：银行存款　165 000
    贷：交易性金融资产——成本　130 000
              ——公允价值变动　20 000
      投资收益　15 000

   借：公允价值变动损益　20 000
    贷：投资收益　20 000

7. 借：固定资产　864 700
      应交税费——应交增值税（进项税额）　111 111

  贷：银行存款　975 811

8. 借：工程物资　1 500 000

  贷：银行存款　1 500 000

9. 借：在建工程　2 280 000

  贷：应付职工薪酬　2 280 000

10. 借：固定资产　14 000 000

  贷：在建工程　14 000 000

11. 借：固定资产清理　200 000

   累计折旧　1 800 000

  贷：固定资产　2 000 000

 借：固定资产清理　5 000

  贷：银行存款　5 000

 借：银行存款　8 000

  贷：固定资产清理　8 000

 借：资产处置损益——处置固定资产净损失　197 000

  贷：固定资产清理　197 000

12. 借：银行存款　10 000 000

  贷：长期借款　10 000 000

13. 借：银行存款　7 910 000

  贷：主营业务收入　7 000 000

   应交税费——应交增值税（销项税额）　910 000

14. 借：银行存款　2 000 000

  贷：应收票据　2 000 000

15. 借：固定资产清理　2 500 000

   累计折旧　1 500 000

  贷：固定资产　4 000 000

 借：银行存款　3 000 000

  贷：固定资产清理　3 000 000

借：固定资产清理　500 000
　　贷：资产处置损益——处置固定资产净收益　500 000

16. 借：交易性金融资产　1 030 000
　　　投资收益　20 000
　　贷：银行存款　1 050 000

17. 借：应付职工薪酬　5 000 000
　　贷：银行存款　5 000 000

18. 借：生产成本　2 750 000
　　　制造费用　100 000
　　　管理费用　150 000
　　贷：应付职工薪酬——工资　3 000 000

19. 借：生产成本　385 000
　　　制造费用　14 000
　　　管理费用　21 000
　　贷：应付职工薪酬——职工福利费　420 000

20. 借：生产成本　7 000 000
　　贷：原材料　7 000 000
借：制造费用　500 000
　　贷：周转材料——低值易耗品　500 000

21. 借：生产成本　350 000
　　　制造费用　25 000
　　贷：材料成本差异　375 000

22. 借：管理费用——无形资产摊销　600 000
　　贷：累计摊销　600 000
借：制造费用——水电费　900 000
　　贷：银行存款　900 000

23. 借：制造费用——折旧费　800 000
　　　管理费用——折旧费　200 000

  贷：累计折旧　1 000 000

  借：资产减值损失——计提的固定资产减值　300 000

    贷：固定资产减值准备　300 000

24. 借：银行存款　510 000

   贷：应收账款　510 000

  借：信用减值损失——计提的坏账准备　9 000

    贷：坏账准备　9 000

25. 借：销售费用——展览费　100 000

   贷：银行存款　100 000

26. 借：生产成本　2 339 000

   贷：制造费用　2 339 000

  借：库存商品　12 824 000

    贷：生产成本　12 824 000

  生产成本是从第18笔业务开始各项发生额的累加＝100 000＋14 000＋500 000＋25 000＋900 000＋800 000＝2 339 000（元）。

27. 借：销售费用——广告费　100 000

   贷：银行存款　100 000

28. 借：应收票据　2 825 000

    贷：主营业务收入　2 500 000

      应交税费——应交增值税（销项税额）　325 000

29. 借：财务费用　200 000

    银行存款　2 625 000

   贷：应收票据　2 825 000

30. 借：税金及附加　20 000

    贷：应交税费——应交教育费附加　20 000

31. 借：应交税费——应交增值税（已交税金）　1 000 000

     ——应交教育费附加　20 000

   贷：银行存款　1 020 000

32. 借：在建工程　2 000 000

　　　贷：应付利息　2 000 000

33. 借：财务费用　100 000

　　　贷：应付利息　100 000

34. 借：短期借款　2 500 000

　　　贷：银行存款　2 500 000

35. 借：应付利息　2 100 000

　　　贷：银行存款　2 100 000

36. 借：长期借款　6 000 000

　　　贷：银行存款　6 000 000

37. 借：库存商品　80 000

　　　　应交税费——应交增值税（进项税额）　10 400

　　　　营业外支出——债务重组损失　22 600

　　　贷：应收票据　113 000

38. 借：交易性金融资产——公允价值变动　20 000

　　　贷：公允价值变动损益　20 000

39. 借：主营业务成本　7 500 000

　　　贷：库存商品　7 500 000

40. 借：所得税费用——当期所得税费用　948 650

　　　贷：应交税费——应交所得税　948 650

　　借：递延所得税资产　75 000

　　　贷：所得税费用——递延所得税费用　75 000

41. 借：主营业务收入　12 500 000

　　　　资产处置损益　303 000

　　　　投资收益　15 000

　　　贷：本年利润　12 818 000

　　借：本年利润　9 322 600

　　　贷：主营业务成本　7 500 000

　　　　税金及附加　20 000

　　　　销售费用　200 000

　　　　管理费用　971 000

　　　　财务费用　300 000

　　　　资产减值损失　300 000

　　　　信用减值损失　9 000

　　　　营业外支出　22 600

　借：本年利润　873 650

　　贷：所得税费用　873 650

42. 借：利润分配——提取法定盈余公积　262 175

　　　贷：盈余公积——法定盈余公积　262 175

43. 借：利润分配——未分配利润　262 175

　　　贷：利润分配——提取法定盈余公积　262 175

　借：本年利润　2 621 750

　　贷：利润分配——未分配利润　2 621 750

44. 借：应交税费——应交所得税　948 650

　　　贷：银行存款　948 650

7.7.3　资产负债表、利润表和现金流量表

1. 资产负债表

编制的资产负债表见表7-8。

表7-8　资产负债表

会企02表

编制单位：甲股份有限公司　　2023年12月31日　　　　　　　　单位：元

资产	年末余额	年初余额	负债及所有者权益（或股东权益）	年末余额	年初余额
流动资产：			流动负债：		
货币资金	14 258 799	14 063 000	短期借款	500 000	3 000 000

续表

资产	年末余额	年初余额	负债及所有者权益（或股东权益）	年末余额	年初余额
交易性金融资产	1 050 000	150 000	应付票据	1 000 000	2 000 000
应收票据	347 000	2 460 000	应付账款	9 548 000	9 548 000
应收账款	6 862 000	3 991 000	预收款项	0	0
预付款项	1 000 000	1 000 000	应付职工薪酬	1 800 000	1 100 000
其他应收款	3 050 000	3 050 000	应交税费	544 749	366 000
存货	25 827 000	25 800 000	其他应付款	500 000	500 000
持有待售资产	0	0	持有待售负债		
一年内到期的非流动资产	0	0	一年内到期的非流动负债	10 000 000	10 000 000
其他流动资产	0	0	其他流动负债	0	0
流动资产合计	52 394 799	50 514 000	流动负债合计	23 892 749	26 514 000
非流动资产：			非流动负债：		
债权投资	0	0	长期借款	10 000 000	6 000 000
其他债权投资	0	0	应付债券	0	0
长期应收款	0	0	长期应付款	0	0
长期股权投资	2 500 000	2 500 000	预计负债	0	0
其他权益工具投资	0	0	递延收益		
投资性房地产			递延所得税负债	0	0
固定资产	18 864 700	8 000 000	其他非流动负债	0	0
在建工程	6 780 000	15 000 000	非流动负债合计	10 000 000	6 000 000
使用权资产	0	0	负债合计	33 892 749	32 514 000
无形资产	5 400 000	6 000 000	所有者权益（或股东权益）：		
开发支出	0	0	实收资本（或股本）	50 000 000	50 000 000
商誉	0	0	资本公积	0	0
长期待摊费用	0	0	减：库存股	0	0
递延所得税资产	75 000	0	其他综合收益	0	0
其他非流动资产	2 000 000	2 000 000	盈余公积	1 262 175	1 000 000
非流动资产合计	35 619 700	33 500 000	未分配利润	2 859 575	500 000
			所有者权益（或股东权益）合计	54 121 750	51 500 000
资产合计	88 014 499	84 014 000	负债和所有者权益（或股东权益）合计	88 014 499	84 014 000

2. 利润表

编制的利润表见表7-9。

表7-9 利润表

编制单位：甲股份有限公司　　2023年　　　　　　　　　　单位：元

项目	本期金额	上期金额
一、营业收入	12 500 000	10 300 000
减：营业成本	7 500 000	6 200 000
税金及附加	20 000	15 000
销售费用	200 000	180 000
管理费用	971 000	758 000
研发费用		
财务费用	300 000	230 000
其中：利息费用	300 000	230 000
利息收入		
加：其他收益		
投资收益（损失以"-"列示）	15 000	10 000
公允价值变动收益（损失以"-"列示）		
信用减值损失（损失以"-"列示）	-9 000	-6 500
资产减值损失（损失以"-"列示）	-300 000	-220 000
资产处置收益（损失以"-"列示）	303 000	213 000
二、营业利润	3 518 000	2 913 500
加：营业外收入		
减：营业外支出	22 600	11 600
三、利润总额	3 495 400	2 901 900
减：所得税费用	873 650	652 650
四、净利润	2 621 750	2 249 250

3. 现金流量表

编制的现金流量表见表7-10。

表7-10 现金流量表

编制单位：甲股份有限公司　　2023年　　　　　　　　　　　　单位：元

项目	本年金额	上年金额
一、经营活动产生的现金流量：		
销售商品、提供劳务收到的现金	13 045 000	756 000
收到的税费返还		0
收到其他与经营活动有关的现金		2 000
经营活动现金流入小计	13 045 000	758 000
购买商品、接受劳务支付的现金	3 822 740	486 500
支付给职工以及为职工支付的现金	3 000 000	43 200
支付的各项税费	1 968 650	79 300
支付其他与经营活动有关的现金	1 100 000	25 000
经营活动现金流出小计	9 891 390	634 000
经营活动产生的现金流量净额	3 153 610	124 000
二、投资活动产生的现金流量：		
收回投资收到的现金	165 000	117 800
取得投资收益收到的现金		3 000
处置固定资产、无形资产和其他长期资产收回的现金净额	3 003 000	25 680
处置子公司及其他营业单位收到的现金净额		0
收到其他与投资活动有关的现金		0
投资活动现金流入小计	3 168 000	146 480
购建固定资产、无形资产和其他长期资产支付的现金	4 475 811	125 000
投资支付的现金	1 050 000	90 000
取得子公司及其他营业单位支付的现金净额		0
支付其他与投资活动有关的现金		0
投资活动现金流出小计	5 525 811	215 000
投资活动产生的现金流量净额	−2 357 811	−68 520
三、筹资活动产生的现金流量：		

续表

项目	本年金额	上年金额
吸收投资收到的现金		
取得借款收到的现金	10 000 000	92 000
收到其他与筹资活动有关的现金		0
筹资活动现金流入小计	10 000 000	92 000
偿还债务支付的现金	8 500 000	71 280
分配股利、利润或偿付利息支付的现金	2 100 000	130 852
支付其他与筹资活动有关的现金		0
筹资活动现金流出小计	10 600 000	202 132
筹资活动产生的现金流量净额	−600 000	−110 132
四、汇率变动对现金及现金等价物的影响		0
五、现金净增加额		−54 652
加：期初货币资金及现金等价物余额		75 652
六、期末货币资金及现金等价物余额	195 799	21 000